古典文獻研究輯刊

二四編

潘美月・杜潔祥 主編

第 12 冊

先唐雜傳地記輯校
——地記輯校甲編
（第七冊）

王琳主編　江永紅、王琳輯校

國家圖書館出版品預行編目資料

先唐雜傳地記輯校——地記輯校甲編（第七冊）／王琳主編
江永紅、王琳輯校 -- 初版 -- 新北市：花木蘭文化出版社，
2017〔民 106〕
目 2+246 面；19×26 公分
（古典文獻研究輯刊 二四編；第 12 冊）
ISBN 978-986-404-999-8（精裝）
1. 藝文志 2. 唐代
011.08   106001871

古典文獻研究輯刊
二四編　第十二冊　　　　　　　ISBN：978-986-404-999-8

先唐雜傳地記輯校——地記輯校甲編（第七冊）

編 校 者　王琳主編　　江永紅、王琳輯校
主　　編　潘美月　杜潔祥
總 編 輯　杜潔祥
副總編輯　楊嘉樂
編　　輯　許郁翎、王筑　美術編輯　陳逸婷
企劃出版　北京大學文化資源研究中心
出　　版　花木蘭文化出版社
社　　長　高小娟
聯絡地址　235 新北市中和區中安街七二號十三樓
　　　　　電話：02-2923-1455／傳真：02-2923-1452
網　　址　http://www.huamulan.tw 信箱 hml810518@gmail.com
印　　刷　普羅文化出版廣告事業
初　　版　2017 年 3 月
全書字數　451053 字
定　　價　二四編 32 冊（精裝）新台幣 62,000 元　　　版權所有·請勿翻印

先唐雜傳地記輯校

——地記輯校甲編

（第七冊）

王琳主編　江永紅、王琳輯校

作者簡介

江永紅，山東聊城人。山東師範大學文學院中國古代文學專業博士研究生。師從王琳教授，以魏晉南北朝文學及歷史地理爲研究方向。碩士學位論文以《六朝地志之物類記述及其文學價值研究》爲選題。發表《六朝私撰地志中小說化內容書寫的演進》、《楊孚〈異物志〉之物類記述及其影響》、《南朝宋沈懷遠〈南越志〉考論》等論文數篇。

王琳，內蒙古包頭人。山東師範大學文學院教授，中國古代文學專業博士生導師。兼任山東省古典文學學會副會長。主要從事漢魏晉南北朝文學之教學與研究，兼及歷史地理和區域文化研究。出版《六朝辭賦史》《兩漢文學》《齊魯文人與六朝文風》等著作多種，發表《六朝地記：地理與文學的結合》《李陵〈答蘇武書〉的眞僞》《魏晉南北朝子書撰作風貌的階段差異》等論文多篇。主持承擔國家及山東省人文社科研究課題多項。有關論著獲中國出版集團優秀圖書獎及山東省社科優秀成果獎多項。

提　　要

中國中古時期史學昌盛，作品繁榮，類型豐富，史部著述漸趨獨立。雜傳類與地理類書籍是本時期史部著述中尤爲活躍而且富有時代意義的兩種類型，但它們在流傳過程中亡佚嚴重，《隋志》所著錄雜傳、地記，在兩《唐志》著錄中減少了大約一半，至《郡齋讀書志》《直齋書錄解題》《玉海》《宋史藝文志》《文獻通考經籍考》等南宋、元代諸書目所著錄則所剩寥寥無幾。傳世的部分佚文，散見於各類書籍，查尋閱讀殊爲不便。有鑒於此，我們主要從六朝至宋元間的史書注、地理志書、類書，以及詩文集注等各類書籍中搜覽，輯得漢魏六朝時期雜傳四百餘種，分爲甲、乙兩編；輯得地記近四百種，也分爲甲、乙兩編，予以校理，然後匯合爲一帙，以期作爲輯錄較豐富而實用的中古雜傳地記讀本，給廣大讀者提供閱讀瞭解或參與研究的方便。編排順序，先雜傳，後地記。雜傳部分細分郡書、家傳、類傳、別傳（傳）、自傳（序）等不同類型，各類型的作品，大致按照作者年代先後編排；地記部分僅依據作者年代先後排列，不再細分類型。作者生平事蹟未詳者，則據篇中記述內容涉及年代之下限編排；某些作品產生年代不詳，則置於各部分之末。

本書為國家社會科學基金課題
《魏晉南北朝私撰史籍與文學之關係及其影響研究》
之相關成果

目次

地記輯校　甲編

《南越行紀》　　漢陸賈

《南越行紀》，又作《南越行記》、《南中行紀（記）》，史志無著錄。晉嵇含《南方草木狀》最早徵引其文，並冠以陸賈之名。清史澄《（光緒）廣州府志‧藝文略》載：「《南越行紀》，漢□□陸賈撰」，姚振宗《漢書藝文志拾補》載：「陸賈《南越行紀》」，不錄卷數。陸賈，生卒年不詳，西漢初楚人，有辯才，官至太中大夫。《漢書‧藝文志》著錄：「陸賈二十三篇」、「陸賈賦三篇」，《隋書‧經籍志》著錄：「《新語》二卷，陸賈撰」。今除《新語》十二篇外，其他已佚。高祖十一年（前196）、文帝元年（前179），陸賈兩次赴南越說服趙佗稱臣。《南越行紀》當是其在南越之地時所作。今見佚文二則，皆出自《南方草木狀》。

末利、素馨

南越之境〔一〕，五穀無味，百花不香。此二花特芳香者，緣自胡國移至〔二〕，不隨水土而變，與夫橘北為枳異矣〔三〕。彼之女子，以綵絲穿花心，以為首飾〔四〕。（《南方草木狀》卷上。又見《全芳備祖》前集卷二十五、《古今合璧事類備要》別集卷三十六，文字稍異。）

〔校記〕
〔一〕南越，《全芳備祖》作「越南」。當是傳抄過程中的訛誤。
〔二〕此句，《全芳備祖》作「緣自胡國移植」。
〔三〕北，《古今合璧事類備要》作「花」。
〔四〕此句，《全芳備祖》作「為首餙」。

胡楊梅

羅浮山頂有胡楊梅，山桃繞其際。海人時登採拾，止得於上飽噉，不得持下。（《南方草木狀》卷下）

存疑

烏賊

烏賊魚，常仰浮水面。烏見而啄之，反爲此魚所捲食，故謂之烏賊云。（《然犀志》卷上。按：此則内容出自《南越行紀》，未冠作者，存疑。另，《（乾隆）潮州府志》亦載，文字有異：烏賊魚，常自浮水上。烏見而啄之，乃卷取烏，故謂之烏賊。腹中血及膽正黑，可爲書，一名「烏鰂」。）

《南中花木記》　漢陸賈

《南中花木記》，陸賈撰。陸賈，事俱詳上。史志不著錄。今存佚文一則，出自《廣志繹》，而不見於明代之前諸書，亦存疑。

茉莉、素馨

花則茉莉、素馨，此海外香種，不耐寒。（《廣志繹》卷四、《肇域志》卷四十八）

《地理記》　漢張敖

《地理記》，張敖撰，史志未著錄。張敖（前 241-前 182），大梁（今河南開封）人，趙王張耳之子。張耳去世後，敖襲爵王位。高祖劉邦過趙，敖以子婿之禮甚恭，反遭遇高祖辱罵。趙相貫高等人意欲謀刺高祖，未遂，敖被牽連入獄。後因貫高竭力辯解，獲赦。娶魯元公主，貶爲宣平侯。今僅存佚文一則。

平壽縣

濟南平壽縣，其地即古斟尋國。（《史記·夏本紀》司馬貞索隱。又見《廿二史考異·史記》卷一）

《雲陽記》　漢王褒

《雲陽記》，又作《雲陽宮記》，西漢王褒撰。史志未著錄，隋前已經亡佚。褒，生卒年不詳，字子淵，蜀（今四川）人。《華陽國志·先賢士女總贊》稱資中（今四川資陽）人，有俊才，宣帝時爲諫大夫。《漢書·藝文志》載：「王褒賦十六篇。」

通靈臺

鈎弋夫人從至甘泉而卒〔一〕，屍香聞十餘里〔二〕，葬雲陽〔三〕。武帝思之〔四〕，起通靈臺於甘泉宮〔五〕，有一青鳥集臺上往來，至宣帝時乃不至〔六〕。（《三輔黃圖》卷三。又見《太平寰宇記》卷三十一、《長安志》卷二十、《古今事類備要》別集卷十九、《類編長安志》卷二、卷八，文字稍異。）

〔校記〕

〔一〕而，《類編長安志》卷二無。

〔二〕餘，《類編長安志》卷二無。

〔三〕此句以下，《類編長安志》作「起雲陵」。

〔四〕此句，《類編長安志》卷八作「帝思之」。

〔五〕「起」上，《太平寰宇記》、《長安志》、《類編長安志》卷八有「爲」字。

〔六〕此句，《太平寰宇記》作「至宣帝時乃止」，《長安志》、《類編長安志》卷八作「至宣帝乃止」。

梨園

雲陽車箱坂下〔一〕，有梨園一頃〔二〕，梨數百株〔三〕，青翠繁密，望之如車蓋〔四〕。（《三輔黃圖》卷四。又見於《太平寰宇記》卷三十一、《太平御覽》卷一百九十七、《玉海》卷一百七十、《五代史記注》卷六十上、《長安志》卷二十、《類編長安志》卷七，文字稍異。）

〔校記〕

〔一〕雲陽，《太平寰宇記》、《太平御覽》、《五代史記注》、《長安志》、《類編長安志》無。

〔二〕此句，《五代史記注》、《長安志》、《類編長安志》作「有梨園，漢武築之，大一頃」。此句以下，《玉海》無。

〔三〕梨，《太平寰宇記》、《太平御覽》、《五代史記注》、《長安志》、《類編長安志》作「樹」。

〔四〕之，《太平御覽》無。此句下，《五代史記註》、《長安志》、《類編長安志》有「鎮因名之」句。

鄭泉

漢鄭樸〔一〕，字子眞，〔二〕隱於谷口，高節不屈〔三〕，耕於岩石之下〔四〕。時人因子眞所居〔五〕，名其所爲鄭泉〔六〕。（《太平寰宇記》卷三十一。又見於《三輔決錄》卷一、《太平御覽》卷五十四、《長安志》卷二十、《類編長安志》卷六，文字稍異。）

〔校記〕

〔一〕此句，《太平御覽》作「漢時鄭樸」。

〔二〕「漢鄭樸」二句，《三輔決錄》作「鄭子眞，名樸」。

〔三〕此句，《太平御覽》作「不屈其志」。

〔四〕此句下，《三輔決錄》、《太平御覽》、《長安志》、《類編長安志》有「名震京師」句，《三輔決錄》引至此。

〔五〕「時人」下，《太平御覽》有「亦」字。

〔六〕此句，《太平御覽》作「以爲名也」，《長安志》、《類編長安志》作「名爲鄭泉」。

冶谷

又有冶谷，《封禪書》所謂谷口是也。去雲陽宮八十里，出鐵，冶鑄之所，因以爲名。〔一〕入谷便流潦沸騰〔二〕，飛泉激〔三〕，兩岸峭壁孤豎〔四〕，盤橫枕谷口〔五〕，凜然凝冴〔六〕，常如八九月中，朱明盛暑，當晝暫暄，涼秋晚候，縕袍不暖，所謂寒門也〔七〕。（《太平御覽》卷五十四。又見於《太平寰宇記》卷三十一、《長安志》卷二十，文字稍異。）

〔校記〕

〔一〕「又有冶谷」六句，《太平寰宇記》作「冶谷，去雲陽宮八十里。《封禪書》所謂谷口是也。其山出鐵，冶鑄之所，因以爲名。」；《長安志》作「冶谷，去雲陽宮八十里。《封禪書》所謂谷口是也。其山出鐵，有冶鑄之利，因以爲名」。

〔二〕流，《太平寰宇記》、《長安志》作「洪」。

〔三〕「激」下，《太平寰宇記》、《長安志》有「射」字。

〔四〕「峭壁」上，《長安志》有「皆」字。

〔五〕此句，《太平寰宇記》作「盤橫坑谷」；《長安志》作「橫盤冶谷」。

〔六〕冴，《太平寰宇記》、《長安志》作「沍」。

〔七〕「寒門」下，《長安志》有「者」字。

金泉

入冶谷二十里，有百里槐樹〔一〕，樹北有泉，名曰金泉。〔二〕（《太平御覽》卷五十四。又見於《太平寰宇記》卷三十一、《長安志》卷二十、《類編長安志》卷六，文字稍異。）

〔校記〕

〔一〕百里，《太平寰宇記》作「一」。

〔二〕「樹北」二句，《類編長安志》作「北有泉，出數穴，清澈無底」。此句下，《長安志》
　　　有「谷中有毛原監」句。

另存文字簡潔者，錄於下：

泉有數穴，清澈無底。(《太平寰宇記》卷三十一。又見《長安志》卷二十，文
字稍異。有，《長安志》作「出」。)

慈峨山

東有慈峨山〔一〕，今土人謂之嵯峨山。頂上有雲，起即雨。里人以爲候。
昔黃帝鑄鼎於此山。(《太平寰宇記》卷三十一。又見《長安志》卷二十、《類編長
安志》卷六，文字稍異。)

〔校記〕

〔一〕二者皆引至此。

仲山

(雲陽)宮南三十里〔一〕，有仲山，未詳古之仲山。山有竹箭生焉，俗傳
高祖兄仲所居，今山有仲子廟，積旱祈之，圍此射獵，則風雨暴至。廟有一泉，
未嘗水竭。(《太平寰宇記》卷三十一。又見《長安志》卷二十、《類編長安志》卷六。)

槐樹

甘泉宮北有槐樹，今謂玉樹〔一〕，根幹盤峙，二三百年木也。耆老相傳〔二〕：
咸以爲此樹即揚雄《甘泉賦》所謂「玉樹青蔥」者也。(《太平寰宇記》卷三十
一。又見《長安志》卷四，文字稍異。)

〔校記〕

〔一〕此句，《長安志》作「今謂之玉槐樹」。

〔二〕老，《長安志》作「舊」。

石門山

東北有石門山〔一〕，岡巒糾紛，干霄秀出，有石岩，容數百人〔二〕。(《太
平寰宇記》卷三十四。又見《三輔黃圖》卷五、《文選箋證》卷八，文字稍異。)

〔校記〕

〔一〕「東北」上，《三輔黃圖》有「宮」字。

〔二〕此句下，《三輔黃圖》有「止起甘泉觀」句。

龍谷水

龍谷水，出雲陽宮東南。(《太平御覽》卷五十四。)

《關輔古語》 漢楊震

《關輔古語》，東漢楊震撰。楊震（？-124），字伯起，弘農華陰（今屬陝西）人，少時好學，博覽群書，精研深究，諸儒稱其爲「關西孔子楊伯起」。官歷荊州刺史、涿郡太守、太常、司徒等。此記，史志未著錄，其佚文今見《三輔黃圖》徵引。

甘泉谷北岸槐樹

耆老相傳，咸以謂此樹即楊雄《甘泉賦》所謂「玉樹青葱」也。(《三輔黃圖》卷二)

《三秦記》 漢辛氏

《三秦記》，史志皆無著錄。諸書徵引往往作「辛氏《三秦記》」。辛氏爲關隴名族，其作者應爲其族人。其佚文《三輔黃圖》、《後漢書・郡國志》劉昭注、《齊民要術》、《水經注》均有徵引，所記述內容皆爲秦、漢之山川、宮室、都邑等，不及魏、晉之事，此書應作於東漢。《藝文類聚》、《初學記》、《太平御覽》、《玉海》、《太平寰宇記》等唐宋類書、地理書中徵引大量辛氏《三秦記》內容，大約亡佚於宋元之際。

西阪

白鹿原東有霸川之西阪，故芷陽也。(《史記・秦本紀》張守節正義)

九嵕山、杜川

長安城西有九嵕山，西有杜山。(《後漢書・郡國志》李賢等注。又見《長安志》卷十三。文字稍異。末句下，《長安志》有「又有畢陌，西北有考里，西有白起墓。」)

始皇祠

驪山頂有始皇祠〔一〕，不齋戒而往，即風雨迷道〔二〕。(《太平寰宇記》卷二十七。又見《雍錄》卷九、《長安志》卷十五、《類編長安志》卷五，文字稍異。)

〔校記〕

〔一〕頂，《雍錄》作「巔」，《長安志》作「顛」。此句，《類編長安志》作「驪山顛有人祖廟」。

〔二〕迷道，《雍錄》無。此句下，《長安志》、《類編長安志》有「強即死之」。

另存文字差異較大者，錄於下：

始皇墓在山北，有始皇祠。不齋戒往，即疾風暴雨。人理欲上，則杳冥失道。縣西有白鹿原，周平王時白鹿出。(《後漢書·郡國志》李賢等注)

昆明池

昆明池，漢武帝之習水戰〔一〕，中有靈沼神池，〔二〕云堯時洪水訖〔三〕，停船此池〔四〕，池通白鹿原〔五〕，人釣魚於原〔六〕，綸絕而去。魚夢於武帝〔七〕，求去其鉤，明日〔八〕，帝戲於池〔九〕，見大魚銜索〔十〕，帝曰〔十一〕：「豈非昨所夢乎〔十二〕？」取魚〔十三〕，去其鉤而放之〔十四〕。(《藝文類聚》卷七十九。又見《三輔黃圖》卷四、《太平廣記》卷一百一十八、二百七十六、《太平寰宇記》卷二十五、《太平御覽》卷三百九十九、《長安志》卷四，文字稍異。)

〔校記〕

〔一〕「之」上，《太平廣記》卷一百一十八有「鑿」字。此句，《太平御覽》作「漢武帝停船立之習水戰」。

〔二〕「昆明池」三句，《太平寰宇記》作「昆明池有臺沼，名神池。」《三輔黃圖》、《長安志》皆作「昆明池中有靈沼，名神池」。

〔三〕訖，《太平廣記》卷一百一十八、《長安志》皆無。洪，《太平御覽》、《長安志》皆作「治」。洪水訖，《太平寰宇記》無。此句，《三輔黃圖》作「云堯時治水」。

〔四〕此句，《三輔黃圖》作「嘗停船於此池」，《太平御覽》卷作「停船池」。

〔五〕原，《太平御覽》作「源」。

〔六〕此句，《太平寰宇記》作「有人釣魚」，《三輔黃圖》、《長安志》皆作「原人釣魚」。原，《太平御覽》卷三百九十九作「此」。

〔七〕魚，《太平寰宇記》、《三輔黃圖》皆無。此句，《太平御覽》作「夢於漢武」。

〔八〕明日，《三輔黃圖》皆作「三日」。

〔九〕「戲」上，《太平廣記》卷一百一十八有「遊」字，《太平寰宇記》無「帝」字。戲，《長安志》作「遊」。此句，《三輔黃圖》皆作「戲於池上」。

〔十〕索，《太平寰宇記》、《長安志》作「鉤」。

〔十一〕帝，《太平廣記》卷一百一十八、《太平寰宇記》、《長安志》皆無。

〔十二〕此句，《三輔黃圖》皆作「豈不穀昨所夢邪」，《太平御覽》作「豈非昔時所夢
也」。

〔十三〕此句，《三輔黃圖》、《太平寰宇記》、《太平御覽》卷三百九十九無。

〔十四〕此句，《太平寰宇記》作「乃去鉤放之」，《三輔黃圖》皆作「乃取鉤放之」，《太平
御覽》作「取而去其鉤，放之」。此句以下，《太平廣記》卷一百一十八有「帝後
得明珠」句。《三輔黃圖》、《太平寰宇記》有「間三日，帝復遊池，池濱得明珠
一雙。帝曰：『豈昔魚之報邪？』」五句。《長安志》有「閑三日，帝復遊，池濱
得明月珠一雙，帝曰：『豈昔之報耶？』」五句。

另存文字差異較大者或記述簡潔者，附於下：

昆明池中有神池，通白鹿原。（《後漢書·班彪列傳》李賢等注。又見《文選·
西都賦》李善注）

昆明池中有靈沼神池。（《文選·羽獵賦》李善注）

昆明池，昔有人釣魚，綸絕而去，遂通夢於漢武帝，求去釣。帝明日戲
於池，見大魚銜索，帝曰：「豈夢所見耶？」〔一〕取而放之。間三日，池邊得
明珠一雙，帝曰：「豈非魚之報耶？〔二〕（《藝文類聚》卷八十四。又見《內簡尺
牘編注》卷四、《事文類聚》續集卷二十五、《古今合璧事類備要》外集卷六十三，文
字略異。）

〔校記〕

〔一〕耶，《古今合璧事類備要》作「邪」。下同。「帝曰」二句，《內簡尺牘編注》無。

〔二〕非，《內簡尺牘編注》無。

昆明池人釣魚，綸絕而去，夢於漢武帝，求去其鉤。明日，帝遊於池，
見大魚銜索，帝曰：「昨所夢也。」取而去之，帝後得明珠。（《藝文類聚》卷九
十六。又見《太平御覽》卷九百三十六，文字稍異。漢武帝，《太平御覽》作「漢武」。
帝遊於池，《太平御覽》作「遊戲於池」。）

昆明池通白鹿原，人釣魚，綸絕而去，夢於漢武，求去其鉤。明日，戲
於池，見大魚御鉤，帝去其鉤而放之。間三日，帝復遊池濱，得明珠一雙。
武帝曰：「豈昔魚之報也？」（《太平御覽》卷六十七。又見《太平御覽》卷四百七
十九，文字略異。「昆明池」二句，《太平御覽》卷四百七十九作「白鹿原人，釣魚於
原」。大魚，《太平御覽》卷四百七十九作「大白魚」。銜鉤，《太平御覽》卷四百七十
九作「銜索」。帝去其鉤而放之，《太平御覽》卷四百七十九作「帝曰：『豈非昨所夢？』
取而去之。」豈昔魚之報也，《太平御覽》卷四百七十九作「豈非昔魚之報」。）

漢武帝夢大魚求去口中鉤。明日遊昆明池，見一魚銜鉤，帝取鉤放之。三日，池濱得明珠一雙。(《太平廣記》卷二百七十六)

漢武帝遊昆明池，見大魚銜鉤而放之。間三日，帝復遊池濱，得明月珠一雙。帝曰：「豈魚之報邪？」(《東坡詩集注》卷十三。又見《韻府群玉》卷三上，文字稍異。)

昆明池畔有靈沼，名神池。有人釣大魚，繩絕，魚帶鉤而去。其魚夢於武帝，求去其鉤。明日，帝遊池上，見大魚銜鉤。「豈非昨所夢乎？」帝取魚，去其鉤而放之。間三日，帝復遊池濱，得明月珠一雙。帝曰：「豈魚之報邪？」(《類編長安志》卷八)

長安城土

長安〔一〕，地皆黑壤。〔二〕城中今赤如火〔三〕，堅如石〔四〕。父老所傳〔五〕，盡鑿龍首川爲城〔六〕。(《後漢書‧郡國志》李賢等注。又見《長安志》卷五、《雍錄》卷三、宛委山堂本《說郛》卷六十一，文字稍異。)

〔校記〕

〔一〕此句，《雍錄》作「長安城」。

〔二〕「長安」二句，《長安志》作「長安城中地土皆黑壤」，《說郛》作「長安城中地皆黑壤」。此句下，《長安志》無。

〔三〕此句，《雍錄》作「今城赤如火」，《說郛》作「今城赤，何也？」。

〔四〕此句，《說郛》作「且堅如石如金」。此句下，《雍錄》無。

〔五〕「傳」下，《說郛》有「云」字。

〔六〕此句，《說郛》作「蓋鑿龍首山中土以爲城」。此句下，《說郛》有「及諸城闕亦然」。

龍門

河津，一名龍門，〔一〕兩傍有山〔二〕，水陸不通〔三〕，龜魚莫能上。江海大魚，薄集龍門下，〔四〕上則爲龍〔五〕，不得上，曝鰓水次也。〔六〕(《文選‧觀朝雨》李善注。又見於《後漢書‧黨錮列傳》李賢等注、《史記‧夏禹本紀》張守節正義、《元和郡縣志》卷十五、《河東先生集》卷三十六、《藝文類聚》卷九十六、《太平寰宇記》卷二十八、四十六、《太平御覽》卷四十、一百八十二、九百三十、《事類賦》卷二十八、《古今事類備要》別集卷六十三、《事文類聚》後集卷三十三、《唐詩鼓吹》卷七、《風雅翼》卷八，文字稍異。)

〔校記〕

〔一〕此二句，《史記・夏禹本紀》作「龍門水懸船而行」。此二句下，《太平寰宇記》卷二十八有「水懸船而行」句。

〔二〕傍，《史記・夏禹本紀》、《風雅翼》作「旁」。此句，《後漢書・黨錮列傳》、《藝文類聚》、《太平寰宇記》卷四十六、《太平御覽》卷一百八十二、《元和郡縣志》、《河東先生集》、《古今事類備要》、《事文類聚》、《唐詩鼓吹》無，《太平御覽》卷四十作「巨靈跡猶在，去長安九百里」，《事類賦》作「巨靈跡猶存，去長安九百里」，《太平御覽》卷九百三十作「旁有山」。此句上，《太平御覽》卷九百三十有「巨靈跡猶存，去長安九百里，水懸船而行」三句。

〔三〕此句，《後漢書・黨錮列傳》、《河東先生集》作「水險不通」，《事類賦》作「懸水下注」，《藝文類聚》、《太平御覽》卷四十、九百三十、《古今事類備要》、《事文類聚》、《唐詩鼓吹》皆無。水，《太平寰宇記》卷二十八作「川」。

〔四〕「龜魚」三句，《後漢書・黨錮列傳》、《河東先生集》作「魚鱉之屬莫能上。江海大魚薄集龍門下數千，不得上」，《史記・夏禹本紀》作「龜魚集龍門下數千，不得上」，《藝文類聚》作「大魚集龍門下數千，不得上」。《太平寰宇記》卷二十八作「魚鱉莫上」，《元和郡縣志》、《太平寰宇記》卷四十六作「魚鱉之屬莫能上。江海大魚集龍門下，數千不得上」，《太平御覽》卷四十作「江海大魚，泊集門下數千，不得上」，《太平御覽》卷一百八十二作「魚鱉之屬莫能上，江海大魚薄集龍門下數千，不得上」，《太平御覽》卷九百三十作「龜魚之屬莫能上。江湖大魚集門下數千，不得上」，《事類賦》作「龜魚之屬莫能止，江海大魚集門下數千，不得上」，《唐詩鼓吹》作「龜魚之屬集門下數千，不得上」，《風雅翼》作「江海大魚，薄集其下」，《古今事類備要》、《事文類聚》作「龜魚之屬莫能上，江海大魚集門下數十不得上」，十，應爲「千」之形訛。

〔五〕則，《藝文類聚》作「者」，《太平御覽》卷九百三十、《事類賦》、《古今事類備要》、《事文類聚》、《唐詩鼓吹》作「即」。上，《太平御覽》卷四十作「土」，形訛也。此句，《後漢書》、《河東先生集》作「上則爲龍」，并皆引至此。《唐詩鼓吹》引至此句。《太平寰宇記》卷二十八無此句。

〔六〕「不得上」二句，《太平御覽》卷一百八十二皆無，《史記・夏禹本紀》作「故云暴鰓點額龍門下」，《元和郡縣志》作「故曰曝鰓龍門」，《藝文類聚》作「故云曝鰓龍門」，《太平寰宇記》卷二十八作「故江河大魚，有暴鰓龍門之困」，《太平御覽》卷九百三十、《事類賦》作「故云曝鰓龍門，垂耳轅下」，《太平寰宇記》卷四十六作「不得上則曝腮龍門」，《太平御覽》卷四十、《事文類聚》作「故云曝鰓龍門」，《古今事類備要》作「故云暴鰓龍門」。

另存文字簡潔者，錄於下：

龍門，一名河津，去長安九百里，水懸絕，龜魚之屬莫能上，上則化爲龍矣。（《世說新語・德行》劉孝標注）

　　河津，一名龍門。江海大魚集其上，下則馬龍，不得上則曝鰓。(《類要》
卷六)

　　江海集龍門下，登者化龍，不登者點額暴鰓。(《白氏六帖事類集》卷二十九、
《九家集注杜詩》卷三十四)

　　魚鼈上之即爲龍，否則點額而還。兩山對峙如門然，故名龍門。(《杜工部
草堂詩箋》卷一。又見《通典》卷一百七十九，文字稍異。)

石雞

　　陳蒼山在太白之西〔一〕，上有石雞與山雞〔二〕。趙時差使燒山〔三〕，山雞
飛去〔四〕，石雞不去〔五〕，晨鳴山頭，聲聞三十里〔六〕，或云是玉雞〔七〕。(《藝
文類聚》卷九十一。又見於《史記・封禪書》張守節正義、《太平寰宇記》卷三十、《太
平御覽》卷四十四、卷一百六十四、卷九百一十八、《施注蘇詩》卷一、《東坡詩集註》
卷一、《事類賦》卷七、卷十八、《通鑑綱目》卷十下，文字稍異。)

〔校記〕
〔一〕此句，《史記・封禪書》、《通鑑綱目》作「太白山西有陳倉山」，《太平寰宇記》、《太
　　　平御覽》卷四十四、《事類賦》卷七作「太白山南有陳倉山」，《施注蘇詩》、《東坡詩
　　　集註》作「陳倉以山得名」。《太平御覽》卷一百六十四、《事類賦》卷十八無此句。
　　　此句下，《太平御覽》卷九百一十八有「去長安八百里」。
〔二〕此句，《史記・封禪書》、《施注蘇詩》、《東坡詩集註》、《通鑑綱目》作「山有石雞，
　　　與山雞不別」，《太平寰宇記》作「山上有石，與山雞不別」，《太平御覽》卷四十
　　　四作「山有石，與山雞不別」，《太平御覽》卷一百六十四作「陳倉山上有石雞，
　　　與山雞不別」，《太平御覽》卷九百一十八作「上有石雞，與山雞各別」，《事類賦》
　　　卷七作「山有石，與雞不別」，《事類賦》卷十八作「陳倉山上有石雞，與山雞各
　　　別」。
〔三〕此句，《史記・封禪書》、《太平寰宇記》、《太平御覽》卷四十四、一百六十四、《施
　　　注蘇詩》、《東坡詩集註》、《事類賦》卷七作「趙高燒山」，《太平御覽》卷九百一十
　　　八作「趙高使燒山」，《事類賦》卷十八作「趙高使火燒山」，《通鑑綱目》作「趙高
　　　繞山」，繞，「燒」之形訛。
〔四〕山，《太平御覽》卷四十四、《事類賦》卷七無。
〔五〕「石雞」上，《史記・封禪書》、《太平寰宇記》、《太平御覽》卷一百六十四、《施注蘇
　　　詩》、《東坡詩集註》有「而」字。去，《通鑑綱目》作「起」。此句，《太平御覽》卷
　　　四十四、《事類賦》卷七無。
〔六〕聲，《施注蘇詩》、《東坡詩集註》無。三十里，《史記・封禪書》作「三里」。
〔七〕云，《史記・封禪書》作「言」，《太平寰宇記》、《太平御覽》卷四十四、《事類賦》
　　　卷七作「謂」。此句，《施注蘇詩》、《東坡詩集註》作「蓋玉雞也」，《太平御覽》卷

四十四、一百六十四作「或云王雞」，王，當是「玉」之形訛也。此句下，《太平御覽》卷九百一十八有「陳倉城上有神雞，人取不得，雄者王，雌者霸，穆公得雌故霸。」《太平寰宇記》又有「《錄異傳》云：『秦文公時，雍南山有大梓樹，文公伐之，輒有大風雨，樹生合不斷。有一人病，夜往山中，聞有鬼語樹神曰：秦若使人被髮，以朱絲繞樹伐汝，汝得不困耶？樹神無語。明日，病人語聞，文公如其言伐樹，樹斷，其中有一青牛出，走入灃水中。復出，使騎擊之，不勝。有騎墮地復上，髮解，牛畏之，不入出，故置髦頭。』」或爲後人增補。

另存記述簡潔者，附於下：

太白山南有陳蒼山。(《通鑑地理通釋》卷十一)

石鼓山

陳倉有石鼓山〔一〕，將有兵，此山則鳴〔二〕，土人常以爲候。(《北堂書鈔》卷一百二十一。又見《後漢書·郡國志》李賢等注，文字稍異。)

〔校記〕

〔一〕此句，《後漢書·郡國志》作「秦武公都雍，陳倉城是也，有石鼓山」三句。

〔二〕《後漢書·郡國志》引至此。

陳倉縣

秦武公都雍，陳倉縣是也〔一〕。(《杜工部草堂詩箋》卷十四。又見《元豐九域志》附錄《新定九域志》卷三、《通鑑地理通釋》卷七、《研北雜誌》卷下，文字稍異。)

〔校記〕

〔一〕陳倉縣，《元豐九域志》附錄《新定九域志》作「陳金縣」，金，「倉」之形訛也。

沙角山

河西有沙角山〔一〕，峰崿危峻，逾於石山，其沙粒粗黃〔二〕，有如乾糒。又山之陽有一泉，名曰沙井〔三〕，綿歷今古，沙不塡之〔四〕。人欲登峰，必步下入穴，即有鼓角之音，震動人足。(《太平寰宇記》卷一百五十三。又見於《太平御覽》卷五十、宛委山堂本《說郛》卷六十一，文字稍異。)

〔校記〕

〔一〕有，《太平御覽》無。

〔二〕此句，《太平御覽》作「其沙粒粗」，《說郛》作「其沙粒粗，色黃」。

〔三〕名曰，《太平御覽》、《說郛》皆作「云是」。

〔四〕之，《說郛》作「足」。

另存文字記述簡潔者，附於下：

河西有沙角山，山頭頹沙，則鼓角鳴。訖還上山，故曰沙角。(《北堂書鈔》卷一百二十一。又見於《太平御覽》卷三百三十八，末二句無。)

太白山

太白山，在武功縣南，去長安三百里，〔一〕不知高幾許〔二〕。俗云：武功、太白，去天三百尺〔三〕。山下軍行，不得鳴鼓角；鳴鼓角，則疾風暴雨兼至也。〔四〕(《太平御覽》卷四十。又見於《杜工部草堂詩箋》卷十、卷十一、《九家集注杜詩》卷四、《太平寰宇記》卷三十、《資治通鑒》卷八十六、宛委山堂本《說郛》卷六十一，文字稍異。)

〔校記〕

〔一〕「在武功縣」二句，《說郛》無。三百，《九家集注杜詩》作「五百」。

〔二〕幾，《說郛》作「□」。此句，《杜工部草堂詩箋》、《資治通鑒》無。

〔三〕尺，《杜工部草堂詩箋》、《九家集注杜詩》、《太平寰宇記》、《資治通鑒》、《說郛》皆無。此句以下，《杜工部草堂詩箋》、《資治通鑒》無。

〔四〕「鳴鼓角」二句，《太平寰宇記》作「鳴則疾風暴雨立至」。

另存文字簡潔者，附於下：

太白山，在武功縣，其山不知高幾許。諺曰：「武功太白，去天三百。」(《類編長安志》卷九)

涇渭

涇渭合流，三百里清濁不雜〔一〕。(《白氏六帖事類集》卷二。又見於《初學記》卷六、《古今事類備要》前集卷七，文字稍異。)

〔校記〕

〔一〕雜，《初學記》作「合」。

終南山（太一山）

其山從長安向西〔一〕，可二百里〔二〕。中有石室靈芝〔三〕。常有一道士，不食五穀，自言太一之精，齋潔乃得見之〔四〕。而所居地名曰地肺〔五〕，可避洪水。相傳云上有水神〔六〕，人乘船行，追之不及〔七〕，猶見有故漆船者。秦時四皓亦隱於此山。〔八〕(《初學記》卷五。又見於《太平御覽》卷三十八，文字稍異。)

〔校記〕

〔一〕此句，《太平御覽》作「太一在驪山西」。

〔二〕此句，《太平御覽》作「去長安二百里」，句下有「山之秀者也」。

〔三〕靈芝，《太平御覽》無。

〔四〕此句下，《太平御覽》有「其狀似仙人」。

〔五〕此句，《太平御覽》作「山一名地肺」，肺，古同「胏」。

〔六〕此句，《太平御覽》作「俗云上有神」。

〔七〕「不」下，《太平御覽》有「可」字。

〔八〕「猶見」二句，《太平御覽》無。

另存文字差異較大者，附於下：

終南山，一名地肺，可避洪水。俗人云山上有水神，人乘船行，追之不及。（《初學記》卷五。又見《白氏六帖事類集》卷二、《錦繡萬花谷》後集卷五，文字稍異。）

太一在驪山西，山之秀者也。中有石室，常有一道士，不食五穀，自言太一之精。（《初學記》卷五）

西有石室、靈芝，常有一道士，不食五穀，言太一之精，齋絜乃得見。（《白氏六帖事類集》卷二）

終南太一山，左右三十里，內名福地。西有石室、靈芝。（《九家集注杜詩》卷一）

俗云，太虛山上有池水，神人常漆船於其內。今有故漆船在焉。（《北堂書鈔》卷一百三十七）

太一，在驪山，西去長安二百里，一名地肺山。（《雍錄》卷五）

俗云：太一山有水，神人乘船。今有故漆船也。（《太平御覽》卷七百六十九）

龍首山

龍首山，長六十里〔一〕，頭入渭水〔二〕，尾達樊川〔三〕，頭高二十丈〔四〕，尾漸下，高五六丈。〔五〕云昔有黑龍〔六〕，從山南出〔七〕，飲渭水〔八〕，其行道成土山〔九〕，故因以為名〔十〕。（《藝文類聚》卷九十六。又見於《初學記》卷六、《後漢書·班彪列傳》李賢等注、《太平御覽》卷四十四、九百三十、《事類賦》卷二十八，文字稍異。）

〔校記〕

〔一〕長，《後漢書·班彪列傳》無。

〔二〕「入」下，《事類賦》有「於」字。此句，《太平御覽》卷九百三十作「頭入於渭」。

〔三〕達，《太平御覽》卷四十四作「連」。《後漢書・班彪列傳》引至此句。

〔四〕頭，《初學記》無。

〔五〕丈，《太平御覽》卷九百三十作「尺」。高五六丈，《類編長安志》作「可六七丈」。「尾漸下」二句，《初學記》無。此句下，《太平御覽》卷四十四、九百三十有「土赤不毛」，《類編長安志》有「土黑不毛」。「頭高」三句，《事類賦》無。

〔六〕云，《太平御覽》卷四十四、《類編長安志》無。

〔七〕此句，《初學記》、《資治通鑒》、《白孔六帖》、《長安志》作「從南山出」，《太平御覽》卷四十四作「從山出」。

〔八〕此句，《太平御覽》卷九百三十、《事類賦》作「飲渭」，《太平御覽》卷四十四作「飲水」。

〔九〕「成」上，《初學記》、《事類賦》有「因」字。此句，《類編長安志》作「其行道因成土山」，《太平御覽》卷九百三十作「其行道因成土山」。

〔十〕此句，《初學記》、《太平御覽》卷四十四、《類編長安志》無，《太平御覽》卷九百三十作「故因名也」，《事類賦》作「故以名焉」。此句下，《太平御覽》卷四十四有「今長安城即疏山爲臺殿，基址不假築，其含元殿，即龍首山之東麓，高敞爲京城之最，階高於平地三十餘尺。南去丹鳳門四百餘步，中無間隔，左右寬平，東西廣百步。《兩都賦》云：『漢之西都，實曰長安，左據函谷、二崤之岨，右界褒斜、龍首之險，表以太華、終南之山，帶以洪河、涇、渭之川。』即此山之形勢也。」

　　另存文字簡潔者，錄於下：

　　昔有黑龍，從南山出，飲渭水，其行道爲龍首山。(《白氏六帖事類集》卷二。又見《古今事類備要》前集卷七)

龍首原

　　龍首原，起自南山。東義谷澄水，西岸至長樂坡，西北屈曲至長安古城，六七十里皆龍首原，隋唐宮殿皆依此原。(《類編長安志》卷七。按：末句涉及六朝以後內容，當是後人摻入。)

驪山湯

　　驪山湯，舊說，以三牲祭乃得入，可以去疾消病。〔一〕俗云〔二〕，秦始皇與神女遊而忤其旨〔三〕，神女唾之則生瘡〔四〕。始皇怖謝〔五〕，神女爲出溫泉而洗除〔六〕。後人因以爲驗。〔七〕(《初學記》卷七。又見《水經注》卷十九、《唐六典》卷十九、《事物紀原》卷七、《記纂淵海》卷八、《資治通鑒釋文》卷二十、《古今事類備要》前集卷九、《事文類聚》前集卷十八、《群書通要》甲集卷十，文字稍異。)

〔校記〕

〔一〕「驪山湯」四句，《事物紀原》、《記纂淵海》、《古今事類備要》、《事文類聚》、《群書通要》無，《水經注》作「麗山西北有溫水。祭則得入，不祭則爛人肉」，《唐六典》作「驪山西有溫湯，先以三牲祭乃得洗，不祭則爛人肉」。《資治通鑑釋文》無「可以去疾消病」句。此句下，《類編長安志》有「不爾即爛人肉」句。

〔二〕俗云，《事物紀原》、《記纂淵海》、《群書通要》無，《唐六典》作「俗說云」。

〔三〕秦始皇，《水經注》、《資治通鑑釋文》作「始皇」。「秦始皇」下，《記纂淵海》、《古今事類備要》、《事文類聚》、《群書通要》有「至驪山」三字。而，《事物紀原》無。此句，《唐六典》作「秦始皇與神女戲不以禮」，《類編長安志》作「始皇與神女戲不以禮」。

〔四〕則，《水經注》、《唐六典》無，《記纂淵海》、《古今事類備要》、《事文類聚》、《群書通要》作「遂」。此句，《事物紀原》作「唾之生瘡」。

〔五〕此句，《水經注》作「始皇謝之」。

〔六〕溫泉，《事文類聚》、《群書通要》作「湯泉」。此句，《唐六典》作「乃爲出溫泉洗之立愈」，《事物紀原》作「乃爲出溫湯洗除」。

〔七〕後人因以爲驗，《唐六典》、《記纂淵海》無。「神女爲出溫泉」二句，《水經注》作「神女爲出溫水，後人因以澆洗瘡。」

另存文字差別較大者，錄於下：

始皇生時，作閣道至驪山八十里，人行橋上，車行橋下，金石柱見存。西有溫泉，俗云始皇與神女戲，不以禮，女唾之則生瘡，始皇怖謝，神女爲出溫泉，後人因洗浴。（《太平御覽》卷七十一）

驪山西北有溫泉之水，入浴，可以愈疾。（《杜工部草堂詩箋》卷六）

入湯須以三牲祭之，不爾即爛人肉。（《太平寰宇記》卷二十七）

驪山湯，舊說，以三牲祭乃可入，可以去疾消病。（《海錄碎事》卷三下。又見《古文苑》卷五，文字稍異。）

秦皇至驪山與神女忤。女唾之遂生瘡。始皇怖謝，乃出湯泉洗之。（《韻府群玉》卷六上）

隴西關

隴西關〔一〕，其阪九迴〔二〕，不知高幾里〔三〕。欲上者，七日乃越。〔四〕高處可容百餘家，下處數十萬戶，〔五〕上有清水四注〔六〕。俗歌曰〔七〕：「隴頭流水，鳴聲幽咽〔八〕，遙望秦川，心肝斷絕。〔九〕」去長安千里，望秦川如帶。〔十〕又關中人上隴者〔十一〕，還望故鄉〔十二〕，悲思而歌，則有絕死者〔十三〕。（《太平御覽》卷五十六。又見於《後漢書·郡國志》李賢等注、《北堂書鈔》卷一〇

六、《初學記》卷十五、《太平寰宇記》卷三十二、《太平御覽》卷五百七十二、《類要》卷六、《事類賦》卷十一、《杜工部草堂詩箋》卷十七、《通典》卷一百七十四、《文獻通考》卷三百二十二，文字稍異。）

〔校記〕

〔一〕「隴」下，《初學記》有「渭」字，《事類賦》有「右」字。此句，《太平寰宇記》作「隴坂謂西關也」，《太平御覽》卷五百七十二作「隴右西開」，開，當是「關」之形訛。《類要》作「隴坻」。《後漢書·郡國志》、《杜工部草堂詩箋》、《通典》、《文獻通考》無此句。

〔二〕阪，《太平寰宇記》、《類要》、《杜工部草堂詩箋》、《通典》、《文獻通考》作「坂」。

〔三〕里，《後漢書·郡國志》、《太平寰宇記》作「許」。此句，《類要》、《杜工部草堂詩箋》、《通典》、《文獻通考》無。

〔四〕「乃」下，《太平寰宇記》有「得」字。乃，《太平御覽》卷五百七十二無。「欲上」二句，《類要》作「上者七日乃越之」，《杜工部草堂詩箋》、《通典》、《文獻通考》作「上者七日乃越」。

〔五〕「高處」二句，《太平寰宇記》作「絕高處可容百餘家，下處容十萬戶」。《類要》、《事類賦》、《杜工部草堂詩箋》、《通典》、《文獻通考》無。「不知」五句，《北堂書鈔》無。「不知」五句，《初學記》無。下處數十萬戶，《後漢書·郡國志》無。

〔六〕「注」下，《太平御覽》卷五十七十二、《事類賦》有「流下」二字，《杜工部草堂詩箋》、《通典》、《文獻通考》有「下」字。此句，《北堂書鈔》作「上有酒水四注下」，酒，「清」之形訛；《初學記》作「上有水四注下」；《太平寰宇記》作「山頂有泉，清水四注」；《後漢書·郡國志》作「清水四注下」；《類要》作「有清九四注下」。此句下，《後漢書》無。

〔七〕曰，《初學記》作「云」。

〔八〕咽，《太平御覽》卷五十七十二作「噎」。

〔九〕心肝，《北堂書鈔》、《初學記》作「肝腸」。「隴頭」四句，《類要》作「隴頭名聲幽，因遙見秦川，肝腸斷絕」。《北堂書鈔》、《初學記》、《太平御覽》卷五百七十二、《類要》、《杜工部草堂詩箋》、《通典》、《文獻通考》皆引至此句。

〔十〕「俗歌」七句，《太平寰宇記》無。此下，《太平寰宇記》有「東望秦川，如四五里」。

〔十一〕又關中，《太平寰宇記》無。

〔十二〕還望，《太平寰宇記》作「想還」。

〔十三〕則，《太平寰宇記》無。

另存文字簡潔者，附於下：

俗歌云：「隴頭流水，鳴聲幽咽。遙望秦州，肝腸斷絕。」又云：「震關遙望，秦川如帶。」（《太平寰宇記》卷三十二。按：州，當是「川」之形訛。又見《王荊公詩注》卷四十四，文字稍異。）

隴山，天水大坂也。俗歌云：「隴頭流水，鳴聲幽咽。遙望秦川，肝腸斷絕。」故名鳴咽水。（《杜工部草堂詩箋》卷五、《九家集注杜詩》卷五）

隴西關，其坂九迴，不知高幾百里。望秦川，長安如帶。（《杜工部草堂詩箋》卷十五）

東人西役，升此而顧，莫不悲思。其歌云：「隴頭泉水，流離西下，念我此行，飄然曠野，登高望遠，涕淚雙墮。」（《九家集注杜詩》卷五）

藏鉤

漢昭帝母鉤弋夫人〔一〕，手拳有國色〔二〕。世人藏鉤起於此〔三〕。（《荊楚歲時記》。又見於《玉燭寶典》卷十二、《初學記》卷四、《藝文類聚》卷七十四、《太平御覽》卷三十三、七百五十四、《類要》卷十三、《海錄碎事》卷十六，文字稍異。）

〔校記〕

〔一〕漢，《玉燭寶典》、《藝文類聚》、《初學記》、《太平御覽》卷七百五十四無。「鉤弋」下，《類要》卷十三有「氏」字。

〔二〕「有」上，《藝文類聚》、《初學記》、《太平御覽》卷七百五十四有「而」字。有，《海錄碎事》作「而」。此句下，《藝文類聚》、《太平御覽》卷七百五十四有「先帝寵之」。

〔三〕此句，《玉燭寶典》作「今世人學藏鉤法此」，釣，「鉤」之訛也。《太平御覽》卷三十三作「世人藏鉤因此」，《藝文類聚》、《太平御覽》卷七百五十四作「世人藏鉤法此也」，《初學記》作「今人學藏鉤亦法此」，《類要》作「世人因之藏鉤」，《海錄碎事》作「今人藏鉤亦法此」。

另有文字略異者：
漢武鉤弋夫人，手拳。時人傚之，目爲藏鉤也〔一〕。（《酉陽雜俎》卷四。又見中華道藏本《列子沖虛至德眞經釋文》卷上、《太平廣記》卷二百二十八，文字稍異。）

〔校記〕

〔一〕此句，《列子沖虛至德眞經釋文》作「因名爲藏鉤也」。

藏鉤因鉤弋夫人，世人法之也。（《太平御覽》卷三百五十四）

思合墓

昭帝母鉤弋夫人居甘泉宮〔一〕，三年不反，遂死。即葬之，〔二〕以千人營葬，故有千人葬，〔三〕名曰「思合墓」〔四〕。（《太平御覽》卷五百五十九。又見《長安志》卷二十、《類編長安志》卷八，文字稍異。）

〔校記〕

〔一〕此句，《長安志》、《類編長安志》作「鉤弋夫人居甘泉宮」。

〔二〕「遂死」二句，《長安志》、《類編長安志》作「遂即葬之」。

〔三〕「以千人」二句，《長安志》、《類編長安志》無。

〔四〕思合墓，《長安志》作「思后墓」。此句以下，《長安志》、《類編長安志》有「昭帝即位，追尊爲皇太后，發卒二萬人，起雲陽陵邑三千戶。」

東渭橋

漢之東渭橋，漢高帝造，以通櫟陽道。（《類編長安志》卷七）

含消梨

漢武帝園〔一〕，一名樊川，〔二〕一名御宿，〔三〕有大梨〔四〕，如五升瓶〔五〕，落地則破〔六〕，其主取者，以布囊承之，〔七〕名含消梨〔八〕。（《藝文類聚》卷八十六。又見於《齊民要術》卷四、《編珠》卷四、《藝文類聚》卷六十五、《初學記》卷二十八、《杜工部草堂詩箋》卷三十二、《全芳備祖》後集卷六、《太平御覽》卷八百二十四、九百六十九、《爾雅翼》卷十、《事類賦》卷二十七、《事文類聚》後集卷二十六、《樹藝篇》卷四、《群書通要》庚集卷六，文字稍異。）

〔校記〕

〔一〕此句，《樹藝篇》作「漢武園」。

〔二〕「漢武帝」二句，《藝文類聚》卷六十五作「漢武有名園曰樊川」，《太平御覽》卷八百二十四作「漢武帝名園曰樊川」，《事類賦》作「漢武樊川園」，園，「園」之形訛也。一名樊川，《齊民要術》無。

〔三〕「一名樊川」二句，《事文類聚》、《群書通要》無。

〔四〕有，《樹藝篇》作「大」，訛誤也。大，《齊民要術》作「犬」，蓋「大」之形訛。

〔五〕瓶，《藝文類聚》卷六十五、《全芳備祖》、《太平御覽》卷八百二十四、九百六十九、《事文類聚》、《群書通要》無。此句，《齊民要術》作「如五斗」，《初學記》卷二十八、《杜工部草堂詩箋》作「如升」，《樹藝篇》作「五升」。

〔六〕落，《事類賦》作「墜」。則，《齊民要術》作「即」。破，《全芳備祖》作「碎」。

〔七〕「落地」三句，《藝文類聚》卷六十五、《太平御覽》卷八百二十四無。承，《太平御覽》卷九百六十九作「盛」。「其主」二句，《杜工部草堂詩箋》、《事類賦》無，《初學記》卷二十八作「其主取以布囊承之」，《齊民要術》作「取者以布囊盛之」，《編珠》作「取者以布囊承之」，《全芳備祖》作「取者布囊盛」，《爾雅翼》、《樹藝篇》作「其主取以布囊盛之」，《事文類聚》作「欲取，則以布囊承之」，《群書通要》作「取則以布囊盛之」。

〔八〕消，《杜工部草堂詩箋》作「清」，蓋「消」之訛誤也。梨，《藝文類聚》卷六十五、《太平御覽》卷八百二十四、《爾雅翼》無。「名」下，《齊民要術》、《初學記》、《事文類聚》、《群書通要》有「曰」字。此句，《全芳備祖》作「名消梨」，《樹藝篇》作「名曰含消」。

　　另存文字差異較大者，錄於下：

　　御宿園出梨，十五枚一勝。大梨如五勝，落地則破。其取梨，先以布囊承之，號曰含消，此園梨也。(《三輔黃圖》卷四。又見《古今事類備要》別集卷二十一，文字稍異。)

　　又存文字簡潔者，錄於下：

　　漢武帝御宿園有大梨，如五升瓶，落地則破，名含消梨。(《山谷內集詩注》卷八。又見《施注蘇詩》卷十三、《東坡詩集註》卷十八，文字稍異。)

　　漢武樊川園有含消梨。(《海錄碎事》卷二十二下)

大栗

　　漢武帝菓園〔一〕，大栗十五枚一斗〔二〕。(《藝文類聚》卷八十七。又見於《初學記》卷二十四、二十八、《太平御覽》卷八百二十四、九百六十四，文字稍異。)

　　〔校記〕

　　〔一〕菓，《初學記》、《太平御覽》卷九百六十四作「果」。

　　〔二〕「大栗」上，《太平御覽》有「有」字。「一斗」上，《初學記》卷二十八有「爲」字。斗，《太平御覽》卷八百二十四作「升」。十五枚一斗，《太平御覽》卷九百六十四作「十五枚及一升」，及，當是「爲」之形訛。《初學記》卷二十四無此句。

　　另存文字差異較大者，錄於下：

　　漢武帝果園有大栗，十五顆一升。(《齊民要術》卷四。又見《樹藝篇》卷五)

　　文字簡潔者，附於下：

　　漢有果園。(《初學記》卷二十四)

　　漢武帝果園有大栗。(《初學記》卷二十四)

褒斜

　　褒斜，漢中谷名。南谷名褒，北谷名斜，首尾七百里。(《九家集注杜詩》卷一。又見《詳注昌黎先生文集》卷三十)

　　另存文字簡潔者，錄於下：

　　褒斜，漢中谷。(《補注杜詩》卷四)

仇池山

　　仇池山，上有百頃地，〔一〕平如砥。其南北有山路，東西絕壁百仞〔二〕，上有數萬家〔三〕，一人守道〔四〕，萬夫莫向。山勢自然，有樓櫓卻敵之狀〔五〕，

東西二門，盤道可七里，〔六〕上有岡阜泉源。《史記》謂秦得百二之固也。〔七〕
西晉末爲氐陽茂搜所據〔八〕，於山上立宮室囷倉，皆爲板屋，乃氐之所理於此，
今謂之洛谷道是也。（《太平御覽》卷四十四。又見《杜工部草堂詩箋》卷十、《九
家集注杜詩》卷四、《太平寰宇記》卷一百五十，文字稍異。）

〔校記〕
〔一〕有，《九家集注杜詩》作「廣」。「仇池山」二句，《杜工部草堂詩箋》作「山上有池，
　　故名仇池」。
〔二〕絕壁，《九家集注杜詩》作「縣絕」。百仞，《太平寰宇記》作「萬仞」。此句，《杜工
　　部草堂詩箋》作「懸絕百仞」。
〔三〕此句，《杜工部草堂詩箋》、《九家集注杜詩》無。
〔四〕人，《杜工部草堂詩箋》、《九家集注杜詩》作「夫」。
〔五〕此句以下，《杜工部草堂詩箋》無。
〔六〕「東西」二句，《九家集注杜詩》。
〔七〕《九家集注杜詩》引至此。此句下，涉及西晉之事，應爲後人增補內容。
〔八〕陽，《太平寰宇記》作「楊」，《太平御覽》訛誤也。

另存文字記述差異較大者，錄於下：
仇池山號百頃。上有百頃池，壁立百仞，一人守道，萬夫莫向。（《初學記》
卷八）

仇池，本名仇維山。上有池，故名仇池。（《杜工部草堂詩箋》卷十五）

仇池山，本名仇維州。上有池，故曰仇池。在滄、洛二谷之間，常爲水
所沖激，故下石而上土，形如覆壺。（《九家集注杜詩》卷四。又見《施注蘇詩》
卷三十二，文字稍異。）

始平原

長安城北有平原數百里〔一〕，無山川湖水，民井汲巢居〔二〕，井深五十
丈〔三〕。有伯夷墓，人食薇可常食〔四〕，或云夷、叔食之三年〔五〕，顏色如
故。（《太平御覽》卷五十七。又見於《路史》卷九、宛委山堂本《說郛》卷六十一，
文字稍異。）

〔校記〕
〔一〕「平原」上，《路史》、《說郛》有「始」字。
〔二〕「民」上，《說郛》有「其」字。「民」下，《路史》有「尙」字。
〔三〕此句，《路史》作「地多井，深者五十丈」。《路史》引至此。
〔四〕前「食」，《說郛》作「採」。
〔五〕叔，《說郛》作「齊」。之，《說郛》無。

另文字簡潔且略有差異者，附於下：

長城北有平原，廣數百里，民井汲巢居，井深五十尺。（《水經注》卷十九。
又見《太平寰宇記》卷二十七、《類編長安志》卷七，文字稍異。）

薇

伯夷食薇〔一〕，三年顏色不異〔二〕。武王戒之〔三〕，不食而死〔四〕。（《太
平御覽》卷九百九十七。又見於《路史》卷四十、《證類本草》卷六、《通志》卷七十
五、《樹藝篇》卷三、《古今韻會舉要》卷二，文字稍異。）

〔校記〕

〔一〕伯夷，《路史》作「夷齊」。此句，《證類本草》、《通志》、《樹藝篇》、《古今韻會舉要》
作「夷齊食之」。

〔二〕異，《路史》、《通志》、《古今韻會舉要》作「變」。

〔三〕戒，《證類本草》作「誡」，《樹藝篇》脫。

〔四〕此句，《通志》作「乃食而死」。「乃」下，或脫「不」字。

露臺（靈臺）

始皇作閣道至驪山八十里，人行橋上，車行橋下，今石柱猶存。山上立
祠，名曰露臺〔一〕。（《太平寰宇記》卷二十七。又見於《長安志》卷十五、《類編長
安志》卷六，文字稍異。）

〔校記〕

〔一〕露臺，《長安志》、《類編長安志》作「靈臺」。

明光殿

未央宮漸臺西有桂宮，中有明光殿，〔一〕皆金玉珠璣爲簾箔〔二〕，處處明
月珠〔三〕。金陛玉階，〔四〕晝夜光明〔五〕。（《三輔黃圖》卷二。又見於《太平寰宇
記》卷二十五、《長安志》卷四、《東坡詩集註》卷八、《玉海》卷一百五十六、《古今
事類備要》別集卷十三、《類編長安志》卷二、宛委山堂本《說郛》卷六十一，文字
稍異。）

〔校記〕

〔一〕「中」上，《太平寰宇記》卷二十五有「宮」字，《東坡詩集註》卷八有「市」字。中
有明光殿，《長安志》卷四作「宮內有明光殿」。「未央宮」二句，《玉海》作「桂宮
中有明光殿」。

〔二〕箔，《長安志》作「薄」。

〔三〕此句，《長安志》、《說郛》作「綴明月珠」。

〔四〕此，《說郛》作「砌」。「處處」二句，《東坡詩集註》無。金此玉階，《玉海》無。

〔五〕此句下，《玉海》有「明光殿以金爲阤，玉爲階」二句。

另有文字較爲簡潔者，錄於下：

明光殿以金爲墀，以玉爲階也。（《杜工部草堂詩箋》卷二十五。又見《東坡詩集註》卷二十五、《長安志》卷四，文字稍異。）

明光殿以金爲阤。（《太平御覽》卷一百八十四）

明光殿以玉爲階。（《太平御覽》卷一百八十五）

明光殿在桂宮中，皆以金玉珠璣爲簾，晝夜光明。（《太平御覽》卷一百七十五。按：玉，原作「王」，當是「玉」之形訛，今改之。）

明光宮，在漸臺西，以金玉珠璣爲箔。（《初學記》卷二十五）

明光宮，皆珠璣爲簾箔。（《分類補註李太白詩》卷二十一。又見《重修廣韻》卷二、《古今韻會舉要》卷十，文字稍異。）

武帝求仙

武帝求仙，起光明宮，發燕趙美女二十充之，令總其藉。（《東坡詩集注》卷八）

桂宮

未央宮漸臺西，有桂宮。（《資治通鑒》卷二十四）

另存文字差異較大者，錄於下：

桂宮，一名甘泉，作迎風臺以避暑。（《太平寰宇記》卷二十五）

地市

驪山，始皇陵作地市，〔一〕生死人交易，市平不得欺死人，云秦五地市〔二〕，有斷馬利。（《初學記》卷五。又見於宛委山堂本《說郛》卷六十一，文字稍異。）

〔校記〕

〔一〕「驪山」二句，《說郛》無。

〔二〕五，《說郛》作「王」，「五」之形訛也。

另有記述較爲詳盡者，錄於下：

秦始皇作地市，與生死人交易，令云：「生人不得欺死者物。」市吏告始皇云：「死者陵生人，生人走入市門，斬斷馬脊。」故俗云秦地市有斷馬。（《太平御覽》卷八百二十七）

未央宮

未央宮〔一〕，一名紫微宮。(《文選・西京賦》李善注。又見於《分類補註李太白詩》卷二、卷五、卷九、《玉海》卷一百五十五、宛委山堂本《說郛》卷六十一，文字稍異。)

〔校記〕

〔一〕宮，《說郛》無。

另有關於未央宮的記載，文字差異較大，附於下：

未央宮有堯閣。(《三輔黃圖》卷六、《古今事類備要》別集卷十六、《玉海》卷一百五十五、《類編長安志》卷三，文字稍異。)

未央宮有朱鳥堂、畫室、非常室。(《太平寰宇記》卷二十五。又見《類編長安志》卷四，文字稍異。)

長池

秦始皇作長池〔一〕，張渭水，〔二〕東西二百里，南北二十里，〔三〕築土爲蓬萊山〔四〕，刻石爲鯨魚〔五〕，長二百丈〔六〕。秦又有蘭池、鎬池、醴有〔七〕，即明天子璧池。穆天子西征，有玄池、瑤池、樂池，與西王母宴所。漢有建章宮太液池，中築方丈瀛洲，象海中神山。春二月黃鵠下池中。未央宮有滄池，中築漸臺。王莽死其上。漢上林有池十五所。承露池、昆靈池，池中有倒披蓮、連錢荇、浮浪根菱。天泉池，上有連樓閣道，中有紫宮。戟子池、龍池、魚池、车首池、蒯池、菌鶴池、西陂池、當路池、東陂池、太一池、牛首池、積草池，池中有珊瑚，高丈二尺，一本三柯，四百六十條，尉佗所獻，號曰烽火樹。麋池、含利池、百子池，七月七日臨百子池，作於闐樂，樂畢，以五色縷相羈，謂爲連愛。東漢有九龍池、御龍池、靈芝池、白石池、濯龍池、天泉池。魏在鄴有涼水池、瓊華池、疏圃池、玄武池、靈芝池〔八〕；在洛有天泉池，池中築九華臺、流杯池、幽泉池、陰流池、鳴鶴池。吳有太子池，孫權子和築，至晉明帝呼爲太子池。西晉有含利池、都亭池、靈芝池、蒙氾池，張載作賦者，潛靈池、淥池。東晉有清游池、流杯池。宋有天泉池、華林池，池有雙蓮同蔕，芙蓉異花並蒂。紂有酒池。齊景公有昭華池。後梁有靈泉池。後魏有鴻雁池、流化池。後燕有清涼池。前梁有閑豫池，池有龍影五彩，鑄銅龍於其上。南燕有申池，赫連勃勃有淥漣池。大梁有蓬池。襄陽有習氏魚池，山簡所游者；荊州有蔡子池；臨沅縣有明月池；益州有萬歲

池、天井池、千秋池、雙龍池、邛池；洺州有干將池、華曲池；於潛有蛟龍池。(《初學記》卷七。又見於《後漢書‧群國志》李賢等注、《長安志》卷三、《王荊公詩注》卷二十五、《玉海》卷一百五十六、《類編長安志》卷二、宛委山堂本《說郛》卷六十一)

〔校記〕

〔一〕長池，《說郛》作「蘭池」。

〔二〕「秦始皇」二句，《後漢書》、《長安志》、《類編長安志》作「始皇引渭水爲長池」，《玉海》作「始皇都長安，引渭水爲長池」。

〔三〕二十里，《後漢書》、《類編長安志》作「三十里」。「東西」二句，《王荊公詩注》、《玉海》無。

〔四〕土，《長安志》、《類編長安志》無。此句，《後漢書》無。

〔五〕魚，《玉海》無。

〔六〕長，《後漢書》無。此句下，《長安志》、《類編長安志》有「亦曰蘭池陂」句，《類編長安志》引至此。《王荊公詩注》、《玉海》、《說郛》引至此句。

〔七〕此句，《長安志》作「秦又有蘭池」，且引至此句。

〔八〕此句起，涉及東漢以後歷史內容，應爲後人所增補。

樊川（子午、御宿）

子午，長安正南。山名秦領〔一〕，谷一名樊川。〔二〕(《後漢書‧孝順孝沖孝質帝紀》李賢等注，又見《九家集注杜詩》卷一、《資治通鑒釋文》卷八、《通鑒地理通釋》卷十一、宛委山堂本《說郛》卷六十一，文字稍異。)

〔校記〕

〔一〕領，《九家集注杜詩》、《資治通鑒釋文》、《通鑒地理通釋》作「嶺」。

〔二〕谷一名樊川，《通鑒地理通釋》作「谷名子午」。「山名」二句，《說郛》作「山名」。

另文字略有差異者：

樊川，一名御宿。(《文選‧羽獵賦》李善注)

長安正南秦嶺，嶺根水流爲秦川，一名樊川。漢武上林，唯此爲盛。(《文選‧西征賦》李善注)

長安正南，山名秦嶺，谷名子午，一名樊川，一名御宿。(《史記‧樊噲列傳》司馬貞索隱。又見《杜工部草堂詩箋》卷七、卷四十、《資治通鑒》卷三十六、《通鑒綱目》卷十五，文字稍異。)

子午，長安正南也。山名秦嶺，谷名襃斜。(《杜工部草堂詩箋》卷六)

白鹿原

麗山西有白鹿原，〔一〕原上有狗枷堡，秦襄公時，有大狗來，下有賊則狗吠之，一堡無患，故川得厥目焉。(《水經注》卷十九。又見《資治通鑑》卷九十九，文字稍異。)

〔校記〕

〔一〕此句以下，《資治通鑑》卷九十九無。

另文字略有差異者：

驪山西有白鹿原。周平王時，白鹿出是原。原上有狗枷保。秦襄公時，有天狗枷來下，民保其上。有賊，天狗則吠而護之，故一保無患也。(《唐開元占經》卷八十六。又見《藝文類聚》卷九十四，文字稍異。)

又存文字簡潔者，附於下：

周平王東遷之後，有白鹿遊此，因得名。(《蜀鑑》卷五。又見《太平寰宇記》卷二十六、《類編長安志》卷七，文字稍異。)

藍田

蓋以縣出美玉，故名藍田。(《長安志》卷十六。又見《寓庵集》卷五、《類編長安志》卷一)

藍水

（藍田）有川〔一〕，方三十里，其水北流。出玉、銅、鐵、石〔二〕。(《後漢書·郡國志》李賢等注。又見《杜工部草堂詩箋》卷九、《九家集注杜詩》卷十九、《錦繡萬花谷》別集卷二十七、《古今韻會舉要》卷十，文字稍異。)

〔校記〕

〔一〕川，《杜工部草堂詩箋》、《錦繡萬花谷》作「洲」，《九家集注杜詩》作「州」。

〔二〕此句，《杜工部草堂詩箋》作「合溪谷之水爲藍水」，《錦繡萬花谷》作「出銅鐵玉石」，《古今韻會舉要》作「出玉銅鐵」。

桃林塞

桃林塞，在長安東四百里〔一〕，若有軍馬經過，好行則牧華山〔二〕，休息林下；惡行則決河漫延，人馬不得過矣〔三〕。(《水經注》卷四。又見《元和郡縣志》卷七、《雍錄》卷六、《太平寰宇記》卷六、《通鑑地理通釋》卷十一、《類編長安志》卷七、《資治通鑑》卷一百五十七，文字稍異。)

〔校記〕

〔一〕此句下，《雍錄》、《通鑑地理通釋》、《類編長安志》無。

〔二〕好行，《資治通鑑》卷一百五十七無。

〔三〕人，《太平寰宇記》卷六無。

咸陽

咸陽，秦所都。在九嵕山南，〔一〕渭水北，山水俱陽〔二〕，故名咸陽〔三〕。（《太平寰宇記》卷二十六。又見《長安志》卷十三、《類編長安志》卷一、《資治通鑑》卷二，文字稍異。）

〔校記〕

〔一〕以上三句，《資治通鑑》作「秦都在九嵕山南」。

〔二〕此句，《類編長安志》作「俱陽之地」。

〔二〕名，《類編長安志》作「曰」。此句下，《資治通鑑》有「二十九年，秦始封衛鞅於商，號商君；史以後所封書之」。

織錦城

梁山宮〔一〕，城皆文石，名織錦城〔二〕。（《長安志》卷三。又見《類編長安志》卷二、宛委山堂本《說郛》卷六十一，文字稍異。）

〔校記〕

〔一〕「梁山宮」下，《說郛》有「在好畤」。

〔二〕此句下，《類編長安志》有「在好畤縣」句。

另有記述簡略者：

梁山宮城，又名織錦城。（《太平寰宇記》卷二十八。又見《太平御覽》卷四十。「名」上，《太平御覽》有「石」字。）

山陵

秦名天子冢曰長山〔一〕，漢曰陵〔二〕，故通名山陵〔三〕。（《文選·西征賦》李善注。又見《唐律疏議》卷七、《刑統》卷七，文字稍異。）

〔校記〕

〔一〕此句，《唐律疏議》、《刑統》作「秦謂天子墳云山」。

〔二〕曰，《唐律疏議》、《刑統》作「云」。

〔三〕此句，《唐律疏議》、《刑統》作「亦通言山陵」。

函谷關

函谷關，去長安四百里。日入則閉，雞鳴則開。秦法也。(《太平寰宇記》卷六)

園陵

帝王陵有園，因謂之園陵。(《唐律疏議》卷十九。又見《刑統》卷十九)

霸城

霸城，秦穆公築爲宮，因名霸城。〔一〕漢於此置霸陵〔二〕。(《史記・高祖本紀》張守節正義。又見《玉海》卷一百五十五，文字稍異。)

〔校記〕

〔一〕「秦穆公」二句，《玉海》作「秦穆公築爲霸宮」。

〔二〕「霸陵」下，《玉海》有「縣」字。

紫泥水

紫泥水，在今成州。(《史記・高祖本紀》張守節正義)

畢陌

畢陌西北有孝里，畢陌西有白起墓。(《文選・西征賦》李善注)

杜郵

杜郵後改爲李里。(《史記・太史公自序》司馬貞索隱。又見《通鑒綱目》卷一下)

霸水

霸水，古滋水也，出雍州藍田谷，北入渭。(《通鑒綱目》卷二上)

鹽池

蒲阪出鹽池，朝取暮生，民市之，奉絹一疋。(《北堂書鈔》卷一百四十六)

溫水

渭水橋西有溫水。(《初學記》卷八)

始皇冢

始皇冢中，以夜光珠爲日月〔一〕，殿懸明月珠，晝夜光明。(《太平御覽》卷八〇三。又見於《事類賦》卷九)

〔校記〕

〔一〕光,《事類賦》卷九作「明」。

始皇墓

始皇墓中,燃鯨魚膏爲燈。(《太平御覽》卷八百七十)

秦始皇陵

秦始皇葬驪山,牧羊童失火燒之,三月煙不絕。(《太平御覽》卷八百七十一)

重泉城

馮翊西北三十里有重泉城,即漢武帝爲李夫人所築。(《太平寰宇記》卷二十八)

直市

直市,在富平西南一十五里,即秦文公所創。物無二價,故以直市爲名。(《太平寰宇記》卷三十一)

華山

華山在長安東三百里,不知幾千仞,如半天之雲。(《太平御覽》卷三十九)

秦川

震關遙望,秦川如帶大。(《太平御覽》卷五十)

小隴山

小隴山〔一〕,一名隴坻,又名分水嶺〔二〕。(《太平御覽》卷五十。又見《王荆公詩注》卷二十四,文字稍異。)

〔校記〕

〔一〕小,《王荆公詩注》無。

〔二〕此句下,《王荆公詩注》有「故有東西之別」句。

荊軻刺秦

荊軻入秦,爲燕太子報仇。把秦王衣袂,曰:「寧爲秦地鬼,不爲燕地囚。」王美人彈琴作語曰:「三尺羅衣何不掣?四面屏風何不越?」王因掣衣而走,得免。(《太平御覽》卷七〇一)

大魚

大魚如羊，在長池中，世人食之生癧瘡。(《太平御覽》卷七百四十二)

豹林谷

豹林谷，在子午谷。(宛委山堂本《說郛》卷六十一)

鳳闕

柏梁臺上有銅鳳〔一〕，亦名鳳闕〔二〕。(《太平寰宇記》卷二十五。又見於《雍錄》卷三、《長安志》卷三、《玉海》卷一百六十二、《類編長安志》卷三、宛委山堂本《說郛》卷六十一)

〔校記〕

〔一〕上，《說郛》無。

〔二〕亦，《雍錄》、《長安志》、《玉海》、《類編長安志》無，《說郛》作「因」。此句下，《雍錄》有「漢武作臺，詔羣臣二千石，能爲七言者乃得上」三句。

風門

風門在新豐縣東南，兩阜相對，其所多風。(《太平寰宇記》卷二十九。又見於《長安志》卷十七)

韋曲

韋曲，在皇子陂之西。(宛委山堂本《說郛》卷六十一)

杜門

杜門，即青門。(宛委山堂本《說郛》卷六十一)

太液池

漢建章宮有太液池，池中築方丈瀛洲，象海中神仙。(《古今合璧事類備要》前集卷九)

祈仙臺

坊州橋山有漢武帝祈仙臺，高百尺。(《類編長安志》卷三)

玄都壇

長安城南有谷，通梁。漢者號子午谷，入谷五里，有玄都壇。(《類編長安志》卷五)

神人出劍

三月三日，秦昭王置酒河曲，有神人自泉而出，捧水心劍，曰：「令君制有西夏。」(《太平御覽》卷三百四十四)

塹洛

在蒲城東五十里，秦築長城，即是塹洛也。(《太平寰宇記》卷二十八)

鳳凰原

新豐界有鳳凰原，以鳳集得名。(《太平寰宇記》卷二十九)

玉銅鐵石

有川方三十里，其水北流，出玉銅鐵石。(《後漢書·郡國志》李賢等注。又見《長安志》卷十六)

秦嶺

秦嶺東起商洛，西盡汧隴。東西八百里，嶺根水北流入渭，號爲八百里秦川。(《類編長安志》卷六)

存疑

以下數則內容大多不見於明代以前著述徵引，故暫存疑。

符朗

(符)朗食鵝炙，知黑白處。(《北堂書鈔》卷一百四十五。按：此則內容涉及十六國前秦符朗之事，應爲後人妄改所致，暫存疑。)

沙苑

在蒲城東五十里。(《杜詩鏡銓》卷二)

秦川

秦川，一名樊川。(《杜詩鏡銓》卷二。按：秦，原作「泰」，當是形訛。今改之。)

酒泉

酒泉郡城下有金泉，泉味如酒，故名酒泉。(《杜詩鏡銓》卷一)

山雞

趙高燒山，山雞飛走。（《補注杜詩》卷三十五）

祈僊臺

坊州橋山有漢武帝祈僊臺，高百尺。（《類編長安志》卷三。按：坊州，爲唐代所立，此則内容或爲後人妄改，暫存疑。）

五丈原

在郿縣南三十里。（《溫飛卿詩集箋注》卷四）

杜城

杜城，一名下杜城，在雍州東南十五里。其城周三里，東有杜原城，在底下，故名下杜。（《溫飛卿詩集箋注》卷五）

太乙

太乙在驪山西，山之秀者也。中有石室。（《御定淵鑒類函》卷二十八）

鳴鶴池

魏在洛有鳴鶴池。（《御定淵鑒類函》卷三十三）

鳳凰

初，長安謠云：鳳凰止阿房。（《御定淵鑒類函》卷四百一十四）

燕太子丹

燕太子丹質於秦，秦王遇之無禮，乃求歸，秦王爲機發之橋，欲以陷丹，舟丹過之，橋不爲發。又一說，交龍棒舉而機不發。（《輿地名勝志·陝西名勝志·西安府》卷一）

秦士

秦時，四皓隱於終南山。（《才調集補注》卷三）

《九江壽春記》　　漢朱湯

《九江壽春記》，東漢朱湯撰。湯，又作陽、瑒，生平不詳。樂史《太平寰宇記》徵引並冠以「後漢朱湯《九江壽春記》」。《隋書・經籍志》未著錄，曾樸《補後漢書藝文志》著錄：「朱瑒《九江壽春記》」。《太平寰宇記》及《路史》皆有徵引，而不見於之後著作，則大約亡佚於宋元時期。今人劉緯毅《漢唐方志輯佚》輯得四則。其中「玄女泉」一則，《太平寰宇記》引作「《壽陽記》」，當是劉本誤輯。

霍丘城

金明城西南一百二十里〔一〕，有黃帝時霍丘城，楚莊廢爲戍。（《太平寰宇記》卷一百二十九。又見《路史》卷二十九，文字稍異。）

〔校記〕

〔一〕一百二十里，《路史》作「百二十」。

雩婁城

金明城西南一百二十里〔一〕，有雩婁城。堯之婁子城也。（《春秋分紀》卷三十。又見《太平寰宇記》卷一百二十九、《路史》卷二十九，文字稍異。）

〔校記〕

〔一〕一百二十里，《太平寰宇記》、《路史》作「百二十」。

桐邑

金明城百三十里有城，州之桐邑也。（《太平寰宇記》卷一百二十九）

《異物志》　　漢楊孚

《異物志》，又作《交州異物志》、《交趾異物志》、《南裔異物志》，東漢楊孚撰。楊孚，生卒年不詳，字孝元，南海（今廣東廣州）人。章帝時，拜議郎。和帝時，依然在朝。朝廷刺史南下巡行，還奏時競獻珍寶，孚由是作《異物志》以諷切之。《異物志》當成書於東漢章帝、和帝時期。《隋書・經籍志》著錄：「《異物志》一卷，後漢議郎楊孚撰」，「《交州異物志》

一卷，楊孚撰」。《舊唐書·經籍志》著錄：「《交州異物志》一卷，楊孚撰」。
《新唐書·藝文志》著錄：「楊孚《交州異物志》一卷」。《冊府元龜》載：
「楊孚爲議郎撰《交州異物志》一卷」。《玉海》載「後漢議郎楊孚撰《異
物志》一卷」。《通志·藝文略》載「《異物志》一卷，後漢楊孚撰」，「《交
州異物志》一卷，楊孚撰」。元代諸書無著錄，則應在宋元之際亡佚。

文草

　　文草作酒，能成其味，以金買草，不言貴也〔一〕。（《北堂書鈔》卷一百四十
八。又見《太平御覽》卷九百九十四，文字稍異。）

　　〔校記〕

　　〔一〕此句下，《太平御覽》有「以美用之故也」。

鸕鷀

　　鸕鷀，能沒於深水，取魚而食之，〔一〕不生卵而孕雛於池澤間，既胎而又
吐生〔二〕，多者生八九〔三〕，少生五六〔四〕，相連而出，若絲緒焉〔五〕。水鳥
而巢高樹之上〔六〕。（《後漢書·馬融列傳》李賢等注。又見《太平御覽》卷九百二
十五，文字稍異。）

　　〔校記〕

　　〔一〕「能沒」二句，《太平御覽》無。

　　〔二〕此句，《太平御覽》作「又吐生」。

　　〔三〕《太平御覽》無「生」字。

　　〔四〕生：《太平御覽》作「者」。

　　〔五〕若絲緒焉：《太平御覽》作「若系緒」。

　　〔六〕之，《太平御覽》無。此句下，《太平御覽》有「或在石窟之間」。

儋耳、朱崖

　　儋耳、朱崖，俱在海中，分爲東蕃。（《水經注》卷三十六）

　　儋耳，南方夷，〔一〕生則鏤其頰〔二〕，皮連耳匡〔三〕，分爲數支，狀如雞
腸〔四〕，累累下垂至肩〔五〕。（《後漢書·顯宗孝明帝紀》李賢等注。又見《輿地紀
勝》卷一百二十五，文字稍異。）

　　〔校記〕

　　〔一〕「儋耳」二句，《輿地紀勝》作「儋耳之云」。

　　〔二〕生則鏤其頰：《輿地紀勝》作「言鏤其頰皮」。

〔三〕皮：《輿地紀勝》作「上」。

〔四〕如：《輿地紀勝》作「似」。

〔五〕此句，《輿地紀勝》作「累而下垂」。句下，《輿地紀勝》又有「或云，馬伏波收黎人，
　　　見儋耳婦人號其地爲儋耳，因爲聃州，或爲聃耳。」

儋耳，南方夷，生則鏤其頰，皮連耳匡，分爲數支，狀如雞腸，纍纍下垂至肩。（《後漢書·顯宗孝明帝紀》李賢等注）

另存文字差異較大者，錄於下：

儋耳夷，生則鏤其頭，皮尾相連，並鏤其耳匡爲數行，與頰相連，狀如雞腹，下垂肩上，食藷，紡績爲業。（《太平御覽》卷七百九十四）

橘

橘樹，白花而赤實，皮馨香，又有善味。江南有之，不生他所。（《齊民要術》卷十）

孔雀

孔雀形體既大，細頸隆背，似鳳凰。自背及尾，皆作珠文，五彩光耀，長短相次；羽毛末皆作員文，五色相繞，如帶千錢，文長二三尺。頭戴三毛，長寸，以爲冠。足有距。棲遊岡陵，迎晨，則鳴相和。（《太平御覽》卷九百二十四）

另存文字差異較大者：

孔雀，人拍其尾則舞。（《藝文類聚》卷九十一。又見《太平御覽》卷九百二十四，拍，《太平御覽》作「指」。）

孔雀，其大如鴈，而足高，毛皆有斑文采，拍手則舞。孔雀，自背及尾，皆作圓文，五色。頭戴三毛，長寸，以爲冠，足有距。迎晨，則鳴相和。孔雀，人指其尾，則舞。（《記纂淵海》卷九十七）

孔雀，其大如鴈，而足高，毛皆有斑文采。捕得畜之，拍手即舞。（《太平御覽》卷九百二十四）

翠鳥

翠鳥先高作巢。及生子，愛之，恐墮〔一〕，稍下作巢。子生毛羽〔二〕，復益愛之，又更下巢也〔三〕。（《藝文類聚》卷九十二。又見《太平御覽》卷九百二十四，文字稍異。）

〔校記〕

〔一〕墮：《太平御覽》作「墜」。

〔二〕毛羽：《太平御覽》作「羽毛」。

〔三〕「更」下，《太平御覽》有「作」字。

鯪鯉

鯪鯉吐舌，蟻附之，因吞之。又開鱗甲，使蟻入其中，乃奮迅則舐取之。（《太平御覽》卷九百四十七。又見《事文類聚》後集卷十九）

交趾稻

交趾冬又熟〔一〕，農者一歲再種。（《編珠》卷四。又見《太平御覽》卷八百三十九，文字稍異。）

〔校記〕

〔一〕此句，《太平御覽》作「交趾稻，夏冬又熟」。

另存文字差異較大者，錄於下：

稻，一歲夏冬再種，出交趾。（《齊民要術》卷十）

髯蛇

髯惟大蛇，既洪且長，采色駁犖，其文錦章，食豕吞鹿，腴成養創，賓享嘉宴，是豆是觴。（《水經注》卷三十七）

蠃蟲

寄居山，蠃蟲而長，如蝨而腳似蜘蛛，大無殼，入蠃殼中。（《太平御覽》卷九百四十一）

螺

螺大者如筥，一邊重，可爲酒器。（《太平御覽》卷九百四十一）

吒螺

吒螺，著海邊樹上，見人吒，如人聲。可食。（《太平御覽》卷九百四十一）

蒼螺

蒼螺，江東人以爲椀。假豬螺，日南有之，厭爲甲者。（《太平御覽》卷九百四十一）

鮫魚

鮫魚，皮可以飾刀。其子驚，則入母腹中。（《初學記》卷三十）

另存文字差異較大者，錄於下：

鮫魚出合浦，長二三尺，背上有甲，珠文堅強，可以飾刀，口可以爲鐮。（《文選·吳都賦》李善注）

鮫之爲魚，其子既育，驚必歸母，還其腹。小則如之，大則不復。（《太平廣記》卷四百六十四）

鯔魚

鯔魚形如鯇〔一〕，長七尺〔二〕，吳、會稽、臨海皆有之。（《文選·吳都賦》李善注。又見《太平御覽》卷九百三十七，文字稍異。）

〔校記〕

〔一〕《太平御覽》無「形如鯇」三字。

〔二〕長七尺：《太平御覽》作「長者六七尺」。此句以下，《太平御覽》無。

藿香

藿香，交趾有之。（《文選·吳都賦》李善注）

豆蔻

豆蔻生交趾，其根似薑而大，從根中生，形似益智，皮殼小厚，核如石榴，辛且香。（《文選·吳都賦》李善注）

䓇

䓇，草樹也〔一〕，葉如栟櫚而小〔二〕，三月採其葉〔三〕，細破，陰乾之〔四〕，味近苦而有甘〔五〕，并雞舌香食之，益美〔六〕。（《文選·吳都賦》李善注。又見《太平御覽》卷九百七十四，文字稍異。）

〔校記〕

〔一〕《太平御覽》無「也」字。

〔二〕葉：《太平御覽》作「果」。

〔三〕采：《太平御覽》作「採」。

〔四〕《太平御覽》無「陰」字。

〔五〕此句，《太平御覽》作「味近苦」。

〔六〕益美：《太平御覽》作「益善也」。

薑匯

薑匯，大如累，氣猛，近於臭，南土人擣之以爲虀。（《文選·吳都賦》李善注）

栟櫚、枸根

栟櫚，椶也，皮可作索。枸根，樹也，直而高，其用與栟櫚同。栟櫚出武陵山，枸根出廣州。（《文選·吳都賦》李善注）

木緜樹

木緜樹高大，其實如酒杯，皮薄，中有如絲綿者，色正白，破一實得數斤，廣州、日南、交趾、合浦皆有之。（《文選·吳都賦》李善注）

狖

狖，猿類，露鼻，尾長四五尺，居樹上，雨則以尾塞鼻，建安、臨海北有之。（《文選·吳都賦》李善注）

鼺

鼺，大如猿，肉翼，若蝙蝠，其飛善從高集下，食火煙，聲如人號，一名飛生，飛生子故也，東吾諸郡皆有之。（《文選·吳都賦》李善注）

猱然

猱然，猿狖之類，居樹，色青赤有文，日南、九眞有之。（《文選·吳都賦》李善注）

麢狼

麢狼，狀似鹿〔一〕，而角觸前向〔二〕，入林則掛角〔三〕，故恒在平淺草中。肉肥脆香美〔四〕。逐林則得之〔五〕。皮可作履襪〔六〕；角正四據，南人用作踞床〔七〕。（《北堂書鈔》卷一百三十三。又見《後漢書·南蠻西南夷列傳》李賢等注、《初學記》卷二十三、《太平御覽》卷七〇六、九百一十三，文字稍異。）

〔校記〕

〔一〕狀：《初學記》、《太平御覽》卷七〇六作「形」。鹿，《太平御覽》卷七〇六作「麋」。

〔二〕此句，《太平御覽》卷七〇六作「而角向前」，《太平御覽》卷九百一十三作「而角前向」。

〔三〕此句，《後漢書》作「入林樹掛角」，《太平御覽》卷九百一十三作「入林掛角」。

〔四〕此句，《後漢書》、《太平御覽》卷九百一十三作「肉肥翠香美」，《初學記》無。「入林」三句，《太平御覽》卷七○六無。

〔五〕「逐」下，《後漢書》有「入」字。得，《後漢書》作「搏」。《太平御覽》卷七○六無「逐」字。

〔六〕此句，《太平御覽》卷七○六無。

〔七〕此句：《後漢書》作「南人因以爲床」。《初學記》作「南人因以作踞床」。《太平御覽》卷七○六作「人因以作踞床」。《太平御覽》卷九百一十三作「南人因以作路床」。

另存文字差異較大者，錄於下：

麢狼，大如麋，角前向，有枝下出反向上，長者四五尺，廣州有之，常居平地，不得入山林。(《文選‧吳都賦》李善注)

火齊

火齊，如雲母，重沓而可開，色黃赤，似金，出日南。(《文選‧吳都賦》李善注)

烏滸

烏滸，南夷別名也，其落在深山之中。其種族爲人所殺，則居其死所，且伺殺主，若有過之者，是與非則仇而食之。(《文選‧吳都賦》李善注)

另存文字差異較大者，錄於下：

烏滸，取翠羽、採珠爲產；又能織班布，可以爲帷幔。族類同姓，有爲人所殺，則居處伺殺主，不問是與非，遇人便殺，以爲肉食也。(《太平御覽》卷七百八十六)

烏滸，南蠻之別名也，巢居鼻飲，射翠及羽，剖蚌求珠爲業。(《輿地紀勝》卷一百十一)

郡北連山數百里。有俚人，皆烏滸諸蠻，巢居鼻飲，以射翠求珠爲業。(《方輿勝覽》卷四十)

狼膬國（狼臕國）

狼膬民〔一〕，與漢人交關，常夜爲市〔二〕。以鼻齅金〔三〕，知其好惡〔四〕。(《藝文類聚》卷八十三。又見《文選‧吳都賦》李善注，文字稍異。)

〔校記〕

〔一〕狼膬民：《文選‧吳都賦》作「狼膬人」。

〔二〕《文選‧吳都賦》無此句。

〔三〕以鼻齅金:《文選・吳都賦》作「夜齅金」。

〔四〕知其好惡:《文選・吳都賦》作「知其良不」。

又存文字有異者:

狼臚國,男無衣服,女橫布帷出。與漢人交易以晝市,暮夜會。俱以鼻齅金,則知好惡。(《太平御覽》卷七百九十)

夫南

夫南,特有才巧,不與眾夷同。(《文選・吳都賦》李善注)

西屠

西屠國,在海水。以草漆齒,用白作黑,一染則歷年不復變,一號黑齒。(《太平御覽》卷七百九十)

另存文字簡略者:

西屠〔一〕,以草染齒,染白作黑〔二〕。(《文選・吳都賦》李善注。又見《太平御覽》卷三百六十八,文字稍異。)

〔校記〕

〔一〕西,《太平御覽》脫。「屠」下,《太平御覽》有「移在海外」。

〔二〕染白作黑:《太平御覽》作「因號黑齒」。

另存文字差異較大者,錄於下:

西屠染齒。亦以放此人。(中華道藏本《山海經・海外東經》)

金鄰國

夫南之外,有金鄰國,〔一〕去夫南可二千餘里〔二〕,土地出銀〔三〕,人眾多,好獵大象,生得,其死則取其牙。〔四〕(《文選・吳都賦》李善注。又見《太平御覽》卷七百九十、八百一十二,文字稍異。)

〔校記〕

〔一〕「夫南」二句:《太平御覽》卷七百九十做「金鄰,一名金陳」,《太平御覽》卷八百一十二作「金鄰國」。

〔二〕《太平御覽》卷八百一十二無「可」字。

〔三〕土,《太平御覽》卷七百九十無。「土地出銀」以下,《太平御覽》卷八百一十二無。

〔四〕「人眾多」四句,《太平御覽》卷七百九十作「人民多好獵大象,生得乘騎,死則取其牙齒」。

猩猩

出交趾,封溪有猩猩,夜聞其聲,如小兒啼也。(《文選・吳都賦》李善注)

蚌

蚌似車螯，絜白如玉。(《文選‧江賦》李善注)

雲母

雲母，一曰雲精，入地萬歲不朽。(《文選‧江賦》李善注)

越王牂牁

牂柯者，繫船筏也。其山在海中，小而高，以繫船筏也，俗人謂之越王牂牁。遠望，甚小而高，不似山。望之，以爲一株樹在水中也。(《太平御覽》卷七百七十一)

另存文字簡潔者，附於下：

有一山在海內，小而高，俗人謂之越王牂柯。牂柯，繫船杙也。(《編珠》卷四)

木客鳥

廬陵有木客鳥〔一〕，大如鵲，千百爲群〔二〕，不與眾鳥相廁〔三〕。云是木客所化〔四〕。(《初學記》卷八。又見《事文類聚》後集卷四十七、《海錄碎事》卷二十二上，文字稍異。)

〔校記〕

〔一〕此句：《事文類聚》作「木客鳥」。

〔二〕千百爲群：《事文類聚》作「數千白頭爲群」。《海錄碎事》無此句。此句下，《事文類聚》有「飛有度」。

〔三〕《海錄碎事》無此句。

〔四〕此句，《海錄碎事》作「云是木客化作鳥」。《事文類聚》無此句。

另存記述更爲詳盡者，錄於下：

木客鳥，大如鵲。數千百頭爲群，飛集有度，不與眾鳥相廁。人俗云：木客，白黃文者謂之君長，有翼有綬，飛高而正；赤者在前，謂之五伯，居前正；黑者謂之鈴下；緗色而積雜者，謂之功曹；左脅有白帶、似鞶囊者，謂擲主簿；長次君後，其五曹官屬各有章色。廬陵郡東有之。(《太平御覽》卷九百二十七。按：廬陵郡爲東漢興平二年(公元 195)所設，而楊孚所處東漢章帝、和帝時期，爲公元 100 年前後，其時無廬陵郡之名。故《太平御覽》所引，或非楊孚《異物志》佚文，或「郡」字爲後人摻入，未可定論，暫輯。)

斯調國

斯調國有火州〔一〕，在南海中，其上有野火〔二〕，春夏自生〔三〕，秋冬自死〔四〕。有木生於其中，而不消也，枝皮更活〔五〕，秋、冬火死則皆枯瘁，〔六〕其俗常多採其皮以爲布〔七〕，色小青黑〔八〕；若塵垢汙之，便投火中〔九〕，則更鮮明也。〔十〕（《三國志·魏書·齊王紀》裴松之注。又見《太平御覽》卷八百二十、《類要》卷三十五，文字稍異。）

〔校記〕

〔一〕火州：《太平御覽》作「大洲」。

〔二〕其，《類要》無。

〔三〕自，《類要》無。

〔四〕自，《類要》無。

〔五〕活：《太平御覽》作「滑」。

〔六〕「而不消也」三句，《類要》無。

〔七〕常，《類要》無。「常」下，《太平御覽》有「以」字。皮：《太平御覽》作「毛」。

〔八〕此句，《類要》作「色小有青黑」。

〔九〕「投」下，《太平御覽》有「著」字。

〔十〕「若塵垢汙之」三句，《類要》作「若塵垢，投火更鮮明」。

另存文字簡潔者，附於下：

新調國有火洲，有木及鼠，取其皮毛爲布，名曰火浣。（中華道藏本《沖虛至德眞經釋文》卷下）

通天犀

角中特有光耀，白理如線，自本達末則爲通天犀。（《後漢書·肅宗孝章帝紀》李賢等注。又見《資治通鑒》卷二十八）

象牙

俗傳〔一〕，象牙歲脫，猶愛惜之〔二〕，掘地而藏之〔三〕。人欲取，當作假牙，潛往易之〔四〕。覺則不藏。（《太平御覽》卷八百九十。又見《事類賦》卷二十，文字稍異。）

〔校記〕

〔一〕《事類賦》無「俗傳」二字。

〔二〕《事類賦》無「之」字。

〔三〕《事類賦》無「而」字。

〔四〕「人欲」三句，《事類賦》作「人作假牙，潛易之」。

蝦

蝦實四足，而有魚名，頭尾類鯷，歧□□行〔一〕。生長山澗〔二〕，出入深坑。頂上有光，迎風漬流〔三〕。云是懶婦，怨勤自投。（《太平御覽》卷九百三十九。又見《事類賦》卷二十九，文字稍異。）

〔校記〕

〔一〕此句：《事類賦》作「岐岐而行」。

〔二〕此句：《事類賦》作「長自溪澗」。

〔三〕迎風漬流：《事類賦》作「迎風噴流」。

錦鳥

錦鳥，文章如丹地錦〔一〕，而藻繢采文〔二〕。俗人見其端正似錦〔三〕，因謂之錦鳥〔四〕。（《藝文類聚》卷八十五。又見《初學記》卷二十七、《太平御覽》卷八百一十五、卷九百二十八，文字稍異。）

〔校記〕

〔一〕《太平御覽》卷九百二十八無「章」字。

〔二〕藻繢采文：《初學記》、《太平御覽》卷八百一十五作「藻繢互交」，《太平御覽》卷九百二十八作「藻繢相交」。

〔三〕《初學記》、《太平御覽》無「端正」二字。

〔四〕此句下，《太平御覽》卷九百二十八有「形微大於雉。其雌特有文章，五色，甚可愛」。

周留

周留，水牛也，毛青大腹，銳頭青尾。（《初學記》卷二十九。又見《錦繡萬花谷》後集卷三十九）

餘甘

餘甘，大小如彈丸〔一〕，視之理如定陶瓜〔二〕。初入口，苦澀〔三〕；咽之〔四〕，口中乃更甜美足味〔五〕。鹽蒸之〔六〕，尤美，可多食〔七〕。（《齊民要術》卷十。又見《記纂淵海》卷九十二，文字稍異。）

〔校記〕

〔一〕大小如彈丸：《記纂淵海》作「如彈丸大」。

〔二〕「定陶瓜」下，《記纂淵海》有「片」字。

〔三〕苦澀：《記纂淵海》作「如苦」。

〔四〕咽之：《記纂淵海》作「忽咽」。

〔五〕此句：《記纂淵海》作「中乃更甜美」。

〔六〕「蒸」下，《記纂淵海》有「而」字。

〔七〕「食」下，《記纂淵海》有「之」字。

枸櫞

枸櫞，似橘〔一〕，大如飯筥。皮有香〔二〕，味不美。可以浣治葛、苧〔三〕，若酸漿。（《齊民要術》卷十。又見《太平御覽》卷九百七十二，文字稍異。）

〔校記〕

〔一〕似橘：《太平御覽》作「實橘」。

〔二〕有，《太平御覽》作「不」。

〔三〕苧：《太平御覽》作「紵」。

燋石

悅城縣北一百里有山，中有燋石，每歲人採之，琢爲燒器，民亦賴也。（《太平寰宇記》一百六十四）

檳榔樹

檳榔〔一〕，若筍竹生竿，種之精硬，引莖直上，不生枝葉〔二〕，其狀若柱〔三〕。其顛近上末五六尺間〔四〕，洪洪腫起〔五〕，若瘣木焉〔六〕；因坼裂出〔七〕，若黍穗〔八〕，無花而爲實〔九〕，大如桃李。又生棘針重累其下〔十〕，所以衛其實也〔十一〕。剖其上皮，煮其膚〔十二〕，熟而貫之，硬如乾棗〔十三〕。以扶留、古賁灰並食〔十四〕，下氣及宿食、白蟲，消穀〔十五〕。飲啖設爲口實〔十六〕。（《齊民要術》卷十。又見《藝文類聚》卷八十七、《太平御覽》卷九百七十一，文字稍異。）

〔校記〕

〔一〕檳榔：《藝文類聚》作「檳榔樹」。

〔二〕「不生」句，《太平御覽》無。「種之」三句，《藝文類聚》無。

〔三〕此句：《藝文類聚》、《太平御覽》無。

〔四〕「其顛」句，《藝文類聚》作「近上末五六尺間」，《太平御覽》作「末五六尺間」。

〔五〕洪洪腫起：《藝文類聚》作「洪覃洪腫起」。

〔六〕若：《藝文類聚》作「如」。

〔七〕坼：《藝文類聚》作「拆」。

〔八〕若黍穗：《藝文類聚》作「若黍秀也」。

〔九〕花：《藝文類聚》作「華」。

〔十〕又生棘針：《藝文類聚》作「天生棘」。

〔十一〕所以衛其實也：《藝文類聚》作「所以禦衛其實也」，《太平御覽》作「以禦衛其實」。

〔十二〕煮：《太平御覽》作「空」。

〔十三〕硬：《藝文類聚》作「堅」。

〔十四〕「扶留」下，《太平御覽》有「藤」字。此句，《藝文類聚》作「以夫留、古賁并食」。

〔十五〕「下氣」二句，《藝文類聚》作「則滑美下氣，及宿食消穀」，《太平御覽》作「下
　　　　氣及宿食削迦」。二句下，《藝文類聚》無。

〔十六〕飲啖設爲口實：《太平御覽》作「飲設以爲口實」。

桂樹

桂之灌生，必粹其族。柯葉不渝，多夏常綠。匪桂植在乎嵩嶽？（《藝文
類聚》卷八十九）

甘蔗

甘蔗，遠近皆有。交阯所產特醇好，本末無薄厚。其味至均〔一〕，圍數寸，
長丈餘，頗似竹。斬而食之〔二〕，既甘；迮取汁爲飴餳〔三〕，名之曰糖〔四〕，
益復珍也〔五〕；又煎而暴之〔六〕，既凝，如冰。〔七〕破如博棋，食之，入口消
釋，時人謂之「石蜜」者也。（《齊民要術》卷十。又見《太平御覽》卷九百七十四，
文字稍異。）

〔校記〕

〔一〕至均，《太平御覽》作「甘」。

〔二〕斬，《太平御覽》作「斷」。

〔三〕迮，《太平御覽》作「生」。

〔四〕此句，《太平御覽》無。

〔五〕此句，《太平御覽》作「益珍」。

〔六〕又，《太平御覽》無。

〔七〕「既凝」二句，《太平御覽》作「凝如冰」。此句下，《太平御覽》無。

摩廚

木有摩廚，生於斯調。注：摩廚，木名也，生於斯調州。厥汁肥潤，其
澤如膏，馨香馥鬱，可以煎熬。注：如脂膏，可以煎熬食物也。彼州之民，
仰爲嘉肴。注：《花木志》曰：煎熬食物香美，如華夏之人用油。（《太平御覽》
卷九百六十）

獬豸

東北荒中有獸名獬豸，一角，性忠直，見人鬥，則觸不直者，聞人論，
則咋不直者。（《資治通鑒》卷二〇四）

甘藷

甘藷，似芋，亦有巨魁。剝去皮，肌肉正白如脂肪。南人專食，以當米穀。(《齊民要術》卷十)

蒂母樹

蒂母，樹皮有蓋，狀似栟櫚；但脆不中用。南人名其實爲「蒂」。用之，當裂作三四片。(《齊民要術》卷十)

梓棪

梓棪，大十圍，材貞勁，非利剛截，不能剋。堪作船。其實類棗，著枝葉重曝撓垂。刻鏤其皮，藏，味美於諸樹。(《齊民要術》卷十)

箼簩

南方思牢國產竹〔一〕，可礪指甲。(《丹鉛總錄》卷十三)

益智子

益智，類薏苡。實長寸許，如枳棋子。味辛辣，飲酒食之佳。(《齊民要術》卷十)

椰樹

椰樹，高六七丈，無枝條。葉如束蒲，在其上〔一〕。實如瓠〔二〕，繫在於巔〔三〕，若掛物焉〔四〕。實外有皮如胡盧〔五〕。核裏有膚，白如雪，厚半寸，如豬膚，食之美於胡桃味也〔六〕。膚裏有汁升餘〔七〕，其清如水，其味美於蜜〔八〕。食其膚，可以不饑〔九〕；食其汁，則愈渴〔十〕。又有如兩眼處，俗人謂之「越王頭」〔十一〕。(《齊民要術》卷十。又見《史記·司馬相如列傳》司馬貞索隱、《太平御覽》卷九百七十二，文字稍異。)

〔校記〕

〔一〕在其上：《太平御覽》作「在上」。自「椰樹」至此句，《史記·司馬相如列傳》無。

〔二〕實如瓠：《史記·司馬相如列傳》作「實大如瓠」，《太平御覽》作「其實如瓠」。

〔三〕繫在於巔：《史記·司馬相如列傳》作「繫在顛」，《太平御覽》作「繫之巔」。

〔四〕《史記·司馬相如列傳》無「焉」字。《太平御覽》無此句。

〔五〕此句，《史記·司馬相如列傳》作「實外有皮，中有核，如胡桃」，《太平御覽》作「實外皮如胡盧」。

〔六〕「核裏」五句，《史記·司馬相如列傳》作「核裏有膚，厚半寸，如豬膏」，《太平御覽》無。

〔七〕膚裏：《太平御覽》作「膚中」。此句，《史記・司馬相如列傳》作「裏有汁斗餘」。

〔八〕《太平御覽》無二「其」字。此句，《史記・司馬相如列傳》作「味美於蜜也」。此句下，《史記・司馬相如列傳》無。

〔九〕可以：《太平御覽》作「則」。

〔十〕愈：《太平御覽》作「增」。

〔十一〕此句，《太平御覽》作「俗號椰子爲越王頭」。

荔枝

荔支爲異：多汁，味甘絕口，又小酸，所以成其味。可飽食，不可使厭。生時，大如雞子，其膚光澤。皮中食，乾則焦小〔一〕，則肌核不如生時奇。四月始熟也。（《齊民要術》卷十。又見《太平御覽》卷九百七十一，文字稍異。）

〔校記〕

〔一〕焦小：《太平御覽》作「醮小」。

芭蕉

芭蕉，葉大如筵席〔一〕。其莖如芋〔二〕，取濩而煮之，則如絲〔三〕，可紡績，女工以爲絺綌〔四〕，則今「交阯葛」也〔五〕。其內心如蒜鵠頭生，大如合枓。因爲實房，著其心齊〔六〕；一房有數十枚。其實皮赤如火，剖之中黑。剝其皮，食其肉，如飴蜜〔七〕，甚美。食之四五枚，可飽，而餘滋味猶在齒牙間。一名「甘蕉」。（《齊民要術》卷十。又見《藝文類聚》卷八十七、《太平御覽》卷九百七十五，文字稍異。）

〔校記〕

〔一〕「葉大」句，《藝文類聚》無。

〔二〕其，《藝文類聚》無。

〔三〕此句，《藝文類聚》作「取鑊煮之如絲」，《太平御覽》作「取鑊煮之爲絲」。

〔四〕《藝文類聚》無「女工以」三字。此句下，《藝文類聚》無。

〔五〕此句，《太平御覽》作「今交阯葛也」。

〔六〕此句，《太平御覽》無。

〔七〕飴，《太平御覽》脫。

古賁灰

古賁灰，牡礪灰也。與扶留、檳榔三物合食，然後善也〔一〕。扶留藤，似木防以〔二〕。扶留、檳榔，所生相去遠，爲物甚異而相成。俗曰：「檳榔扶留，可以忘憂。」（《齊民要術》卷十。又見《太平御覽》卷九百七十五，文字稍異。）

〔校記〕

〔一〕然：《太平御覽》作「而」。

〔二〕以：《太平御覽》作「已」。

另存文字簡潔者，附於下：

古賁灰，牡蠣殼。（《太平御覽》卷九百四十二）

篁

有竹曰「**篁**」，其大數圍，節間相去局促，中實滿，堅強以爲柱榱〔一〕。（《齊民要術》卷十。又見《太平御覽》卷九百六十三，文字稍異。）

〔校記〕

〔一〕柱：《太平御覽》作「屋」。此句下，《太平御覽》有「斷截便以爲棟梁。不復加斤斧也」。

葭蒲

葭蒲，藤類，蔓延他樹，以自長養。子如蓮葴，著枝格間，一日作扶相連。實外有殼，裏又無核。剝而食之，煮而曝之，甜美。食之不饑。（《齊民要術》卷十）

三薕

薕，實雖名「三薕」，或有五六，長短四五寸，薕頭之間正岩。以正月中熟，正黃，多汁。其味少酢，藏之益美。（《齊民要術》卷十）

楊梅

楊梅，似彈丸，五月熟。（《初學記》卷二十八）

鼠母

鼠母，頭腳似鼠，毛蒼口銳，大如水牛，而畏狗〔一〕。水田時有外災〔二〕，起於鼠。（《初學記》卷二十九。又見於《太平御覽》九百一十一，文字稍異。）

〔校記〕

〔一〕「而」下，《太平御覽》有「獨」字。

〔二〕外，《太平御覽》作「水」。

鹿魚

鹿魚，頭上有兩角如鹿。（《初學記》卷三十）

合浦牛

合浦牛如橐駝。案項上有特骨，大如覆斗。足健疾，其行如馬，日行三百里。(《太平御覽》卷九〇〇)

犴

犴，猿屬，頭形正方，髮長尺餘，皆蒼色，犬類，似人。欲有所視，輒搖頭，兩手被髮；不爾，則復障其兩目。衣毛皤皤，若被狐裘。木居洞藏，密向乃得見耳。(《太平御覽》卷九〇八)

鷓鴣

鷓鴣，其形似雌雞。其志懷南不思北，其名呼飛「但南不北」。其肉肥美，宜炙，可以飲酒，為諸膳也。(《太平御覽》卷九百二十四)

鵁鶄

鵁鶄巢於高樹顛，生子未能飛，皆銜其母翼，飛下地飲食。(《太平御覽》卷九百二十五)

鮐魚

南方魚多不肥美，唯鮐魚為上。大者長二尺，作膾炙尤香而美。(《太平御覽》卷九百四十)

高魚

高魚，與鱒相似。與蜥蜴於水上相合，常以三二月中，有雌而無雄，食其胎殺人。(《太平御覽》卷九百四十)

蘆（魚孚）

蘆（魚孚），似鮨鰡而有細文，多膏，肥美，如大蘆管。本出地中，隨泉浮出，俗名蘆（魚孚）。(《太平御覽》卷九百四十)

擁劍

擁劍，狀如蟹，但一螯偏大耳。(《太平御覽》卷九百四十三)

水母

水母在海，泛泛常浮。其體正白，常在水上浮也。(《太平御覽》卷九百四十三)

榕樹

榕樹棲棲，長與少殊。少時緣木，後乃成樹，故爲殊也。高出林表，廣蔭原丘。孰知初生，葛藟之儔。(《太平御覽》卷九百六十)

枕梁

有木洪直，厥名枕梁。(《太平御覽》卷九百六十一)

木蜜

木蜜，名曰香樹，生千歲，根本甚大。先伐僵之，四五歲乃往看。歲月久，樹材惡者，腐敗；唯中節堅直芬香者，獨在耳。(《太平御覽》卷九百八十二)

白蛤狸

白蛤狸，刳其外韋囊，以酒灑，而陰乾之，其氣如麝。若雜眞麝中，鮮有別者。(《太平御覽》卷九百八十三)

另存文字差異較大者，錄於下：

靈狸一體自爲陰陽，刳其水道，連囊以酒灑，陰乾。其氣如麝，若雜眞香。罕有別者，用之亦如麝焉。(《證類本草》卷十七。又見中華道藏本《圖經衍義本草》卷二十八)

石髮

石髮，海草，在海中石上叢生，長尺餘，大小如韭，葉似席莞，而株莖無枝。以肉雜而蒸之，味極美。食之，近不知足。(《太平御覽》卷一千)

籯簹竹

籯簹，生水邊，長數丈，圍一尺五六寸，一節相去六七尺，或相去一丈，廬陵界有之。(《文選·吳都賦》李善注)

駃牛

日南多駃牛，日行數百里。(《太平寰宇記》卷一百七十一)

翡翠

翡，赤色，大於翠。(《文選·鵩鶼賦》李善注)

鱠魚

鱠魚，仲夏始從海中泝流而上。腹下如刀，長尺餘。有細骨，如鳥毛在肉中，又有鳥腎在腹。立夏有白鳥似鷺，羣飛，謂之鱠鳥，至仲夏鳥藏魚出，變化所生也。(《太平御覽》卷九百三十七)

鯨魚

鯨魚，長者數十里，小者數十丈，雄曰鯨，雌曰鯢，或死於沙上，得之者皆無目，俗言其目化爲明月珠。(《文選‧吳都賦》李善注)

水蛇

朱崖有水蛇。(《文選‧吳都賦》李善注)

長鳴雞

九眞長鳴雞最長，聲甚好，清朗。鳴未必在曙時，潮水夜至，因之並鳴，或名曰「伺潮雞」。(《齊民要術》卷十)

另有文字簡潔者，錄於下：
伺潮雞，潮水上則鳴。(《太平御覽》卷九百一十八、《事類賦》卷十八)

交阯草

交阯草，滋大者數寸，煎之，凝如冰，破如博棋，謂之石蜜。(《太平御覽》卷八百五十七)

獼猴

南方人以獼猴頭爲鮓。(《太平御覽》卷九百一十)

薪藤

薪藤，圍數寸，重於竹，可以爲杖。篾以縛船，及以爲席，勝於竹也。(《齊民要術》卷十。又見《太平御覽》卷九百九十五，文字略異。薪，《太平御覽》作「科」。)

香菅

香菅似茅，而葉長大於茅。不生汙下之地，丘陵山崗。凡所蒸享，必得此菅苞裹，助調五味，益其芬菲。(《太平御覽》卷九百九十六)

鼉虱魚

冬天，此魚數千萬頭共處大窟中藏，上有白氣。或在鼉穴中，皮黑如漆，能潛知數里中空木所在，因風而入空木，化爲蝙蝠。其肉甚美。（《太平御覽》卷九百四十）

雕題國

雕題國，畫其面及身，刻其肌而青之，或若錦衣，或若魚鱗。（《太平御覽》卷七百九十）

穿胸人

穿胸人，其衣則縫布二幅，合兩頭，開中央，以頭貫穿，胸身不突穿。（《太平御覽》卷七百九十）

另存文字差異較大者，錄於下：

穿匈之國，其衣則然者。蓋以放此貫匈人。（《類要》卷三）

穿匈之國去其衣則無自然者，益似效此貫胸人也。（中華道藏本《山海經·海外南經》）

黃頭人

黃頭人，群相隨行，無常居處，其類與禽獸同。或依大樹，以草被其枝上，而庇陰其下。髮正黃，如掃帚。見漢人散入草，終不可得近。（《太平御覽》卷七百九十）

甕人

甕人，齒及目甚鮮白。面體異黑若漆，皆光澤。爲奴婢，強勤力。（《太平御覽》卷七百九十）

玃

玃之屬，捷勇於猿狖。面及鼻徵倒向上，尾端分爲兩條，天雨便以插鼻孔中，水不入。性畏人，見人則顛倒投擲，或墮地奔走，無所回避，觸樹衝石，或至破頭折脛。俗人罵恃力人云癡如玃。（《太平御覽》卷九百一十三）

懶婦

昔有懶婦，織於機中常睡，其姑以杼打之，恚死。今背上猶有杼文瘡痕。

大者得膏三四斛，若用照書及紡織則暗，若以會眾賓歌舞則明。(《太平寰宇記》卷一百六十五)

鬱林大豬

鬱林大豬，一蹄有四五甲，多膏，賣者以鐵錐刺其頭入七八寸，得赤肉乃動。(《太平御覽》卷九〇三)

猵母

猵母，狀如猿，逢人則叩頭，小打便死，得風還活。(《廣韻》卷一)

苦姑鳥

南海有苦姑鳥，聲如人音，多懷悽愴，《異物志》謂之「苦鳥」。(《海錄碎事》卷二十二上)

鶷鳥

鶷鳥，大如雄雞，色赤或黑而能鳴。彈射取之，其肉香美，中作炙。(《太平御覽》卷九百二十八)

鰕魚

鰕魚，有四足如龜而行疾，有魚之體而以足行，故名鰕魚。含水仰天不動，小鳥就飲，因而吐之。(《太平御覽》卷九百三十九)

龍眼、荔枝

龍眼、荔枝，生朱提南廣縣，犍為棘道縣。隨江東至巴郡江州縣，往往有荔枝樹，高五六丈，常以夏生，其變赤可食。龍眼似荔枝，其實亦可食。(《文選‧蜀都賦》李善注)

瑇瑁

瑇瑁，如龜，生南海。大者如蓬篨，背上有鱗，鱗大如扇，有文章。將作器，則煮其鱗，如柔皮。(《廣韻》卷四)

橄欖

橄欖生南海浦嶼間，樹高丈餘，其實如棗。三月有花生，至八月方熟甚香。木高大難採，以鹽擦木身，則其實自落。(《大觀本草》卷二十三)

昆侖玉

玉山昆侖。（《大觀本草》卷三）

玉屑

出崑崙。（中華道藏本《圖經衍義本草》卷一）

存疑

大貝

乃有大貝，其姿難儔。素質紫飾，文若羅珠。不磨而瑩，彩耀光流。思雕莫加，欲琢匪逾。在昔姬伯，用免其拘。（《廣東文選》）

青蚨

青蚨，形如蟬而長。其子如蝦子，著草葉上。得其子，則母飛來。（《本草綱目》卷四十）

系臂

系臂如龜，生於海州。（《廣東通志》卷九十八）

磁石關

漲海崎頭，水淺而多磁石。徼外人乘大舶，皆以鐵葉錮之。至此關，以磁石不得過也。（《廣東通志》卷二十四。按：《太平御覽》卷九百八十八亦有此記述，但冠以「萬震《南州異物志》曰」，二者所記不同，暫且存疑，姑置於此。）

鬱金

鬱金出罽賓，國人種之，先以供佛，數日萎，然後取之。色正黃，與芙蓉花裏嫩蓮者相似，可以香酒。（《本草綱目》卷十四。按：此文上，《本草綱目》冠以「楊孚《南州異物志》」，作者與書名不符，姑置於此。）

夷州矢

夷州土無銅鐵，取磨礪青石以作弓矢，此石弩楛矢之類。（《初學記》卷九。按：有關夷州的記述，應為沈瑩《臨海水土異物志》的內容。）

《哀牢傳》　　漢楊終

《哀牢傳》，東漢楊終撰。史志不著錄。其成書年代不可考，應亡佚於隋代之前。侯康《補後漢書藝文志》、姚振宗《後漢藝文志》並載：「楊終《哀牢傳》」。今存佚文一則。楊終（？-100），字子山，蜀郡成都（今屬四川）人。顯宗時拜爲校書郎，受詔刪《太史公書》。

九隆

九隆代代相傳，名號不可得而數，至於禁高，乃可記知。禁高死，子吸代；吸死，子建非代；建非死，子哀牢代；哀牢死，子桑藕代；桑藕死，子柳承代；柳承死，子柳貌代；柳貌死，子扈栗代。(《後漢書·南蠻西南夷列傳》李賢等注。又見《通志》卷一百九十七)

《括地圖》　　漢佚名

《括地圖》，佚名。《隋志》未著錄。內容較早爲《齊民要術》徵引，當爲漢魏作品。

馮夷

馮夷恒乘雲車〔一〕，駕二龍。(《水經注》卷一，又見《楚辭補註》卷二，文字稍異。)

〔校記〕
〔一〕恒：《楚辭補註》作「常」。

范氏御龍

禹誅防風〔一〕。夏德盛，二龍降之，禹使范氏御之以行〔二〕。(《初學記》卷九。又見《文選·西都賦》李善注，文字稍異。)

〔校記〕
〔一〕此句，《文選·西都賦》無。
〔二〕此句，《文選·西都賦》作「禹使范氏御之以經行南方」。

穿胸國

　　禹誅防風氏〔一〕。夏後德盛〔二〕，二龍降之。禹使范氏御之以行，經南方，防風神見禹怒〔三〕，射之〔四〕。有迅雷，二龍升去〔五〕，神懼〔六〕，以刃自貫其心而死〔七〕。禹哀之，瘞以不死草〔八〕，皆生，是名穿胸國〔九〕。(《藝文類聚》卷九十六。又見《太平御覽》卷七百九十、《古今合璧事類備要》別集卷六十三、《事文類聚》後集卷三十三，文字稍異。)

　　〔校記〕

　　〔一〕防風氏：《太平御覽》作「防風民」。

　　〔二〕此句，《太平御覽》作「夏德」。

　　〔三〕《事文類聚》無「禹」字。

　　〔四〕「射」上，《太平御覽》有「使」字。

　　〔五〕迅雷：《太平御覽》作「迅雨」。

　　〔六〕神：《太平御覽》作「臣」。

　　〔七〕《太平御覽》無「而」字。刃：《古今合璧事類備要》作「刄」，「刄」同「刃」。

　　〔八〕瘞：《太平御覽》作「療」。以：《古今合璧事類備要》、《事文類聚》作「下」。

　　〔九〕穿胷國：《太平御覽》作「穿匈民」。此句下，《太平御覽》有「去會稽萬五千里」。

　　另存文字差異較大者，錄於下：

　　禹平天下，會於會稽之野。又南經防風之神，弩射之。有迅雷，二神恐，以刃自貫其心。禹哀之，乃拔刃療以不死之草，皆生，是爲貫胸之民。(《文選·(王元長)三月三日曲水詩序》李善注)

丹山竹

　　丹山之竹，長千仞，而鳳食其實。(李衎《竹譜》卷六)

匈奴

　　桀放三年死。子獯鬻妻桀之眾妾，居北野，謂之匈奴。(《路史》卷二十三)

化民食桑

　　昔烏先生避世於芒尚山，其子居焉。〔一〕化民食桑，三十七年〔二〕，以絲自裹〔三〕；九年生翼，九年而死〔四〕。其桑長千仞。蓋蠶類也。去琅邪二萬六千里。(《齊民要術》卷十。又見《藝文類聚》卷八十八、《太平御覽》卷九百五十五，文字稍異。)

　　〔校記〕

　　〔一〕「昔烏先生」二句，《藝文類聚》、《太平御覽》無。

〔二〕此句，《藝文類聚》、《太平御覽》作「二十七年」。

〔三〕此句，《藝文類聚》作「化而身裏」，《太平御覽》作「化而自裏」。

〔四〕此句，《藝文類聚》、《太平御覽》作「十年而死」。此句以下，《藝文類聚》、《太平御覽》無。

茶山茶溪

臨城縣東北一百四十里，有茶山、茶溪。（《太平御覽》卷八百六十七）

玉樹

崑崙墟北有玉樹。（《太平御覽》卷九百六十一）

君子國

君子民，帶劍，使兩文虎〔一〕，衣野絲。土方千里，多薰華之草，好讓〔二〕，故爲君子國。薰華草〔三〕，朝生夕死。（《太平御覽》卷九百九十四。又見《事類賦》卷二十四，文字稍異。）

〔校記〕

〔一〕使：《事類賦》作「挾」。

〔二〕好讓：《事類賦》作「如讓」，如，蓋「好」之形訛。

〔三〕薰華草：《事類賦》作「薰華」。

龍池之山

龍池之山，四方高，中央有池〔一〕，方七百里。羣龍居之，多五花樹，羣龍食之〔二〕。（《藝文類聚》卷九十六。又見《初學記》卷三十、《太平御覽》卷九百二十九，文字稍異。）

〔校記〕

〔一〕央，《初學記》無。

〔二〕此句下，《初學記》又有「去會稽四萬五千里」，《太平御覽》有「去會稽四千里」。

上蔡

豫州北七十里，上蔡，古蔡國。縣西南十里，有故蔡城，蔡山岡，故國也。（《路史》卷二十八）

蒙奴民

昔高辛氏時，有同產而爲夫婦。帝怒而放之於野，相抱而死。草覆之十年而復生，男女同體，兩頭、四手、四足，謂之蒙奴之民。（《東坡先生物類相感志》卷四）

孟虧

孟虧，人首鳥身。其先爲虞氏馴百禽，夏后之末，世民始食卵，孟虧去之，鳳凰隨焉，止於此山。多竹，長千仞。鳳凰食竹實，孟虧食木實，去九疑萬八千里。(《太平御覽》卷九百一十五)

無咸民

無咸民，食土，死即埋之。其心不朽，百年復生，去玉關四萬六千里。(《太平御覽》卷三百七十六)

越俚之民

越俚之民，老者化爲虎。(《太平御覽》卷八百九十二)

穀山

穀山有叢雲、甘雨〔一〕。(《初學記》卷一。又見《太平御覽》卷十，文字稍異。)

〔校記〕

〔一〕叢雲：《太平御覽》作「藂雲」，藂，同「叢」。

燭龍

鍾山之神名曰燭陰〔一〕，視爲晝，暝爲夜〔二〕；吹爲冬，呼爲夏〔三〕，息爲風。(《北堂書鈔》卷一百五十一。又見《太平御覽》卷九，文字稍異。)

〔校記〕

〔一〕燭陰：《太平御覽》作「燭龍」。

〔二〕暝：《太平御覽》作「眠」。

〔三〕呼：《太平御覽》作「吁」。

奇肱氏

奇肱氏〔一〕，能爲飛車〔二〕，從風遠行〔三〕。湯時，西風吹奇肱車至於豫州〔四〕。湯破其車，不以示民〔五〕。十年，西風至〔六〕，乃復使作車〔七〕，遣歸〔八〕。去玉門四萬里〔九〕。(《藝文類聚》卷一。又見《藝文類聚》卷七十一、《太平御覽》卷九、卷七百七十三、七百九十七，文字稍異。)

〔校記〕

〔一〕奇肱氏：《藝文類聚》卷七十一、《太平御覽》卷九、七百七十三作「奇肱民」，《太平御覽》卷七百九十七作「奇恒民」。

〔二〕此句，《藝文類聚》卷七十一作「能爲車」，《太平御覽》卷七百九十七作「善爲機巧，設百禽爲車飛」。

〔三〕從：《藝文類聚》卷七十一作「從」，從，同「從」。

〔四〕吹：《藝文類聚》卷七十一作「久」，《太平御覽》卷七百七十三作「起」，《太平御覽》卷七百九十七作「多」。奇肱，《太平御覽》卷七百九十七作「奇恒」。

〔五〕《太平御覽》卷七百九十七無此句。

〔六〕至：《太平御覽》卷七百九十七作「倒」。

〔七〕此句，《太平御覽》卷九作「乃復作車」，《太平御覽》卷七百九十七作「乃令復作車」。

〔八〕遣歸：《太平御覽》卷九作「遣賜之」。自「湯破」句至此，《藝文類聚》卷七十一無。

〔九〕「去」上，《太平御覽》卷七百七十三有「其國」二字。

天毒國

天毒國，最大暑熱〔一〕。夏草木皆乾死〔二〕。民善沒水，以避日入時暑〔三〕，常入寒泉之下〔四〕。(《藝文類聚》卷五。又見《太平御覽》卷二十一、卷三十四，文字稍異。)

〔校記〕

〔一〕此句，《太平御覽》卷二十二作「最暑熱」。

〔二〕《太平御覽》卷二十二無「死」字。此句以下，《太平御覽》卷二十二無。

〔三〕此句，《太平御覽》卷三十四作「以避時暑」。

〔四〕寒泉之下：《太平御覽》卷三十四作「寒泉之水」。

減浴之民

二陽、二汗之仙山，減浴之民，俱地穴，食木之根也。(《北堂書鈔》卷一百五十六)

赤泉、英泉

負丘之山上有赤泉〔一〕，飲之不老。神宮有英泉〔二〕，飲之，眠三百歲乃覺，不知死〔三〕。(《藝文類聚》卷九。又見《太平御覽》卷七十，文字有異。)

〔校記〕

〔一〕此句，《太平御覽》作「昆丘之上有赤泉」。

〔二〕英泉：《太平御覽》作「美泉」。

〔三〕《太平御覽》無「知」字。

神弓

神弓，在南山石泥渚中。(《太平御覽》卷三百四十七)

羿

羿年五歲，父母與入山。其母處之大樹下侍蟬鳴，還欲取之，羣蟬俱鳴，遂捐去。羿爲山間所養。羿年二十，能習弓矢，仰天歎曰：「我將射遠方，矢至吾門止。」因捍即射，矢摩地截草，經至羿門，隨矢去。（《太平御覽》卷三百五十）

另存文字差異較大者，錄於下：

羿年五歲，父母入山。羿年二十，能習弓矢。躬隨往尋，每食糜則餘一杯。（《北堂書鈔》卷一百四十四）

大人國

大人國，其民孕三十六年而生兒。〔一〕生兒長大能乘雲〔二〕，蓋龍類。去會稽四萬六千里。（《太平御覽》卷三百六十。又見《太平御覽》卷三百七十七，文字有異。）

〔校記〕

〔一〕以上二句，《太平御覽》卷三百七十七作「大人國孕三十六年而生」。

〔二〕此句，《太平御覽》卷三百七十七作「生兒白首長丈」。此句以下，《太平御覽》卷三百七十七無。

神丘

神丘有穴〔一〕，光照千里。（《北堂書鈔》卷一百五十八。又見《藝文類聚》卷八十、《初學記》卷二十五、《太平御覽》卷八百六十九，文字稍異。）

〔校記〕

〔一〕此句，《藝文類聚》作「神邱有火穴」，《初學記》作「神邱有火穴」，《太平御覽》作「神丘有火穴」。

猩猩

猩猩，人面豕身，知人名〔一〕。（《藝文類聚》卷九十五。又見《初學記》卷二十九、《太平御覽》卷九〇八，文字稍異。）

〔校記〕

〔一〕「名」下，《初學記》有「也」字。

弱水

崑崙山之弱水〔一〕，非乘龍不得至〔二〕。（《藝文類聚》卷九十六。又見《太平御覽》卷九百二十，文字有異。）

〔校記〕

〔一〕此句，《太平御覽》作「崑崙之弱水中」。

〔二〕此句以下，《太平御覽》有「有三足神鳥，爲西王母取食」二句。

飛兔

天池之出〔一〕，有獸如兔〔二〕，名曰飛兔〔三〕，以背毛飛〔四〕。（《太平御覽》卷九〇七。又見《事類賦》卷二十三、《錦繡萬花谷》後集卷三十九，文字稍異。）

〔校記〕

〔一〕此句，《事類賦》作「天池之山」，《錦繡萬花谷》作「天池山」。

〔二〕此句下，《錦繡萬花谷》有「鼠首」。「鼠」爲「鼠」之異體字。

〔三〕《錦繡萬花谷》無「曰」字。

〔四〕此句，《錦繡萬花谷》作「以其背上毛飛出」。

龍魚

龍魚，一名鰕魚，狀如龍，而有神聖。乘此以行九野。（《太平御覽》卷九百三十九）

鳳皇

鳳皇食竹。（《文選·答盧諶詩並書》李善注）

桃都山

桃都山有大桃樹，盤屈三千里。上有金雞，日照則鳴〔一〕。下有二神，一名鬱，一名壘，並執葦索以伺。不祥之鬼，則殺之〔二〕，即無神荼之名。（《荊楚歲時記》。又見《太平御覽》卷二十九，文字稍異。）

〔校記〕

〔一〕「日照」下，《太平御覽》有「此」字。

〔二〕「則」上，《太平御覽》有「得」字；此句下，《太平御覽》無。

羽民

羽民有羽，飛不遠。〔一〕多鸞鳥，食其卵，去九疑四萬二千里〔二〕。（《太平御覽》卷九百一十六。又見《玉燭寶典》卷二，文字有異。）

〔校記〕

〔一〕「羽民」二句，《玉燭寶典》作「羽飛不遠」。

〔二〕此句，《玉燭寶典》作「與鳳義同」。

地

地有四柱，三千六百軸也。(《九家集注杜詩》卷十三)

太極山草

太極山〔一〕，采華之草〔二〕，服之，〔三〕通萬里之語〔四〕。(《藝文類聚》卷十九。又見《太平御覽》卷三百九十、卷九百九十四，文字稍異。)

〔校記〕

〔一〕太極山：《太平御覽》卷九百九十四作「大極山」；「山」下，《太平御覽》卷九百九十四有「西」字。

〔二〕「采華」上，《太平御覽》卷九百九十四有「有」字。

〔三〕「采華」二句，《太平御覽》卷三百九十作「採華之草，一日服之」，採，同「采」。

〔四〕此句，《太平御覽》卷三百九十作「通萬里語」，《太平御覽》卷九百九十四作「乃通萬里之言」。

龍山

其山，往往有仙人遊龍翔集。(《太平寰宇記》卷六十八)

遂城縣

遂城縣者，縣西二十五里，有遂城山是也，在安肅西。(《方輿考證》卷十)

白民

白民，白首，身被髮。(《太平御覽》卷三百六十四)

細民

細民，肝不朽，死八年復生，穴處衣皮。(《太平御覽》卷三百七十六)

丈夫國

殷帝大戊，使王孟採藥於西王母。至此絕糧，食木實，衣木皮，終身無妻，而生二子，從背間出，是爲丈夫民。去玉門二萬里。(《太平御覽》卷七百九十)

存疑

以下數則內容，皆不見明代以前著述徵引，存疑。

不周之國

不周之國，地寒。(《天中記》卷六)

大禹

　　禹長於地理，得《括地象圖》。堯以爲司空。(《天中記》卷七)

天下之泉

　　凡天下之泉，三億三萬三千五百一十有九。其在遐荒絕域，殆不得而知。
(《御定淵鑒類函》卷三十一)

《十三州記》　　漢應劭

　　《十三州記》，東漢應劭撰。史志未著錄，隋前應已經亡佚。侯康《補
後漢書藝文志》、姚振宗《後漢藝文志》俱載「應劭《十三州記》」。應劭（？
-204？），字仲遠，一作仲瑗，汝南郡南頓縣（今河南項城）人，少篤學，
博學多聞。其生平著述甚富，凡百三十六篇，又集解《漢書》。現存《漢官
儀》、《風俗通義》等。

漆鄉

　　漆鄉，邾邑也。(《水經注》卷二十五)

桃丘

　　弘農有桃丘聚，古桃林也。(《史記·留侯世家》司馬貞索隱)

夏水

　　江別入沔爲夏水源。夫夏之爲名，始於分江，冬竭夏流，故納厥稱。既
有中夏之目〔一〕，亦苞大夏之名矣。(《水經注》卷三十二。又見《方言箋疏》卷
八，文字稍異。)
　　〔校記〕
　　〔一〕既，《方言箋疏》無。

萊蕪縣

　　太山萊蕪縣，魯之萊柞邑也。(《水經注》卷二十六)

存疑

閭丘鄉

山羊南平陽縣又有閭丘鄉。(《水經注》卷二十五。按：此則，《水經注》未冠作者，或爲應劭者。)

泥水

泥水出都，到北蠻中。(《類要》卷六。按：此則内容冠以「應劭曰」，或爲其《十三州記》，亦或爲其《風俗通》，暫且置於此。)

千童縣

靈帝改曰饒安。(《類要》卷七。按：此則内容冠以「應劭曰」，或爲其《十三州記》，亦或爲其《風俗通》，暫且置於此。)

《漢宮記》 漢應劭

《漢宮記》，史志不著錄。《編珠》徵引冠以「應劭」。今存佚文二則。

上西門

上西門所以不純白者，漢家厄於戌，故以丹鏤之。(《水經注》卷十六。又見《玉海》卷一百六十九)

椒房

皇后居椒房，以椒塗其室也。(《編珠》卷二)

《地理風俗記》 漢應劭

《地理風俗記》，一作《地理風俗志》，或省作《地理記》，東漢應劭撰。其事跡詳上。《隋志》、兩《唐志》皆未著錄。北魏酈道元《水經注》已有徵引。

中人亭

唐縣西四十里，得中人亭。（《帝王世紀》卷二、《水經注》卷十一）

敦煌酒泉、張掖

敦煌，酒泉，其水甘若酒味故也。張掖，言張國臂掖，以威羌狄。（《水經注》卷二）

鴻門亭、天封苑、火井廟

圜陰縣西五十里有鴻門亭、天封苑，火井廟，火從地中出。（《水經注》卷三）

大陽城

城在大河之陽也。（《水經注》卷四）

平陰縣

河南平陰縣，故晉陽地，陰戎之所居。（《水經注》卷四）

另存文字簡潔者，附於下：

在平城之南，故曰平陰也。（《水經注》卷四）

安陵鄉

脩縣東四十里有安陵鄉，故縣也。（《水經注》卷五）

清河故城

甘陵郡東南十七里有清河故城者，世謂之鵲城也。（《水經注》卷五。又見《通鑒地理通釋》卷十）

甘陵

甘陵，故清河，清河在南十七里。今於甘陵縣故城東南，無城以擬之。（《水經注》卷五）

定鄉城

饒安縣東南三十里有定鄉城，故縣也。（《水經注》卷五）

漯陰縣

平原漯陰縣，今巨漯亭是也。（《水經注》卷五）

朝陽縣

南陽有朝陽縣，故加「東」。(《水經注》卷五)

漯水

漯水東北至千乘入海，河盛則通津委海，水耗則微涓絕流。(《水經注》卷五。又見《禹貢指南》卷一)

平原縣

原，博平也，故曰平原矣。縣，故平原郡治矣。漢高帝六年置，王莽改曰河平也。(《水經注》卷五)

漯沃城

千乘縣西北五十里有大河，河北有漯沃城，故縣也。(《水經注》卷五)

臨濟縣

樂安太守治。(《水經注》卷八)

琅槐鄉故縣

博昌東北八十里有琅槐鄉，故縣也。(《水經注》卷八、《禹貢說斷》卷三)

乘氏縣

濟陰乘氏縣，故宋乘丘邑也。漢孝景中元五年，封梁孝王子買爲侯國也。(《水經注》卷八)

河內

河內，殷國也，周名之爲南陽。(《水經注》卷九。又見《路史》卷二十七、《通鑒地理通釋》卷九，文字稍異。按：此則，《路史》冠以「應氏《地理風俗傳》」，應爲《地理風俗記》別稱。之，《通鑒地理通釋》無。末句，《路史》作「周名曰南陽」。)

又存文字差異較大者，錄於下：

雙始啓南陽，今南陽城是也。(《水經注》卷九)

內黃縣

陳留有外黃，故加「內」，《史記》曰「趙廉頗伐魏取黃」，即此縣。(《水經注》卷九)

平恩縣

縣故館陶之別鄉也。漢宣帝地節三年置，以封后父許伯爲侯國。(《水經注》卷九)

信鄉

甘陵西北十七里有信鄉，故縣也。(《水經注》卷九)

復陽亭

東武城西北三十里有復陽亭，故縣也。(《水經注》卷九)

棗彊城

東武城縣西北五十里有棗彊城，故縣也。(《水經注》卷九)

合城

南皮城北五十里有北皮城，即是城也。(《水經注》卷九)

柳亭

高成縣東北五十里有柳亭，故縣也。世謂之辟亭。(《水經注》卷九。又見《路史》卷二十八，文字稍異。里、也、之，《路史》皆無。)

梁期城

鄴北五十里有梁期城，故縣也。漢武帝元鼎五年，封任破胡不侯國。(《水經注》卷十)

即裴城

列人縣西南六十里有即裴城，故縣也。(《水經注》卷十)

邯溝縣

即裴城，西北二十里有邯溝城，故縣也。(《水經注》卷十)

辟陽亭

廣川西南六十里有辟陽亭，故縣也。漢高帝封審食其爲侯國。(《水經注》卷十)

西梁城

扶柳縣西北五十里有西梁城〔一〕，故縣也〔二〕。(《水經注》卷十。又見《路

史》卷二十六，文字稍異。按：此則内容，《路史》冠作「《地理風俗傳》」，當是《地理風俗記》別稱。）

〔校記〕

〔一〕此句，《路史》作「扶柳西北五十有梁城」。

〔二〕此句，《路史》作「故漢西梁縣」。

鄔阜

（鄔）縣北有鄔阜，蓋縣氏之。（《水經注》卷十）

蒲領鄉

脩縣西北八十里有蒲領鄉，故縣也。（《水經注》卷十）

脩市城

脩縣西北二十里有脩市城，故縣也。（《水經注》卷十）

樊輿亭

北新城縣東二十里有樊輿亭，故縣也。（《水經注》卷十一）

蠡吾縣

縣故饒陽之下鄉者也，自河間分屬博陵。（《水經注》卷十一）

博陵縣

博陵縣，《史記》蠡吾故縣矣。漢質帝本初元年，繼孝沖爲帝，追尊父翼陵曰博陵，因以爲縣，又置郡焉。（《水經注》卷十一）

陽鄉亭

涿縣東五十里有陽鄉亭，後分爲縣。（《水經注》卷十二）

臨鄉城

方城南十里有臨鄉城，故縣也。（《水經注》卷十二）

益昌城

方城縣東八十里有益昌城，故縣也。（《水經注》卷十二）

道人縣

初築此城，有僊人遊其地，故因以爲城名矣。（《水經注》卷十三）

東安陽縣

五原有西安陽，故此加「東」也。（《水經注》卷十三）

無鄉城

燕語呼「毛」爲「無」。（《水經注》卷十三）

延陵鄉

當城西北有延陵鄉，故縣也。（《水經注》卷十三）

參合鄉

道人城北五十里有參合鄉，故縣也。（《水經注》卷十三）

陽樂

陽樂，故燕地遼西郡治，秦始皇二十二年置。（《水經注》卷十四）

冠石山

武水出焉。（《水經注》卷二十五）

丹山

丹山在西南，丹水所出，東入海。（《水經注》卷二十六）

齊

齊，所以爲齊者，即天齊淵名也。（《水經注》卷二十六）

淄水

淄入濡。（《水經注》卷二十六）

郚城亭

朱虛縣東四十里有郚城亭，故縣也。（《水經注》卷二十六）

石泉亭

平昌縣東南四十里有石泉亭，故縣也。（《水經注》卷二十六）

膠陽亭

淳于縣東南五十里有膠陽亭，故縣也。（《水經注》卷二十六）

江都縣

縣爲一都之會，故曰江都也。縣有江水祠，俗謂之伍相廟也。(《水經注》卷三十)

黑水

華陽、黑水惟梁州。漢武帝元朔二年，改梁曰益州，以新啓犍爲、牂柯、越嶲，州之疆壤益廣，故稱益云。初治廣漢之雒縣，後乃徙此。(《水經注》卷三十三)

僰道縣

夷中最仁，有仁道，故字從人。《秦紀》所謂僰僮之富者也。其邑，高后六年城之。(《水經注》卷三十三)

鬱人

周禮鬱人掌裸器，凡祭醴賓客之裸事，和鬱鬯以實樽彝。鬱，芳草也，百草之華〔一〕，煮以合醸黑黍以降神者也〔二〕。或說，今鬱金香是也〔三〕。一曰，鬱人所貢因氏郡矣。(《水經注》卷三十六。又見《太平御覽》卷九百八十一，文字稍異。)

〔校記〕
〔一〕「百草」上，《太平御覽》有「謂用」二字。
〔二〕者，《太平御覽》作「香」。
〔三〕《太平御覽》引至此句。

日南

日南，故秦象郡。漢武帝元鼎六年開日南郡，治西卷縣。(《水經注》卷三十六)

涼州

漢武帝元朔三年改雍曰涼州，以其金行土地，寒涼故也。(《水經注》卷四十、《禹貢指南》卷二)

益州

疆壤益廣，故名益州。(《太平寰宇記》卷七十二)

左人亭

中山城西北四十里有左人亭，鮮虞故邑。(《太平寰宇記》卷六十二。此則引作「《應劭地理記》」，亦爲省稱。)

存疑

以下條目，冠以「應劭云」、「應劭曰」、「應劭所謂」者，皆言地理。或為《地理風俗記》或《十三州記》之省稱，單列於下存疑。

破羌縣

漢宣帝神爵二年置，城省南門。(《水經注》卷二。此則冠以「應劭曰」，以下四十九則同。)

河曲羌

《禹貢》析支屬雍州，在河關之西，東去河關千餘里，羌人所居，謂之河曲羌也。(《水經注》卷二)

定陽縣

縣在定水之陽也。(《水經注》卷三)

古斟觀

夏有觀扈，即此城也。(《水經注》卷五)

貝丘縣

《左氏傳》：齊襄公田於貝丘是也。(《水經注》卷五)

重平鄉

重合縣西南八十里有重平鄉，故縣也。(《水經注》卷五)

繁陽縣

縣在繁水之陽。(《水經注》卷五)

阿陽鄉

漯陰縣東南五十里有阿陽鄉，故縣也。(《水經注》卷五)

枌鄉城

般縣東南六十里有枌鄉城，故縣也。（《水經注》卷五）

富平縣

明帝更名厭次。（《水經注》卷五）

重丘鄉

安德縣北五十里有重丘鄉，故縣也。（《水經注》卷五）

茌平縣

茌，山名也。縣在山之平地，故曰茌平也。（《水經注》卷五）

楊縣

故楊侯國，王莽更名有年亭也。（《水經注》卷六）

絳水

絳水出絳縣西南，蓋以故絳爲言也。（《水經注》卷六）

滎陽

滎陽，故虢公之國也，今虢亭是矣。（《水經注》卷七）

陵鄉

東武城西南七十里有陵鄉，故縣也。（《水經注》卷九）

南曲亭

平恩縣北四十里有南曲亭，故縣也。（《水經注》卷十）

昌城

堂陽縣北三十里有昌城，故縣也。世祖之下堂陽，昌城人劉植率宗親子弟，據邑以奉世祖是也。（《水經注》卷十）

參戶亭

平舒縣西南五十里有參戶亭，故縣也。（《水經注》卷十）

靈丘縣

趙武靈王葬其東南二十里，故縣氏之。（《水經注》卷十一）

涿郡

涿郡，故燕。漢高帝六年置，其南有涿水，郡蓋氏焉。（《水經注》卷十二）

垣水

垣水東入桃。（《水經注》卷十二）

垣水出良鄉，東逕垣縣故城北。（《水經注》卷十二）

頻陽縣

縣在頻水之陽。（《水經注》卷十六）

銅陽縣

縣在銅水之陽。漢明帝永平中。封衛尉陰興子慶爲侯國也。（《水經注》卷二十一）

潁陽縣

縣在潁水之陽，故邑氏之。（《水經注》卷二十二）

新陽縣

縣在新水之陽。（《水經注》卷二十二）

碭縣

縣有碭山。山在東，出文石。秦立碭郡，蓋取山之名也。王莽之節碭縣也。（《水經注》卷二十三）

壽良縣

世祖叔母名良，故光武改曰壽張也。（《水經注》卷二十四）

邳

邳在薛。（《水經注》卷二十五）

下邳

奚仲自薛徙居之，故曰下邳也。（《水經注》卷二十五）

冠石山

武水出焉，蓋水異名也。（《水經注》卷二十五）

高密縣

縣有密水，故有高密之名也。(《水經注》卷二十六)

臨朐

臨朐，山名也，故縣氏之。朐，亦水名。(《水經注》卷二十六)

蔡水

蔡水出蔡陽，東入淮。(《水經注》卷二十八)

順陽縣

縣在順水之陽。(《水經注》卷二十九)

朝陽縣

縣在朝水之陽。(《水經注》卷二十九)

比水

比水出比陽縣，東入蔡。(《水經注》卷二十九)

洨縣

洨水所出，音絞，《經》之絞也。(《水經注》卷三十)

新息縣

息後徙東，故加新也。(《水經注》卷三十)

慎陽縣

慎水所出，東北入淮。(《水經注》卷三十)

射陽縣

在射水之陽。漢高祖六年，封楚左令尹項纏爲侯國也。(《水經注》卷三十)

凌水

凌水出（凌）縣西南入淮，《經》之所謂小水者也。(《水經注》卷三十)

廬江

故廬子國也。(《水經注》卷三十)

西曲陽

縣在淮曲之陽，下邳有曲陽，故是加「西」也。(《水經注》卷三十)

鍾離縣

縣，故鍾離子國也，楚滅之以爲縣。(《水經注》卷三十)

西鄂

江夏有鄂，故加「西」也。(《水經注》卷三十一)

津鄉

南郡江陵有津鄉。(《水經注》卷三十四)

句町縣

故句町國也。(《水經注》卷三十六)

益陽縣

縣在益水之陽。(《水經注》卷三十八)

餘暨縣

闔閭弟夫槩之所邑，王莽之餘衍也。(《水經注》卷四十)

崑崙山廟

崑崙山廟在河南滎陽縣。(《水經注》卷五。此則冠以「應劭云」。)

范陽縣

範水之陽也。(《水經注》卷十一。此則，《水經注》引作「應劭所謂」，下同。)

孤山

波水所出也。(《水經注》卷三十一)

《冀州風土記》　漢盧植

《冀州風土記》，東漢盧植撰。盧植（？-190），字子幹，涿郡涿（今屬河北）人，少與鄭玄共事馬融，能通古今學，官歷太守、議郎、尚書，

著有《尚書章句》、《三禮解詁》等，今皆佚。此書，史志未著錄，《太平御覽·經史圖書綱目》載：「盧植《冀州風土記》」，侯康《補後漢書藝文志》、姚振宗《後漢藝文志》並載「盧植《冀州風土記》」。現存佚文，最早爲酈道元《水經注》所引，《太平寰宇記》及《太平御覽》亦見徵引，但不見於北宋以後諸書，大約亡佚於南宋。

冀州

黃帝以前，未可備聞，唐虞以來，冀州乃聖賢之泉藪，帝王之舊地。(《太平寰宇記》卷六十三)

另存文字差異較大者，錄於下：
冀州，聖賢之泉藪，帝王之舊地。(《太平御覽》卷一百六十一)

晉

晉既滅肥，遷其族於盧水。(《水經注》卷十四。按：此則內容冠以「《盧子之書》言」，盧植所撰地理書只有《冀州風土記》，《盧子之書》應爲此書。)

東城

初築此城，板幹一夜自移於此，故代西南五十里大澤中營城自護，結葦爲九門。於是就以爲治城。圓匝而不方，周四十六里，開九門，更名其故城曰東城。(《水經注》卷十三。按：此則內容作「盧植言」，亦指《冀州風土記》。)

《長安圖》　漢佚名

《長安圖》佚名。史志未著錄。其佚文見於《史記·孝文本紀》如淳注。如淳爲三國時人，此圖大約爲漢代作品。

細柳倉

細柳倉在渭北，近石徼。(《史記·孝文本紀》如淳注)

周氏曲

周氏曲，咸陽縣東南三十里。(《文選·西征賦》李善注。又見《長安志》卷十三、《類編長安志》卷六，文字稍異。)

〔校記〕

〔一〕「咸陽縣」上，《長安志》有「在」字。

夏侯嬰冢

漢時七里渠有飲馬橋〔一〕，夏侯嬰冢在橋南三里〔二〕。(《文選·西征賦》李善注。又見《長安志》卷十一、《類編長安志》卷八，文字稍異。)

〔校記〕

〔一〕渠，《長安志》無。

〔二〕此句，《長安志》作「夏侯冢在橋南」。

高望堆

高望堆，延興門南八里〔一〕。(《文選·西征賦》李善注。又見《太平御覽》卷五十六、《長安志》卷十一、《類編長安志》卷七，文字稍異。)

〔校記〕

〔一〕「延興門」上，《太平御覽》、《長安志》、《類編長安志》有「在」字。

進芳門

東南角有進芳門。(《長安志》卷七)

敦化坊

此坊分爲常和坊。(《長安志》卷九)

《巴郡圖經》　佚名

《巴郡圖經》，佚名。史志未著錄。《華陽國志·巴志》載「永興二年，巴蜀太守但望上疏曰：『謹案《巴郡圖經》』」之言。可知，東漢永興二年已存此書。暫且將之列爲東漢作品。

巴郡

境界南北四千，東西五千，周萬餘里，屬縣十四，鹽鐵五官各有丞史，戶四十六萬四千七百八十，口百八十七萬五千五百三十五。(《華陽國志·巴志》)

《冀州論》 三國盧毓

《冀州論》，三國魏盧毓撰。盧毓（183-257），字子家，涿郡涿（今屬河北）人，盧植之子，官歷吏部尚書、司空，封高樂亭侯。史志不著錄，應在隋前亡佚。

冀州

冀州，天下之上國也。尚書何平叔、鄧玄茂謂其土產無珍，人生質樸，上古以來，無應仁賢之例。冀、徐、雍、豫諸州也。(《初學記》卷八)

燕代

冀州北接燕代。(《初學記》卷八)

稷

眞定好稷，地產不爲無珍也。(《太平御覽》卷八百四十)

栗

中山好栗，地產不爲無珍。(《太平御覽》卷九百六十四)

棗

安平好棗，地產不爲無珍。(《太平御覽》卷九百六十五)

常山

常山爲林，大陸曰澤〔一〕。蒹葭、蒲葦、雲母、御蓆〔二〕，地產不爲無珍也。(《太平御覽》卷七〇九。又見《藝文類聚》卷六十九，文字稍異。)

〔校記〕

〔一〕曰，《藝文類聚》作「爲」。

〔二〕蒹葭，《語文類聚》作「蒹葭」。《藝文類聚》引至此句。

另存文字簡潔者，録於下：

冀州有雲母、御席。（《北堂書鈔》卷一百三十三）

梨

常山好梨，地產不爲無珍。（《太平御覽》卷九百六十九。又見《御定淵鑒類函》卷四〇〇）

稻

河內好稻。（《太平御覽》卷八百三十九。又見《御定淵鑒類函》卷三百九十四）

杏

魏郡好杏，地產不爲珍〔一〕。（《藝文類聚》卷八十七。又見《事類賦》卷二十六，文字稍異。）

〔校記〕

〔一〕「珍」上，《事類賦》有「無」字。

綿

房子好綿，地產不爲無珍也。（《太平御覽》卷八百一十九）

淇湯磬石

淇湯磬石，冶鑄利器。（《太平寰宇記》卷五十九。又見《類要》卷七）

大鹽

河東有大鹽。（《北堂書鈔》卷一百四十六。又見《格致鏡原》卷二十三）

《秦記》　三國阮籍

《秦記》，三國魏阮籍撰。阮籍（210-263），字嗣宗，陳留尉氏（今屬河南）人。此書史志未著錄，《太平御覽・經史圖書綱目》載：「阮籍《秦記》。」其佚文存二則，宋代以後諸書不見徵引，大約在元代亡佚。

蘭池

始皇都長安，引渭水爲池，築爲蓬、瀛，刻石爲鯨，長二百丈。(《史記·秦始皇本紀》張守節正義)

道存之人

昔子夏處西河之上，而文侯擁彗。鄒子居黍穀之陰，而昭王陪乘。夫布衣窮居，韋帶之士、王公大人所以屈體而下之者，爲道存也。(《太平御覽》卷四百七十四)

《宜陽記》　　三國阮籍

《宜陽記》，三國魏阮籍撰。史志未著錄。佚文見《太平御覽》徵引。

金山竹

金山之竹堪爲笙管。(《太平御覽》卷四十二)

《三輔黃圖》　　佚名

《三輔黃圖》，一作《黃圖》，撰者不詳。其佚文較早爲三國曹魏如淳在注釋《漢書》時多次徵引。晉初晉灼集註《漢書》以及南朝梁劉昭注《後漢書》之《祭祀志》、《郡國志》時亦引用《三輔黃圖》之文。故《三輔黃圖》在東漢末三國初應已成書。《隋書·經籍志》著錄：「《黃圖》一卷，記三輔宮觀、陵廟、明堂、辟雍、郊畤等事」。《舊唐書·經籍志》、《新唐書·藝文志》、《宋史·藝文志》皆著錄「《三輔黃圖》，一卷」。今所見《三輔黃圖》佚文中或見唐代地名，蓋其流傳過程中爲後人所增續。

序

高帝始都長安。(《通鑒綱目》卷三上)

三輔沿革

《禹貢》九州，舜置十二牧，雍其一也，古豐、鎬之地。平王東遷，以岐、豐之地賜秦襄公，至孝公始都咸陽。咸陽在九嵕山、渭水北，山水俱在南，故名咸陽。秦并天下，置內史以領關中。項籍滅秦，分其地爲三：以章邯爲雍王，都廢丘；司馬欣爲塞王，都櫟陽；董翳爲翟王，都高奴，謂之三秦。漢高祖入關，定三秦，元年更爲渭南郡，九年罷郡，復爲內史。

五年，高帝在洛陽，婁敬說曰：「夫秦地被山帶河，四塞以爲固，卒然有急，百萬眾可立具。因秦之故，資甚美膏之地，此所謂天府。陛下入關而都之，山東雖亂，秦故地可全而有也。」

又田肯賀高帝曰：「陛下治秦中，秦形勢之國，帶河阻山，持戟百萬，秦得百二焉。地勢便利，其以下兵於諸侯，猶居高屋之上建瓴水也。」自是，漢始都之。

景帝分置左、右內史，此爲右內史。武帝太初元年改內史爲京兆尹，與左馮翊、右扶風，謂之三輔。其理俱在長安古城中。(《四庫叢刊三編》景元本)

三輔治所

京兆、左馮翊、右扶風

京兆在尙冠前街東入，故中尉府。馮翊在太上皇廟西入。右扶風在夕陰街北入，故主爵府。〔一〕長安以東爲京兆，長陵以北爲左馮翊，渭城以西爲右扶風也〔二〕。(《漢書·百官公卿表》顏師古注，又見《通典》卷三十三、《玉海》卷一百二十四、《文獻通考》卷六十三，文字有異。)

〔校記〕

〔一〕以上數句，《通典》、《文獻通考》無。

〔二〕也，《通典》、《玉海》、《文獻通考》皆無。此句下，《通典》、《文獻通考》有「皆治在城中」句。

另存文字差異較大者，錄於下：

太初元年〔一〕，以渭城以西屬右扶風，長安以東屬京兆尹，長陵以北屬左馮翊，以輔京師，謂之三輔。(《太平御覽》卷一百六十四。又見《長安志》卷一，文字稍異。)

〔校記〕

〔一〕此句，《長安志》作「武帝太初元年」。此句下，《長安志》有「改內史爲京兆尹」句。

京兆在故城內尚冠里〔一〕，馮翊在故城內太上皇廟西南〔二〕，扶風在夕陽街北〔三〕。三輔者，謂主爵中尉及左、右內史。漢武帝改曰京兆尹、左馮翊、右扶風，共治長安城中，是爲三輔。後漢光武之後，扶風出治楓里，馮翊出治高陵。〔四〕（《施注蘇詩》卷一。又見《雍錄》卷一、《東坡詩集註》卷一，文字稍異。）

〔校記〕

〔一〕此句上，《東坡詩集註》有「三輔治所」句。內，《雍錄》作「南」，是。尚，《雍錄》無。

〔二〕南，《雍錄》無。

〔三〕街，《東坡詩集註》作「衢」，形訛也。

〔四〕「三輔者」數句，《雍錄》同卷他處亦徵引，文字稍異。「後漢光武」三句，《雍錄》作「郡皆有都尉」。

京兆，在故城南尚冠里。京，大也。天子曰「兆民」《公羊》曰：「京，大也；師，眾也。天子所居。馮翊，在故城內太上皇廟西南。馮，憑也；翊，輔也。翊輔京師也。其地今同州。扶風，在夕陰街北。扶，持也，助也。言助風化。今岐州。三輔者，謂主爵中尉及左、右內史。漢武帝改曰京兆尹、左馮翊、右扶風，共治長安城中，是爲三輔。三輔郡皆有都尉，如諸郡。京輔都尉治華陰，左輔都尉治高陵，右輔都尉治郿。（《四庫叢刊三編》景元本）

另附《三輔黃圖》注文：

京，大也。天子曰兆民，故曰京兆。馮翊，言依馮輔翊京師也。扶風，言扶助天子風化也。（《通鑑綱目》卷五上）

右扶風，右輔都尉理所。（《太平寰宇記》卷三十）

扶風治所在夕陰街北。（《長安志》卷一）

六都尉

渭城、安陵以西〔一〕，北至栒邑、義渠十縣，屬京尉，大夫府居故長安寺。高陵以北十縣，屬師尉，大夫府居故廷尉府。新豐以東至湖十縣，屬翊尉，大夫府居城東。霸陵、杜陵東至藍田，西至武功、郁夷十縣，屬光尉，大夫府居城南〔二〕。茂陵、槐里以西至汧十縣，屬扶尉，大夫府居城西。長陵、池陽以北至雲陽、祋祤十縣，屬列尉，大夫府居城北〔三〕。（《漢書·王莽傳》顏師古注。又見《長安志》卷一、《冊府元龜》卷九百一十二、《四庫叢刊三編》景元本，文字稍異。）

〔校記〕
〔一〕此句上，《四庫叢刊三編》有「王莽分長安城旁六鄉，置帥各一人，分三輔爲六都尉」
　　三句。
〔二〕城南，《四庫叢刊三編》作「城西」。
〔三〕此句下，《四庫叢刊三編》有「後漢光武之後，扶風出治楓里，馮翊出治高陵」三句。

咸陽故城

咸陽作

自秦孝公至始皇帝、胡亥，竝都此城。案孝公十二年作咸陽，築冀闕，
徙都之。（《四庫叢刊三編》景元本）

充富咸陽

始皇二十六年，徙天下高貲富豪於咸陽十二萬戶，諸廟及臺、苑，皆
在渭南。秦每破諸侯，徹其宮室，作之咸陽北坂上。南臨渭，自雍門以東
至涇、渭，殿屋複道周閣相屬，所得諸侯美人鐘鼓以充之。（《四庫叢刊三編》
景元本）

　　另存文字簡潔者，錄於下：
　　秦每破諸侯，徹其宮室，作之咸陽北坂上。（《雍錄》卷一）

極廟、甘泉前殿

二十七年作信宮渭南，已而更命信宮爲極廟，象天極。自極廟道通驪山，
作甘泉前殿，築甬道，自咸陽屬之。（《四庫叢刊三編》景元本）

咸陽建置

始皇兼天下〔一〕，都咸陽，〔二〕因山陵營殿〔三〕，端門四達〔四〕，以則紫
宮〔五〕，象帝居〔六〕。渭水貫都〔七〕，以象天河〔八〕；橋橫南渡〔九〕，以法牽
牛。（《初學記》卷六。又見《史記·刺客列傳》張守節正義、《藝文類聚》卷九、《初
學記》卷六（後則）、《初學記》卷七、《初學記》卷二十四、《太平寰宇記》卷二十六、
《太平御覽》卷八、卷六十二、卷七十三、《長安志》卷三、《事類備要》別集卷一、
《事文類聚》續集卷一、《四庫叢刊三編》景元本，文字稍異。）
〔校記〕
〔一〕此句，《史記·刺客列傳》作「秦始兼天下」，《藝文類聚》、《初學記》卷七、《太平
　　寰宇記》、《長安志》作「秦始皇兼天下」，《初學記》卷二十四、《事類備要》、《事文

類聚》作「秦皇兼天下」,《太平御覽》卷七十三作「秦始皇併天下」,《四庫叢刊三編》作「始皇窮極奢侈」。

〔二〕以上二句,《初學記》卷六(後則)、《太平御覽》卷八作「始皇都咸陽」。都咸陽,《四庫叢刊三編》作「築咸陽宮」。

〔三〕此句,《史記·刺客列傳》、《長安志》作「因北陵營宮殿」,《初學記》卷六(後則)、《四庫叢刊三編》作「因北陵營殿」,《初學記》卷七作「營宮殿」,《太平寰宇記》作「因北陵宮殿」,《太平御覽》卷七十三作「營殿」,《藝文類聚》、《初學記》卷二十四、《太平御覽》卷八、六十二、《事類備要》、《事文類聚》無。

〔四〕此句,《史記·刺客列傳》、《初學記》卷二十四、《太平御覽》卷六十二、《事類備要》、《事文類聚》無。

〔五〕此句,《史記·刺客列傳》作「制紫宮」,《四庫叢刊三編》作「以制紫宮」,《初學記》卷二十四、《太平御覽》卷六十二、《事類備要》、《事文類聚》無。

〔六〕此句,《藝文類聚》、《初學記》卷七、二十四、《太平御覽》、《事類備要》、《事文類聚》無。

〔七〕都,《初學記》卷七脫。此句,《四庫叢刊三編》作「引渭水灌都」。

〔八〕天河,《史記·刺客列傳》、《藝文類聚》、《初學記》卷六(後則)、七、二十四、《太平寰宇記》、《太平御覽》卷六十二、七十三、《長安志》、《事類備要》、《事文類聚》、《四庫叢刊三編》皆作「天漢」。此句下,《初學記》卷六(後則)、《太平御覽》卷六十二無。

〔九〕此句,《史記·刺客列傳》、《初學記》卷二十四、《長安志》作「橫橋南度」,《藝文類聚》、《初學記》卷七、《太平寰宇記》、《太平御覽》卷七十三、《事類備要》、《事文類聚》、《四庫叢刊三編》作「橫橋南渡」,《太平御覽》卷八作「撗橋南渡」,撗,同「橫」。

另存文字簡潔者,附於下:

秦宮殿〔一〕,端門四達〔二〕,以則紫宮。(《後漢書·班彪列傳》李賢等注。又見《文選·西都賦》李善注、《雍錄》卷二,文字稍異。)

〔校記〕

〔一〕此句,《文選·西都賦》作「秦營宮殿」,《雍錄》作「秦宮室」。

〔二〕《雍錄》引至此。

渭水貫都,以象天漢〔一〕;橫橋南度〔一〕,以法牽牛。(《水經注》卷十九。又見《杜工部草堂詩箋》卷四、《九家集注杜詩》卷一、《雍錄》卷六、《事文類聚》前集卷十六,文字稍異。)

〔校記〕

〔一〕天漢,《事文類聚》作「天極」。此句下,《事文類聚》無。

〔一〕度,《杜工部草堂詩箋》作「渡」。此句,《九家集注杜詩》作「溪橋南」。

橫橋

渭水貫都，以象天漢。橫橋南度〔一〕，以法牛〔二〕。橋廣六丈，南北二百八十步，六十八間，七百五十柱〔三〕，北馮翊立之〔四〕，有一百十二梁〔五〕。橋之南北有隄〔六〕，激立石柱〔七〕。柱南，京兆立之〔八〕。柱北，馮翊立之。有令丞，各領徒一千五百人。（《玉海》卷一百七十二。又見《四庫叢刊三編》景元本，文字稍異。）

〔校記〕

〔一〕度，《四庫叢刊三編》作「渡」。

〔二〕此句，《四庫叢刊三編》作「以法牽牛」。牽，當爲《玉海》脫。

〔三〕「橋廣六丈」四句，《四庫叢刊三編》無。

〔四〕此句，《四庫叢刊三編》作「八百五十柱」。

〔五〕此句，《四庫叢刊三編》無。

〔六〕此句，《四庫叢刊三編》作「二百一十二梁」。

〔七〕此句，《四庫叢刊三編》作「橋之南北隄」。

〔八〕徼，《四庫叢刊三編》作「繳」，據語義，此處「激」爲是。《四庫叢刊三編》引至此。

另存文字簡潔者，附於下：

渭水貫都，以象天漢。橫橋南渡，以法牽牛。（《長安志》卷十三）

咸陽疆域、風俗

咸陽北至九嵕、甘泉，南至鄠、杜，東至河，西至汧、渭之交，東西八百里，南北四百里，離宮別館，相望聯屬。木衣綈繡，土被朱紫，宮人不移，樂不改懸，窮年忘歸，猶不能徧。（《四庫叢刊三編》景元本）

另存文字簡潔者，附於下：

咸陽，在九嵕山南。始皇營宮殿，北至九嵕、甘泉，南至鄠、杜，離宮、別館相望。漢武增廣之，有高光宮、林光宮。（《古文苑》卷二十一）

秦宮

蘮陽宮

蘮陽宮，秦文王所起，在今鄠縣西南二十三里。（《四庫叢刊三編》景元本）

棫楊宮

棫楊宮，秦昭王所作，在今岐州扶風縣東北。（《四庫叢刊三編》景元本）

西垂宮

西垂宮，文公元年居西垂宮。（《四庫叢刊三編》景元本）

平陽封宮

平陽封宮，武公元年伐彭戲氏，至於華山下。居於平陽封宮。（《四庫叢刊三編》景元本）

橐泉宮

橐泉宮，《皇覽》曰：「秦穆公冢，在橐泉宮祈年觀下。」（《四庫叢刊三編》景元本）

步高宮

步高宮，在新豐縣〔一〕。（《太平寰宇記》卷二十九。又見《四庫叢刊三編》景元本，文字稍異。）

〔校記〕

〔一〕此句下，《四庫叢刊三編》有「亦名市丘城」句。

步壽宮

步壽宮，在新豐縣〔一〕。（《太平寰宇記》卷二十九。又見《四庫叢刊三編》景元本，文字稍異。）

〔校記〕

〔一〕此句，《四庫叢刊三編》作「在新豐縣步高宮西」。

另存文字簡潔者，附於下：

秦齊有步壽宮。（《玉海》卷一百五十六）

虢宮

虢宮，秦宣大后起，在今岐州虢縣界。（《四庫叢刊三編》景元本）

長楊宮

長楊宮，在盩厔縣東南三十里〔一〕，本秦舊宮〔二〕，漢修飾之〔三〕。宮有垂楊數畞〔四〕，因爲宮名〔五〕。（《雍錄》三。又見《通鑑綱目》卷七、《事文類聚》續集卷五、《玉海》卷一百五十五、《四庫叢刊三編》景元本，文字稍異。）

〔校記〕

〔一〕「盩厔縣」上，《通鑑綱目》有「扶風」二字，《四庫叢刊三編》有「今」字。此句，《事文類聚》無。

〔二〕此句，《通鑑綱目》無。

〔三〕此句，《事文類聚》、《玉海》作「漢修飾之以備行幸」，《四庫叢刊三編》作「至漢修飾之以備行幸」，《通鑑綱目》無。

〔四〕此句，《通鑑綱目》作「其中垂楊數畝」，《事文類聚》作「有垂楊」，《玉海》作「中有垂楊蔭數畝」，《四庫叢刊三編》作「宮中有垂楊數畝」。

〔五〕此句，《通鑑綱目》、《玉海》作「因以名宮」。此句下，《通鑑綱目》有「射熊館在長楊宮中，武帝嘗至此遊獵」二句，《事文類聚》有「門曰射熊館，秦漢遊獵之所也」二句，《四庫叢刊三編》有「門曰射熊觀，秦漢游獵之所」二句。

另存文字簡潔者，附於下：

長楊宮有射熊館，在盩厔。（《文選·長楊賦》李善注。又見《長安志》卷四、《玉海》卷一百六十五。厔，《玉海》作「屋」，形訛。）

長楊宮門曰射熊館。（《雍錄》卷三）

長楊宮在盩厔。（《施注蘇詩》補遺卷上）

長楊，本秦宮，漢武修之以備巡幸。（《三體唐詩》卷一）

長楊宮，宮在京兆府盩厔縣。（《唐音》卷二）

上林有長揚宮。（《後漢書·班彪列傳》李賢等注、《文選·西都賦》李善注、《長安志》卷四）

蘄年宮

蘄年宮，穆公所造。《廟記》：「曰蘄年宮在城外。」《秦始皇本紀》：「蘄年宮在雍。」（《四庫叢刊三編》景元本）

梁山宮

梁山宮，始皇幸梁山，在好畤。（《四庫叢刊三編》景元本）

信宮

信宮，亦曰咸陽宮。（《四庫叢刊三編》景元本）

興樂宮

興樂宮，秦始皇造，漢修飾之，周回二十餘里，漢太后常居之。（《四庫叢刊三編》景元本）

朝宮

朝宮，始皇三十五年，以咸陽人多，先王之宮庭小，曰：「吾聞周文王都豐，武王都鎬，豐、鎬之間，帝王之都也。」乃營朝宮於渭南上林苑。庭中可受十萬人，車行酒，騎行炙，千人唱，萬人和。（《四庫叢刊三編》景元本）

鐘虡

始皇造虡〔一〕，高二丈〔二〕。鐘小者千石〔三〕。（《初學記》卷十六。又見《北堂書鈔》卷一〇八、《樂書》卷一百三十五、《太平御覽》卷五百七十五、《玉海》卷一〇九、《事類備要》外集卷十三（前則）、《事類備要》外集卷十三（後則），文字稍異。）

〔校記〕

〔一〕此句，《北堂書鈔》、《事類備要》作「秦始皇造簴」，《樂書》作「始皇遺虡」，《太平御覽》作「始皇簴」。遺，當爲「造」之形訛。虡，爲「簴」異體字。

〔二〕此句，《北堂書鈔》作「高大」，《樂書》、《太平御覽》、《玉海》作「高三丈」，《事類備要》作「三丈」。

〔三〕此句，《北堂書鈔》作「鐘小者是千石也」，《樂書》作「鐘小者十石」，《事類備要》（前則）作「鍾皆千石也」，《事類備要》（後則）作「鐘小者皆千石也」。

另存文字差異較大者，錄於下：

收天下兵，聚之咸陽，銷以爲鐘鐻，高三丈。鐘小者皆千石也。（《四庫叢刊三編》景元本）

凡鐘十六板，同爲一簴。簴者，爲編鐘特縣者，爲鑄鐘。（《通鑒綱目》卷二十九）

十二金人

收天下兵，聚之咸陽。〔一〕銷鋒鏑以爲金人十二，以弱天下之人，立於宮門。〔二〕坐高三丈〔三〕，銘其後曰〔四〕：「皇帝二十六年，初并天下〔五〕，改諸侯爲郡縣，一法律，同度量，大人來見臨洮，其長五丈〔五〕，足跡六尺〔六〕。」銘李斯篆，蒙恬書。（《雍錄》卷十。又見《漢書·陳勝項籍列傳》顏師古注、《長安志》卷三、《四庫叢刊三編》景元本，文字稍異。）

〔校記〕

〔一〕以上二句，《四庫叢刊三編》無。

〔二〕首句至此，《漢書·陳勝項籍列傳》、《長安志》無。

〔三〕三丈，《長安志》作「二丈」。

〔四〕此句，《漢書·陳勝項籍列傳》、《長安志》作「其銘曰」。
〔五〕并，《漢書·陳勝項籍列傳》、《長安志》、《四庫叢刊三編》皆作「兼」。
〔五〕長，《四庫叢刊三編》作「大」。
〔六〕《漢書·陳勝項籍列傳》、《長安志》引至此句。

銅人、銅臺

董卓悉椎破銅人、銅臺，以爲小錢。《英雄記》曰：「昔大人見臨洮而銅人鑄，臨洮生卓而銅人毀。」天下大亂，卓身滅，抑有以也。餘二人，魏明帝欲徙詣洛陽清明門裏，載至霸城，重不可致，便留之。(《四庫叢刊三編》景元本)

阿房宮

阿房宮，亦曰阿城。惠文王造，宮未成而亡。始皇廣其宮，規恢三百餘里。離宮別館，彌山跨谷，輦道相屬，閣道通驪山八十餘里。表南山之顛以爲闕，絡樊川以爲池。(《四庫叢刊三編》景元本)

　　另存文字簡潔者，附於下：
　　阿房宮，秦惠文王所造。(《雍錄》卷一)
　　阿房，一名阿城。惠文已造，而始皇廣之。(《雍錄》卷八)

阿房前殿

作阿房前殿，東西五十步，南北五十丈，上可坐萬人，下建五丈旗。以木蘭爲梁，以磁石爲門。磁石門，乃阿房北闕門也。門在阿房前，悉以磁石爲之，故專其目，令四夷朝者，有隱甲懷刃，入門而脅止，以示神。亦曰卻胡門。(《四庫叢刊三編》景元本)

　　另存文字簡潔者，附於下：
　　阿房前殿，以木蘭爲梁，礠石爲門，懷刃者止之。(《文選·西征賦》李善注。又見《長安志》卷三，文字稍異。《長安志》微引前二句。)
　　阿房宮，以磁石爲門，懷刃者止之。(《文選·蕪城賦》李善注。又見《長安志》卷三、《海錄碎事》卷三下)
　　秦作阿房宮，有磁石門。挾刃入者，空中脅而出之。夷人疑其有神。(《閑居錄》)
　　阿房前殿，木蘭爲梁。庭中可受十萬人，車行酒，騎行炙，千人唱，萬人和。(《類編長安志》卷二)

阿房宮由來

周馳爲複道，度渭屬之咸陽，以象太極閣道抵營室也。阿房宮未成，欲更擇令名名之。作宮阿基旁，故天下謂之阿房宮。隱宮徒刑者七十餘萬人，乃分作阿房宮，或作**驪**山。(《四庫叢刊三編》景元本)

蘭池宮

蘭池宮，始皇爲微行咸陽〔一〕，與武士四人俱，夜逢盜蘭池〔二〕。謂縣有蘭池宮。(《錦繡萬花谷》後集卷二十三。又見《四庫叢刊三編》景元本，文字稍異。)

〔校記〕

〔一〕此句，《四庫叢刊三編》作「始皇三十一年爲微行咸陽」。

〔二〕此句，《四庫叢刊三編》作「夜出逢盜蘭池」。

〔三〕此句，《四庫叢刊三編》作「注渭城縣有蘭池宮」。

鐘宮

鐘宮，在鄠縣東北二十五里，始皇收天下兵銷爲鐘鐻，此或其處也。(《四庫叢刊三編》景元本)

馳道

馳道，案《秦本紀》：始皇二十七年治馳道。注曰：「馳道，天子道也。」蔡邕曰：「馳道，天子所行道也，今之中道然。」《漢書·賈山傳》曰：「秦爲馳道於天下，東窮燕、齊，南極吳、楚，江湖之上，濱海之觀畢至。道廣五十步，三丈而樹，厚築其外，隱以金椎，樹以青松。」《漢令》，諸侯有制，得行馳道中者，行旁道，無得行中央三丈也。不如令，沒入其車馬。(《四庫叢刊三編》景元本)

馳道，三塗洞開。(《雍錄》卷九)

雲閣

雲閣，二世所造，起雲閣欲與南山齊。(《四庫叢刊三編》景元本)

望夷宮

望夷宮，在涇陽縣界長平觀道東，北臨涇水，以望北夷，以爲宮名。(《四庫叢刊三編》景元本)

林光宮

林光宮，胡亥所造，從廣各五里，在雲陽縣界。(《四庫叢刊三編》景元本)

漢長安故城

長安故城

　　漢之故都，高祖七年方修長安宮城〔一〕，自櫟陽徙居此城，本秦離宮也。初置長安城，本狹小，至惠帝更築之。按惠帝元年正月，初城長安城。三年春，發長安六百里內男女十四萬六千人，三十日罷。城高三丈五尺，下闊一丈五尺，六月發徒隸二萬人常役。至五年，復發十四萬五千人，三十日乃罷。九月城成，〔二〕高三丈五尺，下闊一丈五尺，上闊九尺，〔三〕雉高三坂，周回六十五里。城南爲南斗形，北爲北斗形，至今人呼漢京城爲斗城是也〔四〕。（《四庫叢刊三編》景元本。又見《玉海》卷一百七十三，文字稍異。）

　　〔校記〕

　　〔一〕高祖，《玉海》作「高帝」。

　　〔二〕「按惠帝」數句，《玉海》無。

　　〔三〕「下闊」二句，《玉海》徵引其順序置換。

　　〔四〕此句，《玉海》作「至今人呼漢舊京爲斗城」。

　　另存文字簡潔者，附於下：

　　長安城〔一〕，南爲南斗形〔二〕，北爲北斗形〔三〕，至今人呼京城爲斗城是也〔四〕。（《杜工部草堂詩箋》卷三十六。又見《芥隱筆記》、《海錄碎事》卷四上、《類說》卷四十、《錦繡萬花谷》後集卷二十五、《山堂考索》續集卷四十一、《紺珠集》卷九、《唐詩鼓吹》卷八，文字稍異。）

　　〔校記〕

　　〔一〕此句，《芥隱筆記》、《海錄碎事》、《類說》、《唐詩鼓吹》作「長安故城」，《紺珠集》作「長安古城」。《錦繡萬花谷》作「漢初，長安城狹小，惠帝更築之」，《山堂考索》作「惠帝元年正月，初城長安宮城，五年九月城成」。

　　〔二〕「南」上，《芥隱筆記》、《海錄碎事》、《類說》、《唐詩鼓吹》、《錦繡萬花谷》、《山堂考索》有「城」字。

　　〔三〕「北」上，《芥隱筆記》、《海錄碎事》、《類說》、《紺珠集》、《唐詩鼓吹》、《山堂考索》有「城」字。

　　〔四〕京城，《錦繡萬花谷》作「漢京城」，《山堂考索》作「漢舊京」。

　　此句，《芥隱筆記》、《類說》作「故號斗城」，《海錄碎事》作「故號爲北斗城」，《紺珠集》作「故曰斗城」，《唐詩鼓吹》作「故號北斗城」。

　　《漢舊儀》曰：「長安城中，經緯各長三十二里十八步，地九百七十三頃，八街九陌，三宮九府，三廟，十二門，九市，十六橋。」地皆黑壤，今

赤如火，。堅如石。〔一〕父老傳云〔二〕，盡鑿龍首山土爲城〔三〕，水泉深二十餘丈。樹宜槐與榆，松栢茂盛焉。城下有池周繞，廣三丈，深二丈，石橋各六丈，與街相直。（《四庫叢刊三編》景元本。又見《事類備要》別集卷一，文字稍異。）

〔校記〕

〔一〕「長安城中」句至此，《事類備要》無。

〔二〕此句，《事類備要》作「長安城父老傳云」。

〔三〕城，《事類備要》作「之」。

另存文字簡潔者，附於下：

長安城，經緯皆三十二里。（《雍錄》卷二）

長安城下有池，周繞廣三丈，深二丈，石橋各六丈，與街等。（《雍錄》卷六）

長安九陌八街。（《唐音》卷七）

秦漢風俗

《漢志》曰：秦有四塞之固。昔后稷封斄，公劉處豳，大王徙岐，文王作豐，武王治鎬，其民有先王遺風，好稼穡，本業，故《豳詩》言農桑衣食之業甚備。秦都咸陽，徙天下豪富十二萬戶。漢高帝都長安，徙諸齊田，楚屈、昭、景及諸功臣於長陵。後世世徙吏二千石、高訾富人及豪傑兼并之家於諸陵，強本弱末，以制天下。是故五方錯雜，風俗不一，貴者崇侈靡，賤者薄仁義，富強則商賈爲利，貧窶則盜賊不禁。閭里嫁娶，尤尚財貨，送死過度，故漢之京輔，號爲難理，古今之所同也。（《四庫叢刊三編》景元本。按：「本業」上，脫「務」字。）

都城十二門

霸城門

長安城東出南頭第一門霸城門，民見門色青，名曰青城門，或曰青門。門外舊出佳瓜。廣陵人邵平，爲秦東陵侯，秦破爲布衣，種瓜青門外，瓜美，故時人謂之「東陵瓜」。〔一〕《廟記》曰：「霸城門，亦曰青綺門。」〔二〕《漢書》王莽天鳳三年，霸城門災，〔三〕莽更霸城門曰仁壽門無疆亭〔四〕。（《四庫叢刊三編》景元本。又見《玉海》卷一百六十九，文字稍異。）

〔校記〕

〔一〕「門外舊出佳瓜」七句，《玉海》作「召平種瓜青門外」。

〔二〕以上三句，《玉海》作「《廟記》亦曰青綺門」。

〔三〕以上二句，《玉海》無。

〔四〕霸城門，《玉海》無。

　　另存文字簡潔者，附於下：

　　長安城東出南頭名霸城門。俗以其色青，名曰青門。（《漢書·王莽傳》顏師古注。又見《清波雜誌》卷七，文字稍異。長安，《清波雜誌》無。）

　　長安城東出南頭第一門曰霸城門〔一〕，或曰青門〔二〕。（《補註杜詩》卷十九。又見《後山詩注》卷十二、《山谷內集詩注》卷三、《通鑒綱目》卷三十六上，文字稍異。）

〔校記〕

〔一〕此句下，《山谷內集詩注》有「民見門色青，名曰青城門」句，《通鑒綱目》有「民見其門色青，名曰青城門」句。

〔二〕此句，《山谷內集詩注》無。

　　長安城東門，曰青門。（《山谷外集詩注》卷十二）

　　霸門者，長安城東面三門從東來第一門也，即邵平種瓜之青門也。（《雍錄》卷七）

清明門

　　長安城東出第二門曰清明門，一曰籍田門，以門內有籍田倉，一曰凱門。《漢書》平帝元始四年東風吹屋瓦且盡，即此門也。《漢宮殿疏》曰：「第二門名城東門。」〔一〕莽更名曰宣德門布恩亭。（《四庫叢刊三編》景元本。又見《玉海》卷一百六十九，文字稍異。）

〔校記〕

〔一〕「《漢書》」句至此，《玉海》無。

宣平門

　　長安城東出北頭第一門曰宣平門，民間所謂東都門。《漢書》曰：「成帝建始元年〔一〕，有白蛾群飛蔽日，從東都門至枳道。」又疏廣太傅、受少傅，上疏乞骸骨歸，〔二〕公卿大夫為設祖道，供張東都門外，即此門也。其郭門亦曰東都，即逢萌掛冠處也。王莽更名春王門正月亭〔三〕。東都門至外郭亭十三里。（《四庫叢刊三編》景元本。又見《玉海》卷一百六十九，文字稍異。）

〔校記〕

〔一〕此句,《玉海》作「建昭元年秋八月」,據《漢書》所載,《玉海》是。

〔二〕以上二句,《玉海》作「疏廣、受乞骸歸」。

〔三〕王,《玉海》闕。

另存文字簡潔者,附於下:

長安城東面北頭門,號曰宣平城門。其外郭曰東都門也。(《漢書·元帝紀》
如淳注)

東出北頭第一門,曰宣平門,外曰東都門。(《史記·孝景本紀》裴駰集解、
司馬貞索隱。「頭」,索隱無。)

長安城東面北頭門也。(《後漢書·孝獻帝紀》李賢等注)

宣平門,長安城東面北頭第一門也,其外郭門,名東都門。(《後漢書·劉
玄劉盆子列傳》李賢等注)

長安城東面北頭門,號宣平門。(《後漢書·董卓列傳》李賢等注)

長安東出北頭第一城門,名宣平門。(《文選·西征賦》李善注)

長安城東北次門,號曰宣平城門,其外郭曰東都門也。(《唐開元占經》卷
一百二十)

長安都城十二門,東出北頭第一門,曰宣平,民間所謂東都門。(《通鑒綱
目》卷十二下)

覆盎門

長安城南出東頭第一門曰覆盎門,一號杜門。《廟記》曰:「覆盎門與洛
門〔一〕,相去十三里二百一十步,門外有魯班輸所造橋〔二〕,工巧絕世。」長
樂宮在城中,近東直杜門,〔三〕其南有下杜城。《漢書集註》云:「故杜陵之下
聚落也,〔四〕故曰下門。」又曰端門,北對長樂宮。《漢書》曰:「戾太子所斫
覆盎門出奔湖。」〔五〕王莽更名曰永清門長茂亭。(《四庫叢刊三編》景元本。又
見《玉海》卷一百六十九,文字稍異。)

〔校記〕

〔一〕覆盎門,《玉海》無。

〔二〕門外,《玉海》無。

〔三〕「工巧」三句,《玉海》無。

〔四〕「《漢書集註》」二句,《玉海》無。

〔五〕「《漢書》」二句,《玉海》無。

安門

長安城南出第二門曰安門，亦曰鼎路門，北對武庫。莽更名光禮門顯樂亭〔一〕。（《玉海》卷一百六十九。又見《四庫叢刊三編》景元本，文字稍異。）

〔校記〕

〔一〕莽，《四庫叢刊三編》作「王莽」。

西安門

長安城南出第三門曰西安門，北對未央宮，一曰便門，即平門也。古者「平」、「便」皆同字〔一〕。武帝建元二年初作便門橋〔二〕，跨渡渭水上，以趨陵，其道易直。《三輔決錄》曰：「長安城西門曰便橋，橋北與門對，因號便橋。」〔三〕王莽更名曰信平門誠正亭。（《四庫叢刊三編》景元本。又見《玉海》卷一百六十九，文字稍異。）

〔校記〕

〔一〕此句，《玉海》無。

〔二〕武帝，《玉海》無。

〔三〕「跨渡渭水上」七句，《玉海》無。

章城門

長安城西出南頭第一門曰章城門。《漢宮殿疏》曰：「章城門，漢城西面南頭第一門。」《三輔舊事》曰：「章門亦曰光畢門，又曰便門。」《漢書》成帝元延元年，章城門牡自亡。顏師古注云：牡所以下閉者也，亦以鐵爲之。王莽改曰萬秋門億年亭。（《四庫叢刊三遍》景元本）

另存文字簡潔者，附於下：

長安城西出南頭第一門曰章城門，又曰便門。元延元年，章城門牡自亡。莽改曰萬秋門億年亭。（《玉海》卷一百六十九）

直城門

長安城西出第二門曰直城門。《漢宮殿疏》曰：「西出南頭第二門也。」亦曰故龍樓門，門上有銅龍，本名直門，王莽更曰直道門端路亭。（《四庫叢刊三編》景元本）

另存文字差異較大者，錄於下：

（長安城）西出南頭第二門曰直城門，亦曰直門。《宮殿疏》亦曰：「龍樓門。」門上有鋼龍，莽更曰直道門端路亭。（《玉海》卷一百六十九）

另存文字簡潔者，附於下：

長安西出第二門，即此門也。（《水經注》卷十九）

西出南頭第二門也。（《漢書·成帝紀》晉灼注）

南頭第二門，名直城。王莽改曰端路。（《太平寰宇記》卷二十五）

長安城西南頭第二門，名直城。王莽改曰端路，今名直城。（《太平御覽》卷一百九十二）

雍門

第三門本名西城門，亦曰雍門。王莽更名章義門著義亭。其水北入有函里，民名曰函里門，又曰光門，亦曰突門。（《水經注》卷十九）

另存文字差異較大者，錄於下：

（長安城）西出北頭第一門曰雍門，本名西城門。其水北入有函里，民名曰函里門。〔一〕莽改曰章義門著誼亭〔二〕。（《玉海》卷一百六十九。又見《四庫叢刊三編》景元本，文字稍異。）

〔校記〕

〔一〕「其水」二句，《四庫叢刊三編》置於「莽改曰」句下。函里，《四庫叢刊三編》作「甌里」。

〔二〕著誼亭，《四庫叢刊三編》作「著義亭」。

洛城門

長安城北出東頭第一門曰洛城門，又曰高門。《宮殿疏》又名鸛雀臺門〔一〕。外有漢武承露盤，在臺上。莽更名進和門臨水亭〔二〕。（《玉海》卷一百六十九。又見《四庫叢刊三編》景元本，文字稍異。）

〔校記〕

〔一〕此句，《四庫叢刊三編》作「《漢宮殿疏》曰高門，長安北門也。又名鸛雀臺門」。

〔二〕此句，《四庫叢刊三編》無。

廚房城門

長安城北第二門曰廚城門。長安廚在門內，因為門名。莽更名建子門廣世亭〔一〕。（《玉海》卷一百六十九。又見《四庫叢刊三編》景元本，文字稍異。）

〔校記〕

〔一〕莽，《四庫叢刊三編》作「王莽」。

另存文字簡潔者，附於下：

廚城門，王莽改曰建子門，其內有長安廚官，俗名之爲廚城門。（《後漢書・劉玄劉盆子列傳》卷十一。又見《太平御覽》卷一百八十二。廚城門，二者原作「洛城門」，當是在傳抄過程中的舛誤，今改。）

北出中門，有長安廚，故謂之廚城門。（《漢書・霍光金日磾傳》如淳注。又見《長安志》卷五，文字稍異。謂之，《長安志》作「曰」。）

橫門

長安城北出西頭第一門曰橫門。《漢書》虒上小女陳持弓走入光門，即此門也。門外有橋曰橫橋。《漢書》作「走入橫城門」，如淳曰：「橫音光」。（《四庫叢刊三編》景元本）

另存文字差異較大者，錄於下：

長安城北出西頭第一門曰橫門。門外有橋曰橫橋，莽更曰朔都門左幽亭。（《玉海》卷一百六十九。又見《通鑑綱目》卷五上，文字稍異。《通鑑綱目》無末句。）

另存文字簡潔者，附於下：

北面西頭門。（《史記・外戚世家》裴駰集解）

北出西頭第一門，本名橫門，王莽更名霸都門，左幽亭。（《水經注》卷十九）

橫門，北面西頭第一門。（《九家集注杜詩》卷一。又見《古今韻會舉要》卷八，文字稍異。橫門，《古今韻會舉要》作「橫城門」。）

長安城北出西頭第一門，曰橫門。（《通鑑綱目》卷三下。又見《通鑑綱目》卷五下，文字稍異。曰，《通鑑綱目》卷五下作「名曰」。）

橫門，長安城北面門名也。（《通鑑綱目》卷十五）

門候

漢城門皆有候，門候主候時、謹啓閉也〔一〕。《三輔決錄》曰：「長安城，面三門，四面十二門，皆通達九逵〔二〕，以相經緯，衢路平正，可並列車軌。〔三〕十二門三塗洞闢〔四〕，隱以金椎，周以林木。左右出入，爲往來之徑，行者升降，有上下之別。」班固《西都賦》云：「披三條之廣路，立十二之通門。」又張衡《西京賦》云：「城郭之制，則旁開三門，參塗夷庭，方軌十二，街衢相經」是也。（《四庫叢刊三編》景元本。又見《玉海》卷一百六十九，文字稍異。）

〔校記〕

〔一〕此句，《玉海》作「掌候時謹啓閉也」。

〔二〕逵，《玉海》作「道」。

〔三〕「以相經緯」三句，《玉海》無。

〔四〕十二門，《玉海》無。

關於都城十二門的記述，另存文字較簡潔者，亦附於下：

都城有十二門：霸城門、清明門、宣平門、覆盎門、鼎路門、便門、章城門、直城門、雍門、洛門、廚城門、橫門。（《箋注評點李長吉歌詩》卷一）

有章城門、直城門、洛城門。（《初學記》卷二十四）

又有章城門、直城門、洛城門。（《太平御覽》卷一百八十三）

都城十二門：東出第一門曰霸城門，第二曰清明門，北頭第一門曰宣平門，南出東頭第一門曰安門，第二曰西安門，又曰便門；西出南頭第一門曰章城門，第二曰直城門，西出北頭第一門曰雍門，東頭第一門曰高門，西頭第一門曰橫門。（《西漢會要》卷六十五）

長安九市

九市

《廟記》云：「長安市九，所各方二百六十六步。六市在道西，三市在道東。凡四里爲一市。致九州之人在突門。」又曰：「旗亭樓在杜門大道南。」（《四庫叢刊三編》景元本）

另存文字簡潔者，附於下：

長安有九市。（《類說》卷四十）

令署

又有柳市、東市、西市〔一〕，有當市樓有令舍〔二〕，以察商賈貿易，三輔都尉掌之。（《玉海》卷十六。又見《四庫叢刊三編》景元本，文字稍異。）

〔校記〕

〔一〕此句，《四庫叢刊三編》無。

〔二〕此句，《四庫叢刊三編》作「又有當市樓有令署」。

〔三〕此句，《四庫叢刊三編》作「以察商賈貨財買賣貿易之事」。

直市

直市在富平津西南十五里，即秦文公造〔一〕。物無二價，故以直市爲名。〔二〕（《太平寰宇記》卷二十五。又見《玉海》卷十六、《四庫叢刊三編》景元本，文字稍異。）

〔校記〕

〔一〕此句，《玉海》無。

〔二〕此句，《玉海》作「故有直市」。

柳市、東市、西市

張衡《西京賦》云：「郭開九市，通闤帶闠，旗亭重立，俯察百隧」是也。又按：《郡國志》云，長安大俠萬子夏居柳市，司馬季主卜於東市，晁錯服斬於東市〔四〕。西市在醴泉坊。（《四庫叢刊三編》景元本。按：萬，原作「萬」，今據《漢書·遊俠傳》改。）

另存文字簡潔者，附於下：

長安有九市，其三在道東。（《雍錄》卷二）

長安八街九陌

長安諸街

有香室街、夕陰街、尙冠前街。《三輔舊事》云：「長安城中八街九陌。」《漢書》劉屈氂妻梟首華陽街，京兆尹張敞走馬章臺街，陳湯斬郅支王首縣藁街。張衡《西京賦》云：「參塗夷庭，街街相經，廛里端直，甍宇齊平」是也。（《四庫叢刊三編》景元本）

另存文字簡潔者，附於下：

有香室街、夕陰街、尙冠前街。（《太平寰宇記》卷二十五）

有夕陰街、尙冠街。（《類編長安志》卷四）

長安城中閭里

長安閭

長安閭里一百六十〔一〕，室居櫛比，門巷脩直。〔二〕有宣明、建陽、昌陰、尙冠、修城、黃棘、北煥、南平、等里〔三〕。《漢書》：萬石君奮徙家長安戚里。宣帝在民間時，常在尙冠里。劉向《列女傳》：節女，長安大昌里人也。（《四庫叢刊三編》景元本。又見《玉海》卷一百七十五，文字稍異。）

〔校記〕

〔一〕一百六十，《玉海》作「百六十」。

〔二〕以上二句，《玉海》無。

〔三〕等里，《玉海》作「城里」，皆誤，當爲戚里。《玉海》引至此。

另存文字簡潔者，附於下：

長安閭里百六十。（《類編長安志》卷四、卷八）

漢宮

長樂宮

長樂宮，本秦之興樂宮也。高祖始居櫟陽〔一〕，七年長樂宮成，徙居長安城〔二〕。《三輔舊事》、《宮殿疏》皆曰：「興樂宮，〔三〕秦始皇造〔四〕，漢修飾之〔五〕，周迴二十餘里〔六〕。」（《玉海》卷一百五十五。又見《錦繡萬花谷》後集卷二十三、《四庫叢刊三編》景元本，文字稍異。）

〔校記〕

〔一〕此句，《錦繡萬花谷》作「漢高皇帝始居櫟陽」，《四庫叢刊三編》作「高皇帝始居櫟陽」。櫟，「櫟」之形訛。

〔二〕城，《錦繡萬花谷》無。

〔三〕「《三輔舊事》」二句，《錦繡萬花谷》無。

〔四〕此句，《錦繡萬花谷》作「秦造」。

〔五〕此句，《錦繡萬花谷》作「從修之」。從，當爲「漢」字。

〔六〕餘，《錦繡萬花谷》、《四庫叢刊三編》皆無。

另存文字簡潔者，附於下：

長樂宮，本秦之興樂宮也。（《西漢會要》卷六十五）

長樂宮前殿

長樂宮前殿東西四十九丈七尺，兩杼中二十五丈〔一〕，深十二丈。（《太平寰宇記》卷二十五。又見《長安志》卷三、《錦繡萬花谷》後集卷二十三、《玉海》卷一百五十五、《四庫叢刊三編》景元本，文字稍異。）

〔校記〕

〔一〕杼，《玉海》作「序」。二十五，《錦繡萬花谷》、《四庫叢刊三編》作「三十五」。

長樂宮臺、殿

（長樂宮）有鴻臺，臨華殿，溫室殿。〔一〕長信宮、長秋、永壽、永寗等

四殿〔二〕。高帝始居此宮〔三〕，後太后常居之，在長安城中，近東直杜門。〔四〕孝惠至平帝，皆居未央〔五〕。（《玉海》卷一百五十五。又見《四庫叢刊三編》景元本，文字稍異。）

〔校記〕

〔一〕「臨華殿」、「溫室殿」上，《四庫叢刊三編》皆有「有」字。

〔二〕長信宮，《四庫叢刊三編》作「信宮」，其上亦有「有」字。據《漢書·外戚列傳》
　　　記載，此處當爲長定宮。

〔三〕始，《四庫叢刊三編》無。

〔四〕以上二句，《四庫叢刊三編》無。

〔五〕未央，《四庫叢刊三編》作「未央宮」。

另存文字簡潔者，附於下：

長樂宮有椒房殿。（《後漢書·班彪列傳》李賢等注、《文選·西都賦》李善注）

長樂宮有鴻臺，有臨華殿，有溫室殿。（《太平寰宇記》卷二十五。又見《長安志》卷三）

長樂宮有鴻臺。（《類編長安志》卷三）

長樂殿西有長信宮、長秋、永壽、永寧四殿。（《雍錄》卷二）

長樂殿西有長信宮、長秋殿。（《玉海》卷一百五十六）

高帝嘗居長樂，後皆母后居之。自孝惠至平帝，皆居未央。（《雍錄》卷二）

長樂室

《漢書》：「宣帝元康四年，神爵五采以萬數，集長樂宮。」「五鳳三年，鸞鳳集長樂宮東闕中樹上。」王莽改長樂宮爲常樂室，在長安中近東直杜門。（《四庫叢刊三編》景元本）

另存文字簡潔者，附於下：

王莽改長樂宮爲長樂室。（《玉海》卷一百五十五）

未央宮

未央宮，《漢書》曰：「高祖七年，蕭何治未央宮，立東闕、北闕闕，門觀也。劉熙《釋名》曰：「闕在門兩旁，中央闕然爲道也。門闕，天子號令賞罰所由出也。未央宮殿雖南向，而上書奏事謁見之徒，皆在北闕焉。是則以北闕爲正門，而又有東闕東門。至於西南兩面，無門闕矣。蓋蕭何立未央宮，以厭勝之術理然乎。」、前殿、武庫藏兵器之處也、太倉廩粟所在一百三十楹，在長安城外東南。。上見其壯麗太甚，怒曰：『天下匈匈

勞苦數歲，成敗未可知，是何治宮室過度也：』何對曰：『以天下未定，故可因以就宮室。且天子以四海爲家，非令壯麗，無以重威，令後世無以加也。』上悅，自櫟陽徙居焉。」(《四庫叢刊三編》景元本)

另存文字簡潔者，附於下：

蕭何造未央宮立東闕、北闕。(《通鑑綱目》卷三下)

未央宮建置

未央宮周迴二十八里，前殿東西五十丈，深十五丈，高三十五丈〔一〕。三武帝以木蘭爲棼橑〔二〕，文杏爲梁柱〔三〕，金鋪玉戶〔四〕，華榱璧璫，彫楹玉碣〔五〕，重軒鏤檻，青瑠丹墀〔六〕，左城右平〔七〕，黃金爲璧帶，間以和氏珍玉。風至，其聲玲瓏然也。(《錦繡萬花谷》後集卷二十三。又見《四庫叢刊三編》景元本，文字稍異。)

〔校記〕

〔一〕此句下，《四庫叢刊三編》有注文「前殿曰路寢，見諸侯羣臣處也」二句。其後又有「營未央宮因龍首山以制前殿」句，及其下注文「山長六十里，頭入渭水，尾達樊川，秦時有黑龍從南山出飲渭水，其行道因成土山。疏山爲臺殿，不假板築，高出長安城。《西京賦》所謂『疏龍首以抗前殿』此也」數句。

〔二〕三，《四庫叢刊三編》作「至」，是，形訛。棼橑，《四庫叢刊三編》作「棼橑」，是，形訛。此句下有注文「木蘭，香木。棼橑，棟椽」數句。

〔三〕此句下，《四庫叢刊三編》有注文「杏木之有文者」。

〔四〕此句下，《四庫叢刊三編》有注文「金鋪，扉上有金華，中作獸及龍蛇鋪首以銜環也。玉戶，以玉飾戶也」數句。

〔五〕此句下，《四庫叢刊三編》有注文「楹，柱也。碣，柱下石也」數句。

〔六〕瑠，《四庫叢刊三編》作「瑣」。此句下，《四庫叢刊三編》有注文「青瑣，窗也。墀，殿堦也」數句。

〔七〕此句下，《四庫叢刊三編》有注文「右乘車上，故使之平；左以人上，故爲之階級，城，階級也」數句。

另存文字簡潔者，附於下：

未央宮，武帝時爲重軒鏤檻，青瑣丹墀。(《雍錄》卷十)

未央宮青瑣丹墀，左城右平。(《通鑑綱目》卷四十九下)

營未央，因龍首以制前殿。(《文選·西京賦》李善注。又見《長安志》卷三。此句下，《長安志》有「殿上有非常室」句。)

營未央宮，因龍首制前殿。（《太平寰宇記》卷二十五。又見《元和郡縣志》卷一。「殿」下，《元和郡縣志》有「也」字。）

金鋪者，扉上有金花，花中作獸及龍蛇。鋪者，以銜環也。（《三體唐詩》卷二。又見《箋注評點李長吉歌詩》卷一）

未央宮殿、閣、闕、室

未央有宣室、麒麟、金華、承明、武臺、鈎弋等殿。（《太平寰宇記》卷二十五。又見《四庫叢刊三編》景元本）

未央宮臺殿三十二〔一〕，有壽成殿、萬歲、廣明、椒房、清涼、永延、王堂、壽安、平就、宣德、東明、飛雨、鳳凰、通光、曲臺、白虎等殿〔二〕。（《太平寰宇記》卷二十五。又見《四庫叢刊三編》景元本，文字稍異。）

〔校記〕

〔一〕此句，《四庫叢刊三編》作「又有殿閣三十有二」。

〔二〕壽成殿，《四庫叢刊三編》作「壽成」。永延，《四庫叢刊三編》作「水延」。水，當爲「永」之形訛。

另存文字簡潔者，附於下：

未央宮有殿閣三十二，椒房玉堂在其中。（《容齋隨筆》卷六。又見《玉海》卷一百六十一）

未央宮有鳳皇、飛羽、通光等殿。（《玉海》卷一百五十九）

未央自有通光殿。（《雍錄》卷二）

《廟記》云：「未央宮有增成、昭陽殿。」《漢宮殿疏》曰：「未央宮有麒麟閣、天祿閣，有金馬門、青鎖門，玄武、蒼龍二闕。朱鳥堂、畫堂、甲觀，非常室。」又有鈎盾署、弄田。（《四庫叢刊三編》景元本）

《三輔決錄》曰：「未央宮有延年殿、合歡殿、四車殿。」又《漢宮閣記》云：「未央宮有宣明、長年、溫室、昆德四殿。」又有玉堂、增盤閣、宣室閣。（《四庫叢刊三編》景元本）

《三輔舊事》云：「武帝於未央宮起高門、武臺殿。」《漢武故事》云：「神明殿在未央宮。」王莽改未央宮曰壽成室，前殿曰玉路堂，如路寢也。按《舊圖》，漸臺、織室、凌室皆在未央宮。（《四庫叢刊三編》景元本）

建章宮

建章宮，武帝太初元年，栢梁殿災。粵巫勇之曰：「粵俗有火災，即復起

大屋以厭勝之。」帝於是作建章宮，度爲千門萬戶，宮在未央宮西長安城外。
（《四庫叢刊三編》景元本）

　　另存文字簡潔者，附於下：

武帝太初元年作建章宮，度爲千門萬戶，宮在未央西長安城外。（《東坡詩
集註》卷三）

建章宮，在京兆。（《漢書·郊祀志》晉灼注）

飛閣

　　帝於未央宮營造日廣，以城中爲小，乃於宮西跨城池作飛閣，通建章宮，
構輦道以上下。輦道爲閣道，可以乘輦而行。（《四庫叢刊三編》景元本）

　　另存文字簡潔者，附於下：

建章宮在長安城外，於未央宮西跨城池作飛閣，通建章宮，駕輦道以上
下。（《玉海》卷一百五十六）

閶闔

　　宮之正門曰閶闔〔一〕，高二十五丈，亦曰璧門。（《玉海》卷一百五十六。又
見《杜工部草堂詩箋》卷三十五、《四庫叢刊三編》景元本，文字稍異。）

〔校記〕

〔一〕此句下，《杜工部草堂詩箋》、《四庫叢刊三編》皆有注文「閶闔，天門也。宮門名閶
　　闔者，以象天門也」數句。《杜工部草堂詩箋》引至此。

　　另存文字差異較大者，錄於下：

武帝太初元年作建章宮，宮之正門曰閶闔。注：謂閶闔天門也。（《山堂考
索》續集卷四十一）

鳳闕

　　左鳳闕〔一〕，高二十五丈。（《玉海》卷一百五十六。又見《四庫叢刊三編》景
元本，文字稍異。）

〔校記〕

〔一〕此句下，《四庫叢刊三編》有注文「闕上有金鳳，高丈餘。（漢書集注）曰：『今長安
　　故城西，俗呼貞女樓，即建章闕也」數句。

　　另存文字有異者，附於下：

武帝營建章，起鳳闕，高二十五丈。（《史記·孝武本紀》司馬貞索隱）

建章鳳皇闕，人呼爲正女樓。(《雍錄》卷十)

神明臺

右神明臺〔一〕，門內北起別風闕〔二〕，高五十丈；對峙井幹樓，高五十丈〔三〕。連閣皆有罘罳〔四〕。前殿下視未央，其西則唐中殿，受萬人。(《玉海》卷一百五十六。又見《四庫叢刊三編》景元本，文字稍異。)

〔校記〕

〔一〕此句下，《四庫叢刊三編》有注文「言臺高神明可居其上」句。

〔二〕此句下，《四庫叢刊三編》有注文「在閶闔門內，以其出宮垣識風從何處來，以爲闕名也」數句。

〔三〕此句下，《四庫叢刊三編》有「輦道相屬焉」句。

〔四〕此句下，《四庫叢刊三編》有注文「連閣，曲閣也。以覆重刻垣墉屏翳之處，畫以雲氣鳥獸，其形罘罳然」數句。

另存文字簡潔者，錄於下：

神明臺在建章宮中，上有九室。(《水經注》卷十九)

神明臺上有九臺。今謂之九子臺，非也。(《長安志》卷三)

圓闕

《三輔舊事》云：「建章周回三十里。東起別風闕，高二十五丈，乘高以望遠。又於宮門北起圓闕，高二十五丈，上有銅鳳凰，赤眉賊壞之。」《西京賦》云：「圓闕聳以造天，若雙碣之相望」是也。(《四庫叢刊三編》景元本)

鳳凰闕、嶕嶢闕

《廟記》云：「建章宮北門高二十五丈，建章北闕門也。又有鳳凰闕，漢武帝造，高七十丈五尺。鳳凰闕，一名別風闕。」又云：「嶕嶢闕，在圓闕門內二百步。」(《四庫叢刊三編》景元本)

另存文字簡潔者，附於下：

建章宮，漢武帝造，周二十餘里，千門萬戶。其東鳳闕，高七丈五尺。(《水經注》卷十九)

鳳□，高七丈五尺。(《玉海》卷一百六十九。按：其闕字當是「闕」。)

鳳凰闕

繁欽《建章序》云：「秦漢規模，廓然泯毀，惟建章鳳闕，聳然獨存，雖非象魏之制，亦一代之巨觀。」（《四庫叢刊三編》景元本）

雙銅雀

《古歌》云：「長安城西有雙闕，上有雙銅雀，一鳴五穀熟，再鳴五穀熟。」按銅雀，即銅鳳凰也。楊震《關輔古語》云：「長安民俗謂鳳凰闕爲貞女樓。」司馬相如賦云：「豫章貞女樹，長千仞，大連抱，冬夏常青，未嘗凋落，若有貞節，故以爲名。」（《四庫叢刊三編》景元本。按：「一鳴五穀熟」當有誤，應作「一鳴五穀生」。）

另存文字簡潔者，附於下：

長安城西雙闕上有銅雀，一鳴則五穀熟。（《類說》卷四十）

漢雙闕有銅鳳凰，亦曰銅雀。（《箋注評點李長吉歌詩》卷三）

《古歌詞》云：長安城西有雙闕。（《山谷外集詩注》卷二）

璧門

《漢書》〔一〕：「建章宮南有玉堂，璧門玉層，臺高三十丈，玉堂殿內十二門〔二〕，階陛皆玉爲之。鑄銅鳳高五尺，飾黃金栖屋上，下有轉樞，向風若翔，椽首薄以璧玉飾之〔三〕，因名曰璧門。（《玉海》卷一百五十九。又見《玉海》卷一百六十九、《四庫叢刊三編》景元本，文字稍異。）

〔校記〕

〔一〕此句，《玉海》卷一百六十九無，《四庫叢刊三編》作「《漢書》曰」。

〔二〕殿內，《玉海》卷一百六十九、《四庫叢刊三編》作「內殿」。

〔三〕飾之，《玉海》卷一百六十九、《四庫叢刊三編》無。

另存文字簡潔者，附於下：

未央宮正門，曰璧門。（《海錄碎事》卷四下。又見《類說》卷四十，文字稍異。「璧門」下，《類說》有「有臺殿三十二」句。）

宮正寢門曰璧門，飾以玉璧。（《紺珠集》卷九）

建章宮殿、池

建章有騊駼、駃騠、枍詣、天梁、奇寶、鼓簧等宮。又有玉堂、神明堂、疏圃、鳴鑾、奇華、銅柱、函德二十六殿，太液池、唐中池。（《四庫叢刊三編》景元本）

另存文字簡潔者，附於下：

有玉堂、函德等二十六殿。(《玉海》卷一百五十六)

建章宮有函德等二十六殿。(《玉海》卷一百五十九)

桂宮

桂宮，漢武帝造，周迴十餘里。《漢書》曰：「桂宮有紫房複道，通未央宮。」(《錦繡萬花谷》後集卷二十三。又見《四庫叢刊三編》景元本)

另存文字簡潔者，附於下：

桂宮，漢武帝造。(《長安志》卷四)

桂宮，漢武帝太初四年秋起，周迴二餘里。(《玉海》卷一百五十六)

另存文字差異較大者，錄於下：

桂宮，在城中，近北宮。(《漢書·成帝紀》顏師古注。又見《長安志》卷四、《玉海》卷一百五十六、《兩漢博聞》卷六)

《關輔記》云：「桂宮在未央北，中有明光殿上山〔一〕，複道從宮中西上城，西至建章宮神明臺、蓬萊山〔二〕。」(《錦繡萬花谷》後集卷二十三。又見《四庫叢刊三編》景元本，文字稍異。)

〔校記〕
〔一〕上山，《四庫叢刊三編》作「土山」，是。土，訛作「上」。
〔二〕西、宮，《四庫叢刊三編》無。

明光殿

《三秦記》〔一〕：「未央宮漸臺西有桂宮〔二〕，中有明光殿〔三〕，皆金玉珠璣爲簾箔〔四〕，處處明月珠。金戺玉堦，晝夜光明。」(《四庫叢刊三編》景元本。又見《施注蘇詩》卷十四、《東坡詩集註》卷四，文字稍異。)

〔校記〕
〔一〕此句，《施注蘇詩》、《東坡詩集註》無。
〔二〕「桂宮」上，《施注蘇詩》有「兩」字，《東坡詩集註》有「西」字，當爲衍字。
〔三〕明光殿，《施注蘇詩》作「光明殿」。
〔四〕《施注蘇詩》、《東坡詩集註》引至此。

另存文字簡潔者，附於下：

明光殿，金玉珠璣爲廉箔，金戺玉階，晝夜光明，在桂宮中。(《雲仙雜記》

卷九。又見《類説》卷四十、《紺珠集》卷九，文字稍異。廉箔，《類説》、《紺珠集》作「簾箔」。）

在城中，近桂宮。（《東坡詩集註》卷十三、二十五）

四寶宮

又《西京雜記》云〔一〕：「武帝爲七寶床，雜寶桉，厠寶屏風〔二〕，列寶帳，設於桂宮〔三〕，時人謂爲四寶宮。」《長安記》曰：「桂宮在未央宮北，亦曰北宮。」（《四庫叢刊三編》景元本。又見《紺珠集》卷九，文字稍異。）

〔校記〕

〔一〕此句，《紺珠集》無。

〔二〕風，《紺珠集》無。

〔三〕此句，《紺珠集》無。

北宮

北宮，在長安城中，近桂宮，俱在未央宮北。周回十里。高帝時制度草創，孝武增修之，中有前殿，廣五十步，珠簾玉戶如桂宮。《漢書》：「曰呂太后崩，孝惠皇后廢處北宮。」又曰：「哀帝崩，貶皇太后趙氏爲孝成皇后，退居北宮。皇后薄氏退居桂宮。」（《四庫叢刊三編》景元本）

另存文字簡潔者，附於下：

北宮珠簾玉戶如桂宮。（《紺珠集》卷九）

甘泉宮

甘泉宮，一曰雲陽宮。《史記》秦始皇二十七年，作甘泉宮及前殿，築甬道，築垣墻如街巷。自咸陽屬之。（《四庫叢刊三編》景元本）

另存文字差異較大者，錄於下：

甘泉宮，一曰雲陽宮，秦始皇作，在雲陽縣甘泉山。漢武增廣之，周十九里，乃黃帝以來圓丘祭天處，故武帝以後皆於此祀天。成帝時，揚雄從祠甘泉，還奏賦以諷。（《古文苑》卷二十一）

文字簡潔者，附於下：

甘泉宮，一曰雲陽宮。（《玉海》卷一百五十五）

甘泉宮，在池陽縣西，去長安二百里。（《施注蘇詩》卷二十六。又見《東坡詩集註》卷十一）

林光宮

《關輔記》曰：「林光宮，一曰甘泉宮，秦所造，在今池陽縣西，故甘泉山，宮以山爲名。或曰高泉山，蓋習俗語訛尔。宮周匝十餘里。漢武帝建元中增廣之，周十九里。」「去長安三百里，望見長安城，黃帝以來圜丘祭天處。」《漢志》：雲陽縣有休屠、金人、徑路神祠三所。《音義》云：匈奴祭天處，本雲陽甘泉山下，秦奪其地，徙休屠右地。《郊祀志》云：徑路神祠，祭休屠王處。（《四庫叢刊三編》景元本）

甘泉殿芝

《遁甲開山圖》云：「雲陽，先生之墟也。武帝造關於南，以象方色，於甘泉宮更置前殿，始造宮室，有芝生甘泉殿邊房中。」房中樂有《芝草之歌》。《漢舊儀》云：「芝有九莖。《芝草歌》曰：九莖連葉。芝金色，綠葉朱實，夜有光，乃作《芝房之歌》。」（《四庫叢刊三編》景元本）

紫殿

漢武帝起紫殿〔一〕，雕文刻鏤〔二〕，以玉飾之。成帝永始四年行幸甘泉，郊泰時，神光降於紫殿。今按甘泉谷北岸有古槐樹，在故宮之南。（《太平寰宇記》卷三十一。又見《長安志》卷四、《四庫叢刊三編》景元本，文字稍異。）

〔校記〕

〔一〕此句，《四庫叢刊三編》作「帝又起紫殿」。

〔二〕「刻鏤」下，《長安志》、《四庫叢刊三編》有「黼黻」二字。

槐樹

甘泉谷北岸有槐樹〔一〕，今謂玉樹，根幹盤峙，二三百年木也。楊震《關輔古記》曰：「耆老相傳，咸以爲此樹即揚雄《甘泉賦》所謂玉樹青蔥也。」（《雲谷雜記》卷一，又見《四庫叢刊三編》景元本，文字稍異。）

〔校記〕

〔一〕此句上，《四庫叢刊三編》有「今按」二字。

另存文字簡潔者，附於下：

甘泉宮北有槐樹。（《野客叢書》卷五）

甘泉宮有槐，根幹盤峙，二三百年物也。（《能改齋漫錄》卷三）

甘泉宮有槐，根斡盤錯，時謂玉樹青蔥。（《類說》卷四十）

甘泉北有槐，今謂王樹。（《紺珠集》卷九）

甘泉宮、臺、館、觀、苑、池

甘泉有高光宮，又有林光宮，有長定宮、竹宮、通天臺、通靈臺。武帝作迎風館於甘泉山，後加露寒、儲胥二館，皆在雲陽。甘泉中西廂起彷徨觀，築甘泉苑。建元中作石闕、封巒、鳷鵲觀於苑垣內。宮南有昆明池，苑南有棠梨宮。（《四庫叢刊三編》景元本）

另存文字簡潔者，附於下：

武帝先作迎風館於甘泉山，後加露寒、儲胥二館。建元中作石闕、封巒、鳷鵲觀。（《玉海》卷一百六十六）

甘泉有石闕觀、封巒觀。（《文選·甘泉賦》李善注）

武帝起鳷鵲觀、神明觀、集靈觀、陽祿觀。（《藝文類聚》卷六十三）

漢武帝起鳷鵲觀。（《太平御覽》卷一百七十九）

武帝起集靈觀。（《長安志》卷四。又見《類編長安志》卷三）

鳷鵲觀在甘泉。（《杜工部草堂詩箋》卷十二）

武帝起鳷鵲、神明、集靈、陽祿。（《玉海》卷一百六十六）

公車

未央、長樂、甘泉宮〔一〕，四面皆有公車。公車，主受章疏之所〔二〕。（《玉海》卷一百六十九。又見《四庫叢刊三編》景元本，文字稍異。）

〔校記〕

〔一〕「未央」上，《四庫叢刊三編》有「漢」字。

〔二〕所，《四庫叢刊三編》作「處」。

另存文字簡潔者，附於下：

未央宮四面皆有公車。（《補漢兵志》）

司馬門

司馬門，凡言司馬者，宮垣之內，兵衛所在，司馬主武事，故謂宮之外門為司馬門。按漢《宮衛令》〔一〕，諸出入殿門、公車司馬門者皆下〔二〕，不如令，罰金四兩〔三〕。王莽改公車司馬門曰王路四門，分命諫大夫四人，受章疏以通下情。《百官表》：衛尉屬官有公車司馬令、丞。《漢官儀》云：公車司馬，掌殿司馬門，夜徼宮中。天下上事，及闕下凡所徵召，皆總領之，令秩六百石。（《四庫叢刊三編》景元本。又見《玉海》卷一百六十九，文字稍異。）

〔校記〕

〔一〕按,《玉海》作「摟」,形訛也。

〔二〕門,《玉海》脫。

〔三〕《玉海》引至此。

長樂宮

鴻臺

　　長樂宮有鴻臺〔一〕,秦始皇二十七年築,高四十丈,上起觀字〔二〕,帝常射飛鴻於臺上〔三〕,故號鴻臺〔四〕。(《玉海》卷一百六十二。又見《四庫叢刊三編》景元本,文字稍異。)

〔校記〕

〔一〕此句,《四庫叢刊三編》作「鴻臺」。

〔二〕字,《四庫叢刊三編》作「宇」,是,形訛。

〔三〕常,《四庫叢刊三編》作「嘗」。

〔四〕此句下,《四庫叢刊三編》有「《漢書》:惠帝四年,長樂宮鴻臺災。」

臨華殿

　　臨華殿,在長樂宮前殿後,武帝建。《漢書》:成帝永始四年,長樂宮臨華殿災。(《四庫叢刊三編》景元本)

溫室殿

　　溫室殿,按《漢宮殿疏》在長樂宮。又《漢宮閣記》:在未央宮。(《四庫叢刊三編》景元本)

長信宮

　　長信宮,漢太后常居之。按《通靈記》:「大后,成帝母也。后宮在西,秋之象也。秋主信,故宮殿皆以長信、長秋爲名。」又永壽、永寧殿,皆后所處也。成帝母王太后,居長信宮。(《四庫叢刊三編》景元本)

　　另存文字有異者,錄於下:

　　從洛門至周廟門,有長信宮在其中。(《後漢書・劉玄劉盆子列傳》李賢等注。又見《長安志》卷四、《唐詩鼓吹》卷九、《玉海》卷一百五十五)

　　漢長信宮,太后之宮也。武帝五日一朝,長信宮又名長樂宮。(《唐音》卷六)

神仙殿

　　長樂宮有神仙殿。(《後漢書・班彪列傳》李賢等注。又見《文選・西都賦》李善注)

未央宮

未央宮諸殿

　　未央宮有清涼殿、宣室殿、中溫室殿、金華殿、大玉堂殿、中白虎殿、麒麟殿〔一〕。長樂宮有神仙殿。(《後漢書・班彪列傳》李賢等注。又見《文選・西都賦》李善注、《海錄碎事》卷四下、《長安志》卷三,文字稍異。)

〔校記〕

〔一〕金華殿,《海錄碎事》置於「麒麟殿」下。中溫室殿,《長安志》無。大玉堂殿、中白虎殿,《長安志》分別作「玉堂殿」、「白虎殿」。此句下,《海錄碎事》、《長安志》無。

　　另存文字差異較大者,錄於下:

　　宣室布政教之室也。溫室、清涼,皆在未央宮殿北。宣明,廣明,皆在未央宮殿東。昆德、玉堂皆在未央殿西。(《玉海》卷一百六十一。又見《四庫叢刊三編》景元本,文字稍異。「宣室」下之注文,《四庫叢刊三編》無。)

宣室殿

　　宣室〔一〕,在未央宮殿北〔二〕,未央前殿正室也〔三〕。(《東坡詩集註》卷二十一,又見《山堂考索》前集卷三十八、《通鑑綱目》卷四上、《通鑑綱目》卷八下、《四庫叢刊三編》景元本,文字有異。)

〔校記〕

〔一〕此句,《山堂考索》作「宣室者」。

〔二〕此句,《山堂考索》、《通鑑綱目》、《通鑑綱目》、《四庫叢刊三編》皆無。

〔三〕未央,《通鑑綱目》卷八下作「未央宮」。此句下,《通鑑綱目》有「齋則居之」句,《四庫叢刊三編》有「《淮南子》曰:『周武王殺紂於宣室。』漢取舊名也。《漢書》曰:『文帝受釐宣室,夜半前席賈生,問鬼神之事』即此也。又王莽地皇四年,城中少年朱弟、張魚等燒宮,莽避火宣室前殿,火輒隨之」數句。

溫室殿

　　溫室殿,武帝建,冬處之溫暖也。《西京雜記》曰:「溫室以椒塗壁,被之丈繡,香桂爲柱,設火齊屏風,鴻羽帳,規地以罽賓氍毹。」《漢書》曰:

「孔光爲尚書令，歸休，與兄弟妻子燕，語終不及朝省政事。或問溫室省中樹何木，光不應。《漢書》京房奏考功課吏法，上令公卿朝臣，會議溫室。(《四庫叢刊三編》景元本)

另存文字簡潔者，附於下：

武帝溫室殿，規地以廁寶氍毹。(《施注蘇詩》卷四。又見《施注蘇詩》卷二十九，文字稍異。「武帝」下，《施注蘇詩》卷二十九有「建」字。)

溫室，規地以廁寶毹。(《古今韻會舉要》卷三。又見《唐音》卷三、《韻府群玉》卷三上)

溫室，椒壁桂柱，火齊屏，鴻羽帳，規地以氍毹。(《紺珠集》卷九)

清涼殿

清涼殿，夏居之則清涼也，亦曰延清室〔一〕。《漢書》曰：「清室則中夏含霜」即此也〔二〕。董偃常臥延清之室，以畫石爲床，文如錦，紫琉璃帳，以紫玉爲盤，如屈龍，皆用雜寶飾之。侍者於外扇偃，偃曰：「玉石豈須扇而後涼邪？」〔三〕又以玉晶爲盤〔四〕，貯冰於膝前，玉晶與冰同潔。侍者謂冰無盤必融濕席。乃拂玉盤，墜，冰玉俱碎。玉晶，千塗國所貢也，武帝以此賜偃。(《四庫叢刊三編》景元本。又見《玉海》卷一百五十九、《事類備要》外集卷六十三，文字稍異。)

〔校記〕

〔一〕延清室，《玉海》作「延清堂」。

〔二〕霜，《玉海》作「穎」，誤。也，《玉海》無。《玉海》引至此。首句至此，《事類備要》無。

〔三〕「以畫石爲床」九句，《事類備要》無。

〔四〕又，《事類備要》無。

另存文字簡潔者，附於下：

董偃以水爲盤，貯冰同色。侍者謂冰無盤必融濕席，誤拂盤，墜碎焉。(《韻府群玉》卷四上)

貯水與冰同千塗國所貢。(《紺珠集》卷九)

董偃以水晶爲盤佇曉珠。(《唐音》卷五)

董偃設紫瑠琉屏風。(《箋注評點李長吉歌詩》卷二)

設紫琉璃帳，紫玉爲槃，如屈龍，雜寶飾之。(《紺珠集》卷九)

麒麟殿

未央宮東有麒麟殿〔一〕，藏祕書，即揚雄校書之處也〔二〕。(《初學記》卷十二。又見《太平御覽》卷二百三十三、《長安志》卷三、《職官分紀》卷十六、《錦繡萬花谷》後集卷十一，文字稍異。)

〔校記〕

〔一〕東，《長安志》無。有《職官分紀》、《錦繡萬花谷》無。

〔二〕校書之處也，《長安志》作「校書處」，《職官分紀》、《錦繡萬花谷》作「校書之所也」。

另存文字差異較大者，錄於下：

麒麟殿，未央宮有麒麟殿。《漢書》：「哀帝燕董賢父子於麒麟殿，視賢曰：『吾欲法堯禪舜，如何？』王閎曰：『天下乃高皇帝天下，非陛下之天下也。陛下奉承宗廟，當傳之無窮，安可妄有所授！帝業至重，天子無戲言。』上默然不悅。」(《四庫叢刊三編》景元本。)

另存文字簡潔者，附於下：

未央宮有麒麟殿。(《分類補註李太白詩》卷十一)

金華殿

金華殿，未央宮有金華殿。《漢書》曰：「成帝初方向學，召鄭寬中、張禹，說《尚書》、《論語》於金華殿中。(《四庫叢刊三編》景元本)

另存文字簡潔者。附於下：

未內宮有金華殿。(《玉海》卷一百五十九)

承明殿

承明殿，未央宮有承明殿，著述之所也。班固《西都賦序》云：「內有承明，著作之庭」即此也。《漢書》：武帝謂嚴助曰：「君厭承明之廬。」又成帝鴻嘉二年，雉飛集承明殿屋。(《四庫叢刊三編》景元本)

另存文字簡潔者，附於下：

漢未央宮有承明殿，著述之所也。(《杜工部草堂詩箋》卷三十六。又見《箋注評點李長吉歌詩》卷三、《玉海》卷一百五十九，文字稍異。漢，《箋注評點李長吉歌詩》、《玉海》無。也，《玉海》無。)

蒼龍、白虎、朱雀、玄武

蒼龍、白虎、朱雀、玄武，天之四靈，以正四方，王者制宮闕殿閣取法焉。(《四庫叢刊三編》景元本)

掖庭宮

掖庭宮，在天子左右，如肘膝。(《四庫叢刊三編》景元本)

椒房殿

椒房殿，在未央宮，以椒和泥塗，取其溫而芬芳也。〔一〕武帝時後宮八區，有昭陽、飛翔、增成、合歡、蘭林、披香、鳳皇、鴛鴦等殿。〔二〕後有增修安處、常寧、茝若、椒風、發越、蕙草等殿，爲十四位。(《四庫叢刊三編》景元本。又見《玉海》卷一百五十六，文字稍異。)

〔校記〕

〔一〕首句至此，《玉海》無。

〔二〕鳳皇，《玉海》作「鳳皇」，此句下，《玉海》無。

椒風殿

成帝趙皇后居昭陽殿，號飛燕，以其體輕也。有女弟，俱爲婕妤，貴傾後宮。昭陽舍蘭房椒壁，其中庭彤朱，而庭上髹漆，切皆銅沓，切，門限也。黃金塗，白玉堦，壁帶往往爲黃金釭，函藍田璧，明珠翠羽飾之，自後宮未嘗有焉。班婕妤居增成舍。後宮八區，增成第三區也。哀帝時董賢女弟爲昭儀，居舍號曰椒風。(《四庫叢刊三編》景元本)

另存文字簡潔者，附於下：

哀帝時董賢女弟爲昭儀，所居殿名椒風。(《海錄碎事》卷十下。又見《紺珠集》卷九)

高門殿

高門殿，《漢書》曰：「汲黯請見高門。」注曰：「未央宮高門殿也。」又哀帝時鮑宣諫曰：「陛下擢臣巖穴，誠冀有益毫毛，豈欲臣美食大官，重高門之地。」(《四庫叢刊三編》景元本)

另存文字簡潔者，附於下：

未央宮中有高門殿也。(《漢書·張馮汲鄭傳》晉灼注。又見《史記·汲鄭列傳》

裴駰集解、《補註杜詩》卷二十七、《長安志》卷三、《玉海》卷一百五十九，文字稍異。也，《史記・汲鄭列傳》、《補註杜詩》、《長安志》、《玉海》無。）

非常室

非常室〔一〕，《漢書》〔二〕：「成帝綏和二年，鄭通里人王褒，絳衣小冠，帶劍入北司馬門殿東門，上前殿，至非常室中，〔三〕殿上室名〔四〕。解帷組結佩之〔五〕。召前殿署長業等曰：『天帝令我居此。』業等收縛考問，乃故公車大誰卒，病狂易，不自知入宮，下獄死。」大誰者，主問非常之人。誰，以誰何稱，因用爲官名。有大誰長令，此卒者，長所領士卒也。狂易，謂病狂而變易其常也。〔六〕（《四庫叢刊三編》景元本。又見《通鑑綱目》卷七，文字稍異。）

〔校記〕

〔一〕此句，《通鑑綱目》作「未央宮中有非常室」。

〔二〕此句，《通鑑綱目》無。

〔三〕「帶劍」三句，《通鑑綱目》作「帶劍入非常室中」。

〔四〕此句，《通鑑綱目》無。

〔五〕此句，《通鑑綱目》無。

〔六〕此處注文，《通鑑綱目》無。

織室

未央宮東、西織室〔一〕，織作文繡郊廟之服〔二〕。（《玉海》卷一百六十一。又見《四庫叢刊三編》景元本，文字稍異。）

〔校記〕

〔一〕此句，《四庫叢刊三編》作「織室，在未央宮。又有東、西織室」二句。

〔二〕此句下，《四庫叢刊三編》有「有令史」句。

凌室

凌室，在未央宮，藏冰之所也。《豳詩》《七月篇》曰：「納于凌陰。」《周官》：凌人職掌藏冰。大祭祀飲食則供冰。《漢書》惠帝四年，「織室、凌室災」。（《四庫叢刊三編》景元本）

暴室

暴室，主掖庭織作染練之署，謂之暴室，取暴曬爲名耳，有嗇夫官屬。（《四庫叢刊三編》景元本）

弄田

弄田，在未央宮。弄田者，燕遊之田，天子所戲弄耳。《漢書・昭帝紀》曰：「始元元年，上耕于鈎盾弄田。」應劭注云：「帝時年九歲，未能親耕帝籍，鈎盾官宦者近署，故往試耕爲戲弄。」成帝建始三年，小女陳持弓年九歲，闌入尙方掖門，至未央殿鈎盾禁中。（《四庫叢刊三編》景元本）

另存文字簡潔者，附於下：

在未央宮內，天子所戲耳。（《紺珠集》卷九）

內謁者署

內謁者署，在未央宮，屬少府。《續漢書》云：「掌宮中步帳褻物。」丁孚《漢官》云：「令，秩千石。」（《四庫叢刊三編》景元本）

金馬門

金馬門，宦者署〔一〕。武帝得大宛馬〔二〕，以銅鑄象，立於署門，因以爲名〔四〕。（《玉海》卷一百六十九。又見《群書通要》甲集卷十、戊集卷二、《韻府群玉》卷四上、《四庫叢刊三編》景元本，文字稍異。）

〔校記〕

〔一〕此句，《韻府群玉》無。此句下，《群書通要》有「在未央宮」句。
〔二〕得，《四庫叢刊三編》作「時」，誤，當作「得」。
〔三〕象，《群書通要》、《韻府群玉》、《四庫叢刊三編》作「像」。
〔四〕此句，《韻府群玉》作「因名」。此句下，《群書通要》甲集卷十有「東方朔、主父偃皆待詔於此」二句，《群書通要》戊集卷二、《四庫叢刊三編》作「東方朔、主父偃、嚴安、徐樂，皆待詔金馬門即此」二句。

路軨廄

路軨廄，在未央宮中，掌宮中輿馬，亦曰未央廄。《漢書》曰：「武帝時，期門郎上官桀遷爲未央廄令。」（《四庫叢刊三編》景元本）

白虎殿

白虎殿在未央宮。（《漢書・元后傳》顏師古注）

未央宮有白虎殿。（《玉海》卷一百五十九）

宣德殿

未央宮有宣德殿。（《初學記》卷二十四。又見《玉海》卷一百五十九）

曲臺殿

未央宮有曲臺殿。(《漢書‧賈鄒枚路傳》顏師古注。又見《文選‧長門賦》李善注、《文選‧上書吳王》李善注、《長安志》卷三、《海錄碎事》卷四下、《玉海》卷一百六十二，文字稍異。宮，《文選‧長門賦》、《玉海》作「東」，《文選‧上書吳王》、《海錄碎事》無。)

另存文字有異者，錄於下：

曲臺殿在未央宮。(《雍錄》卷二)

未央宮諸臺

未央宮有果臺、東山臺、西山臺、釣臺。(《長安志》卷三。又見《類編長安志》卷三)

另存文字有異者，錄於下：

未央宮有望鵠臺、眺蟾臺。(《事類備要》別集卷十九)

未央宮諸廄

未央宮有金廄、輅輪廄、大廄、果馬廄、乾梁廄、騎馬廄、大宛廄、胡河廄、駒騄廄九，在城內。(《太平御覽》卷一百九十一)

建章宮

駘蕩宮

駘蕩宮，春時景物駘蕩滿宮中也。(《四庫叢刊三編》景元本)

另存文字簡潔者，附於下：

春色駘蕩爲名。(《紺珠集》卷九)

馺娑宮

馺娑宮。馺娑，馬行疾貌。馬行迅疾一日之間遍宮中，言宮之大也。(《四庫叢刊三編》景元本)

另存文字簡潔者，附於下：

馬行疾貌。宮中一日可徧也。(《紺珠集》卷九)

枍詣宮

枍詣宮。枍詣，木名，宮中美木茂盛也。(《四庫叢刊三編》景元本)

天梁宮

天梁宮，梁木至於天，言宮之高也。四宮皆在建章宮。(《四庫叢刊三編》
景元本)

另存文字簡潔者，附於下：
言梁木至天。(《紺珠集》卷九)

奇華殿

奇華殿，在建章宮旁，四海夷狄器服珍寶，火浣布、切玉刀、巨象、大
雀、師子、宮馬，充牣其中〔一〕。(《玉海》卷一百五十九。又見《四庫叢刊三編》
景元本，文字稍異。)

〔校記〕
〔一〕牣，《四庫叢刊三編》作「塞」。

鼓簧宮

鼓簧宮，《漢宮閣疏》云：「鼓簧宮周匝一百三十步，在建章宮西北。」(《四
庫叢刊三編》景元本)

神明臺

神明臺上有承露盤。銅仙舒掌捧盤及玉盃，以承雲表之露，和玉屑服之，
以求仙道。甘泉宮通天臺上亦有銅仙承露盤。(《箋注評點李長吉歌詩》卷二)

另存文字差異較大者，錄於下：
神明臺，祀仙人處。上有銅仙，舒掌捧銅盤，承雲表之露。(《玉海》卷一
百六十二)

建章宮神明臺上有銅仙人，舒手掌捧銅盤玉杯，以承雲表之清露。(《通鑒
綱目》卷四下。又見《唐音》卷一)

神明臺，《漢書》曰：「建章有神明臺。」《廟記》曰：「神明臺，武帝造，
祭仙人處，上有承露盤，有銅仙人，舒掌捧銅盤玉杯，以承雲表之露，以露
和玉屑服之，以求仙道。」《長安記》：「仙人掌大七圍，以銅爲之。魏文帝徙
銅盤折，聲聞數十里。」(《四庫叢刊三編》景元本)

望仙臺，武帝時作柏梁柱承露仙人掌之屬。注建章宮承露盤，高二十丈，
大七圍。上有仙人掌承露，和玉屑飲之。(《玉海》卷一百六十二)

北宮

壽宮

壽宮，北宮有神仙居、壽宮〔一〕，張羽旗，設供具，以禮神明〔二〕。若神明來〔三〕，則肅然風生，幃帳皆動〔四〕。（《施注蘇詩》卷二十四。又見《東坡詩集註》卷三、《通鑒綱目》卷四下、《四庫叢刊三編》景元本，文字稍異。）

〔校記〕

〔一〕神仙居，《四庫叢刊三編》作「神仙宮」。此句，《通鑒綱目》無。

〔二〕神明，《四庫叢刊三編》作「神君」。此句，《通鑒綱目》作「禮神君」。

〔三〕此句，《東坡詩集註》、《通鑒綱目》、《四庫叢刊三編》作「神君來」。

〔四〕此句下，《通鑒綱目》有「聞其言而不見其形」句。

明光宮

明光宮，武帝太初四年秋起，在長樂宮後，南與長樂宮相連屬。《漢書·元后傳》曰：「成都侯商嘗疾，欲避暑，從上借明光宮」蓋即此。王莽建國元年，改明光宮爲安館，安定太后居之。（《四庫叢刊三編》景元本）

另存文字簡潔者，附於下：

一明光宮，屬北宮。一明光宮，屬甘泉宮。屬北宮者，正成都侯商避暑之所。屬甘泉宮者，乃武帝所造以求仙者。（《野客叢書》卷二十一）

明光宮，在長樂宮後，南與長樂宮相屬。武帝求仙，起明光宮，發燕趙美女二千人充之。（《玉海》卷一百五十六）

明光宮在城內，近桂宮也。（《漢書·元后傳》顏師古注。又見《長安志》卷四、《杜工部草堂詩箋》卷三十四，文字稍異。城內，《長安志》作「城中」。）

明光宮在城中。（《漢書·武帝紀》顏師古注、《九家集注杜詩》卷四、《分類補註李太白詩》卷十九、《冊府元龜》卷十三、《唐音》卷三（二則）、《山谷外集詩注》卷二，文字稍異。城，《唐音》作「長安城」。）

武帝求仙，起明光宮。（《東坡詩集註》卷十一）

太子宮

太子宮甲觀。太子宮有甲觀畫堂。《漢書》注曰：甲者，甲乙丙丁之次也。《漢書》曰：「孝成皇帝，元帝太子也，母曰王皇后。元帝在太子宮生甲觀畫堂。」《元后傳》曰：「見於丙殿。」此其例也。畫堂，謂宮殿中彩畫之堂。（《四庫叢刊三編》景元本）

　　另存文字簡潔者，附於下：

　　太子宮有甲觀。(《漢書・成帝紀》如淳注。又見《太平御覽》卷一百四十七、《長安志》卷四、《事類備要》後集卷四十四、《兩漢博聞》卷五、《事文類聚》遺集卷四、《類編長安志》卷三、《韻府群玉》卷十五，文字稍異。此句下，《太平御覽》有「又別外，不在未央宮中」二句。)

　　太子宮中有甲觀畫堂。(《箋注評點李長吉歌詩》卷二)

甘泉宮

鉤弋宮

　　鉤弋宮，《列仙傳》曰：「鉤弋夫人，姓趙氏，河間人，少好酒。病臥六年，右手鉤卷，飲食少。望氣者云：東北有貴人，推而得之。見召，姿色佳麗。武帝反其手，得玉鉤而手展。有寵，生昭帝，姙娠十四月。上曰：『聞昔堯十四月而生，今鉤弋亦然。』乃命所生門曰堯母門，所居曰鉤弋宮。自夫人加婕妤。後得罪，掖庭獄死，及殯，香一月。昭帝即位，追尊爲皇太后，更葬之，發六十二萬人起陽陵。其棺槨但有彩履。」王褒《雲陽記》曰：「鉤弋夫人從至甘泉而卒，尸香聞十餘里，葬雲陽。武帝思之，起通靈臺於甘泉宮。有一青鳥集臺上往來，至宣帝時乃不至。」《漢武故事》曰：「鉤弋宮在直門之南。」(《四庫叢刊三編》景元本。按：陽陵，當爲「雲陵」之誤。)

　　另存文字簡潔者，附於下：

　　鉤弋宮在城外。(《漢書・外戚傳》顏師古注。又見《史記・外戚世家》司馬貞索隱、《長安志》卷四、《通鑒綱目》卷五上、《類編長安志》卷二、《玉海》卷一百五十六)

　　昭帝即位，更葬鉤弋夫人，棺中但有彩履。(《紺珠集》卷九)

昭臺宮

　　昭臺宮，在上林苑中。孝宣霍皇后立五年，廢處昭臺宮。後十二歲，徙雲林館乃自殺。(《四庫叢刊三編》景元本)

長定宮

　　長定宮，林光宮中有長定宮。《三輔決錄》曰：「后從帝行幸於甘泉宮，居長定宮。孝成許皇后廢處昭臺宮，歲餘徙長定宮。」(《四庫叢刊三編》景元本)

　　另存文字簡潔者，附於下：
　　林光宮有長定宮。(《漢書・外戚列傳》顏師古注。又見《長安志》卷四、《玉海》卷一百五十六，文字稍異。「林光宮」下，《玉海》有「中」字。)

長門宮

　　長門宮，離宮，在長安城。孝武陳皇后得幸，頗妒，居長門宮。(《四庫叢刊三編》景元本)

永信宮

　　永信宮，孝哀帝尊恭皇太后曰帝太太后，稱永信宮。(《四庫叢刊三編》景元本)

中安宮

　　中安宮，孝哀帝尊恭皇太后曰帝太后，稱中安宮。(《四庫叢刊三編》景元本)

儲元宮

　　儲元宮，在長安城西。《漢書・外戚傳》曰：「信都太后與信都王俱居儲元宮。」(《四庫叢刊三編》景元本)

　　另存文字簡潔者，附於下：
　　(儲元宮) 在上林苑中。(《漢書・外戚傳》顏師古注)

犬臺宮

　　犬臺宮，在上林苑中，長安西二十八里。《漢書》：「江充召見犬臺宮。」
(《四庫叢刊三編》景元本)

　　另存文字簡潔者，附於下：
　　上林有犬臺宮，外有走狗觀也。(《漢書・蒯伍江息夫傳》晉灼注)
　　在長安西二十八里，上有犬臺宮，外有走犬觀。(《玉海》卷一百五十六)

葡萄宮

　　葡萄宮，在上林苑西。漢哀帝元壽二年，單于來朝，以太歲厭勝所，舍之此宮。(《四庫叢刊三編》景元本。按：元壽二年，原作「元壽三年」，據《漢書・匈奴傳》改。)

另存文字簡潔者，附於下：

長安有蒲陶宮。（《編珠》卷二）

漢有葡萄宮。（《九家集注杜詩》卷四）

步壽宮

步壽宮，秦亦有步壽宮，今按其地與秦異，則秦、漢各有步壽宮耳。漢役栩宮，宣帝神爵二年鳳凰集役栩縣，鳳凰集處得玉寶，乃起步壽宮。（《四庫叢刊三編》景元本）

梁山宮

梁山宮，梁山好畤界，即《禹貢》云：「壺口治梁及岐。」又古公踰梁山於岐下，及秦立梁山宮，皆此山下也。《史記·秦本紀》「始皇三十五年，幸梁山宮」即此也。（《四庫叢刊三編》景元本。按：此山，原作「北山」，北，「此」之形訛也。三十五年，原作「三十二年」，據《史記·秦始皇本紀》改之。）

黄山宮

黄山宮，在興平縣西三十里。武帝微行，西至黄山宮，即此〔一〕。（《玉海》卷一百五十五。又見《四庫叢刊三編》景元本，文字稍異。）

〔校記〕

〔一〕此句，《四庫叢刊三編》作「即此也」。

回中宮

秦始皇二十九年〔一〕，巡隴西〔二〕，過回中。文帝十四年〔三〕，匈奴入蕭□〔四〕，燒回中宮〔五〕。元封四年冬十月幸雍〔六〕，通回中道，遂北出蕭關。又有三良宮相近。（《玉海》卷一百五十五。又見《四庫叢刊三編》景元本，文字稍異。）

〔校記〕

〔一〕此句上，《四庫叢刊三編》有「回中宮」句。此句，《四庫叢刊三編》作「《史記》秦始皇二十七年」，是。

〔二〕此句，《四庫叢刊三編》作「巡隴西、北地」。句下，《四庫叢刊三編》有「出笄頭」句。

〔三〕「文帝」上，《四庫叢刊三編》有「《漢書》」二字。

〔四〕□，《四庫叢刊三編》作「關」，是。此句下，《四庫叢刊三編》有「殺都尉」句。

〔五〕此句下，《四庫叢刊三編》有「候騎至雍」句。

〔六〕元封四年冬十月，《四庫叢刊三編》作「武帝元狩四年」。元狩者，誤，當從《玉海》。

另存文字簡潔者，附於下：

回中宮，在汧也。(《漢書·武帝紀》如淳注。又見《太平御覽》卷八十八、《雍錄》卷三，文字稍異。也，《雍錄》無。)

武帝宮觀

集靈宮、集仙宮、存仙殿、存神殿、望仙臺、望仙觀〔一〕，俱在華陰縣界，皆武帝宮觀名也〔二〕。《華山記》及《三輔舊事》云：「昔有《太元眞人茅盈內記》：始皇三十一年九月庚子，盈曾祖父濛，於華山乘雲駕龍，白日昇天。先是邑人謠曰：『神仙得者茅初成，駕龍上昇入太清，時下玄州戲赤城，繼世而往在我盈，帝若學之臘嘉平。』《漢武帝內傳》曰：「魯女生，長樂人，初餌胡麻，乃永絕穀，八十餘，年少壯色如桃華。一日與親知故人別，入華山。後五十年，先識者逢女於廟前，乘白鹿，從王母，人因識之，謝其鄉里而去。」又《神仙傳》曰：「中山衛叔卿，常乘雲車，駕白鹿，見漢武帝，將臣之，叔卿不言而去。武帝悔，求得其子度世，令追其父。登華嶽，見父與數人坐於石上，敕度世令還。」又《華山記》：「弘農鄧紹，八月曉入華山，見童子執五綵囊，盛栢葉露食之。武帝即其地造宮殿，歲時祈禱焉。」《漢書》云：「華陰縣有集靈宮。又有望仙觀，在華陰縣。」(《四庫叢刊三編》景元本。又見《玉海》卷一〇〇，文字有異。)

〔校記〕

〔一〕存仙殿、存神殿，《玉海》無。
〔二〕也，《玉海》無。《玉海》引至此。

另存文字簡潔者，附於下：

望仙臺，漢武所建。又有望仙觀，在華陰縣。(《杜工部草堂詩箋》卷四十)

望仙觀，在華陰縣。(《太平寰宇記》卷二十九)

有集靈宮、集仙宮，俱在華陰縣界。(《野客叢書》卷三十)

鄧紹入華山，見童子以五綵囊，盛柏葉露。(《紺珠集》卷九)

棠棃宮

棠棃宮，在甘泉苑垣外，雲陽南三十里。(《玉海》卷一百五十六。又見《四庫叢刊三編》景元本)

竹宮

竹宮，甘泉祠宮也，以竹爲宮，天子居中。《漢舊儀》云：「竹宮去壇三里。」（《四庫叢刊三編》景元本）

宜春宮

宜春宮，本秦之離宮，在長安城東南，杜縣東近下杜。（《玉海》卷一百五十六。又見《四庫叢刊三編》景元本）

扶荔宮

漢武帝元鼎六年〔一〕，破南越建扶荔宮〔二〕。扶荔者，以荔枝得名也。〔三〕自交趾移植百株於庭〔四〕，無一生者〔五〕，連年移植不息。後數歲〔六〕，偶一株稍茂，然終無華實〔七〕，帝亦珍惜之。一旦忽萎死〔八〕，守吏坐誅死者數十〔九〕，遂不復茂矣〔十〕。其實則歲貢焉，郵傳者疲斃於道〔十一〕，極爲生民之患〔十二〕。（《南方草木狀》卷下。又見《雍錄》卷十、《樹藝篇》卷九、《野客叢書》卷二十一，文字有異。）

〔校記〕

〔一〕此句上，《雍錄》有「上林扶荔宮，以荔支得名」二句。此句，《雍錄》作「元鼎六年」，《野客叢書》作「漢武帝」。

〔二〕此句，《雍錄》作「破南越」，《野客叢書》作「破南粵起荔枝宮」。

〔三〕以上二句注文，《雍錄》、《野客叢書》皆無。

〔四〕此句，《雍錄》作「自交趾移種百株」，《野客叢書》作「荔枝自交趾連年移植於庭」。

〔五〕蹴鞠，《雍錄》作「無一株生者」。

〔六〕此句，《雍錄》無。此句至「守吏坐誅」句，《野客叢書》無。

〔七〕「偶一株」二句，《雍錄》作「偶一株稍活無華實」。

〔八〕此句，《雍錄》作「一旦萎死」。

〔九〕此句，《雍錄》作「誅數十人」。

〔十〕此句，《雍錄》作「遂不復蒔」，《野客叢書》作「後遂不復蒔」。

〔十一〕此句，《雍錄》作「郵傳者疲於道路」，《野客叢書》作「郵傳者疲斃於道」。

〔十二〕此句，《雍錄》無。此句下，《雍錄》有「至後漢安帝時，交趾太守唐羌極陳其弊，乃始罷貢」，《野客叢書》有「至後漢安帝時，始罷其貢」。

另存文字差異較大者，錄於下：

扶荔宮，在上林苑中。漢武帝元鼎六年，破南越起扶荔宮，宮以荔枝得名。〔一〕以植所得奇草異木：菖蒲百本；山薑十本；甘蕉十二本；留求子十本；桂百本；密香、指甲花百本；龍眼、荔枝、檳榔、橄欖、千歲子、甘橘

皆百餘本。〔二〕上木〔三〕，南北異宜，歲時多枯瘁〔四〕。荔枝自交趾移植百株於庭〔五〕，無一生者〔六〕，連年猶移植不息〔七〕。後數歲〔八〕，偶一株稍茂，終無華實〔九〕，帝亦珍惜之〔十〕。一旦萎死，守吏坐誅者數十人，遂不復蒔矣。〔十一〕其實則歲貢焉〔十二〕，郵傳者疲斃於道〔十三〕，極爲生民之患。至後漢安帝時，交趾郡守極陳其弊，遂罷其貢。(《四庫叢刊三編》景元本。又見《杜工部草堂詩箋》卷三十二、《全芳備祖》後集卷一，文字有異。)

〔校記〕

〔一〕以上諸句，《杜工部草堂詩箋》作「漢武破南越，於上林苑中起扶荔宮」，《全芳備祖》作「漢武破南粵，於上林苑中起扶荔宮」。

〔二〕「以植」諸句，《杜工部草堂詩箋》作「以植所得龍眼、荔枝、菖蒲。皆百餘本」，《全芳備祖》作「以植所得龍眼、荔枝、葛蒲，皆百餘本」。葛，當是「菖」之形訛。

〔三〕此句，《杜工部草堂詩箋》作「土木」，《全芳備祖》作「土產」。

〔四〕此句，《杜工部草堂詩箋》作「時多枯瘁」，《全芳備祖》作「時多有枯悴者」。

〔五〕此句，《全芳備祖》作「荔枝自交趾移於庭者」。

〔六〕此句，《全芳備祖》作「無一生焉」。

〔七〕此句，《杜工部草堂詩箋》作「猶移不息」，《全芳備祖》作「猶移而不息」。

〔八〕此句，《杜工部草堂詩箋》、《全芳備祖》無。

〔九〕《全芳備祖》引至此。

〔十〕此句，《杜工部草堂詩箋》無。

〔十一〕「守吏坐誅者」二句，《杜工部草堂詩箋》無。

〔十二〕其，《杜工部草堂詩箋》無。

〔十三〕此句，《杜工部草堂詩箋》作「郵傳者疫斃於道路焉」。此句下，《杜工部草堂詩箋》無。

另存文字簡潔者，附於下：

漢武帝元鼎六年，破南越建扶荔宮。(《南方草木狀》卷下)

漢扶荔宮，在上林苑。元鼎六年破南越，起扶荔宮，以植所得奇草異木：菖蒲、山薑、桂、龍眼、荔支、檳榔、橄欖、甘橘之類。(《玉海》卷一百五十六)

五柞宮

五柞宮，漢之離宮也，在扶風盩屋。宮中有五柞樹，因以爲名。五柞皆連抱，上枝覆蔭數畝。(《四庫叢刊三編》景元本)

另存文字簡潔者，附於下：

五柞宮，在盩屋，漢武帝建。有五柞樹，可蔭數畝。(《施注蘇詩》補遺卷上)

宣曲宮

宣曲宮，在昆明池西。孝宣帝曉音律，嘗於此度曲〔一〕，因以名宮〔二〕。（《玉海》卷一百五十六。又見《四庫叢刊三編》景元本，文字稍異。）

〔校記〕

〔一〕嘗，《四庫叢刊三編》作「常」。

〔二〕此句，《四庫叢刊三編》作「因以爲名」。

鼎湖宮

鼎湖宮，在湖城縣界〔一〕。昔黃帝採首山銅以鑄鼎，鼎成，有龍下，連帝仙去〔二〕。小臣攀龍髯而上者七十二人。漢武帝於此建宮。（《玉海》卷一百五十六。又見《四庫叢刊三編》景元本，文字稍異。）

〔校記〕

〔一〕此句下，《四庫叢刊三編》有注文「又一說在藍田，有亭」二句。

〔二〕連，《四庫叢刊三編》作「迎」，是。

另存文字簡潔者，附於下：

鼎湖，宮名，在藍田。（《史記・封禪書》司馬貞索隱）

鼎胡宮，在藍田。（《漢書・揚雄傳》晉灼注）

思子宮

思子宮，武帝寤戾太子無故被殺，作思子宮，爲歸來望思之臺於湖。（《四庫叢刊三編》景元本）

萬歲宮

萬歲宮，武帝造。汾陰有萬歲宮。宣帝元康四年幸萬歲宮，神爵翔集，以元康五年爲神爵紀元。（《玉海》卷一百五十六。又見《四庫叢刊三編》景元本）

另存文字簡潔者，附於下：

汾陰有萬歲宮，是時幸河東。（《漢書・宣帝紀》晉灼注。又見《玉海》卷一百五十六）

首山宮

武帝元封元年封禪後，夢高祖坐明堂朝羣臣，於是祀高祖於明堂以配天，作首山宮以爲高靈館〔一〕。（《玉海》卷一百五十六。又見《四庫叢刊三編》景元本，文字稍異。）

〔校記〕

〔一〕「作」上，《四庫叢刊三編》有「還」字。

明光宮

明光宮，武帝求仙起明光宮，發燕、趙美女二千人充之。率取二十以下，十五以上，年滿三十者出嫁之，掖庭令惣其籍。時有死出者隨補之。（《四庫叢刊三編》景元本）

池陽宮

池陽宮，在池陽南上原之阪〔一〕，去長安五十里。（《玉海》卷一百五十六。又見《四庫叢刊三編》景元本，文字稍異。）

〔校記〕

〔一〕此句下，《四庫叢刊三編》有「有長年阪」句。

養德宮

養德宮，趙王如意年幼，未能就外傅，戚姬使舊趙王內傅趙媼傅之，號其室曰「養德宮」。（《四庫叢刊三編》景元本）

日華宮

河閒獻王德築日華宮〔一〕，置客館二十餘區，以待學士〔二〕。（《玉海》卷一百五十六。又見《玉海》卷一百六十五、《四庫叢刊三編》景元本，文字稍異。）

〔校記〕

〔一〕此句上，《四庫叢刊三編》有「日華宮」句。

〔二〕此句下，《四庫叢刊三編》有「自奉養甚薄，不踰賓客」句。

另存文字有異者，錄於下：

河間王日華宮兔園中，有鶴洲鳧渚。（《類說》卷四十）

曜華宮

曜華宮，梁孝王好營宮室、苑囿之樂，作曜華宮，築兔園。園中有百靈山，有膚寸石、落猿巖、栖龍岫；又有鴈池，池間有鶴洲、鳧渚。其諸宮觀相連，延亙數十里，奇果異樹，珍禽怪獸畢有。王日與宮人賓客弋釣其中。（《四庫叢刊三編》景元本）

另存文字簡潔者，錄於下：

梁孝王作曜華宮，築兔園。有鴈池、鶴洲、鳧渚。（《玉海》卷一百五十六）

曜華宮築兔園，有鴈池、鶴洲、鳧渚。（《玉海》卷一百五十六）

漢畿內千里，並京兆治之，內外宮館一百四十五所〔一〕。班固《西都賦》云：「前乘秦嶺，後越九嵏，東薄河、華，西涉岐、雍，宮館所歷，百有餘區。」秦離宮三百，漢武帝往往修治之。（《四庫叢刊三編》景元本。又見《玉海》卷一百六十五，文字稍異。）

〔校記〕

〔一〕此句下，《玉海》無。

另存文字簡潔者，附於下：

漢畿千里，內外宮館一百四十五所。（《雍錄》卷二）

苑囿

周靈囿

周靈囿，文王囿也。《詩》曰：「王在靈囿，麀鹿攸伏，麀鹿濯濯，白鳥翯翯。」毛萇注云：「囿，所以域養禽獸也，天子百里，諸侯四十里。靈者，言文王之有靈德也。靈囿，言道行於苑囿也。」《孟子》曰：「文王之囿，方七十里，芻蕘者往焉，雉兔者往焉，與民同其利也。」文王靈囿，在長安縣西四十二里。（《四庫叢刊三編》景元本）

另存文字簡潔者，附於下：

周靈囿，文王囿也。靈者，言文王有靈德也，在長安縣西四十里。（《玉海》卷一百七十）

靈囿，在長安縣西四十二里。（《詩地理考》卷四）

上林苑

漢上林苑，即秦之舊苑也〔一〕。《漢書》云〔二〕：「武帝建元三年開上林苑〔三〕，東南至藍田宜春、鼎湖、御宿、昆吾，旁南山而西，至長楊、五柞，北繞黃山，瀕渭水而東。周袤三百里。」離宮七十所，皆容千乘萬騎〔四〕。《漢宮殿疏》云：「方三百四十里。」《漢舊儀》云：「上林苑方三百里，苑中養百獸，天子秋冬射獵取之。」帝初修上林苑，群臣遠方，各獻名果異卉三千餘種植其中，亦有制爲美名，以標奇異。（《四庫叢刊三編》景元本。又見《玉海》別集卷二十，文字稍異。）

〔校記〕

〔一〕苑，《玉海》無。

〔二〕此句，《玉海》無。

〔三〕上林苑，《玉海》無。

〔四〕此句下，《玉海》無。

另存文字簡潔者，附於下：

《漢舊儀》：「上林苑中廣長三百里，離宮七十所，皆客千乘萬騎。」（《白氏六帖事類集》卷十一）

上林宮觀

上林有建章、承光等一十一宮，平樂、繭觀等二十五，凡三十六所。（《後漢書・班彪列傳》李賢等注。又見《玉海》卷一百六十五）

袁廣漢筑園

茂陵富民袁廣漢，藏鏹鉅萬，家僮八九百人。於北山下築園，東西四里，南北五里，激流水注其中。構石爲山，高十餘丈，連延數里。養白鸚鵡、紫鴛鴦、犛牛、青兕，奇獸珍禽，委積其間。積沙爲洲嶼，激水爲波濤，致江鷗、海鶴、孕雛產鷇，延漫林池；奇樹異草，靡不培植。屋皆徘徊連屬，重閣脩廊，行之移晷不能徧也。廣漢後有罪誅，沒入爲官園，鳥獸草木，皆移入上林苑中。（《四庫叢刊三編》景元本）

上林苑諸觀

上林苑有昆明觀，武帝置。又有繭觀、平樂觀、遠望觀、燕昇觀、觀象觀、便門觀、白鹿觀、三爵觀、陽祿觀、陰德觀、鼎郊觀、椒木觀、椒唐觀、魚鳥觀、元華觀、走馬觀、柘觀、上蘭觀、郎池觀、當路觀，皆在上林苑。（《四庫叢刊三編》景元本）

另存文字簡潔者，附於下：

上林苑有豫章觀。（《後漢書・班彪列傳》李賢等注。又見《文選・西都賦》李善注、《文選・西京賦》李善注、《文選・西征賦》李善注，文字稍異。苑，《文選》無。）

上林有豫章觀，武帝造，在昆明池中，亦曰昆明觀。（《玉海》卷一百六十六）

長安有走馬觀。（《編珠》卷二）

上林苑有上蘭觀。（《後漢書·班彪列傳》李賢等注。又見《文選·西都賦》李善注、《長安志》卷四、《海錄碎事》卷十三下、《類編長安志》卷三、《玉海》卷一百六十六，文字稍異。苑，《文選》、《長安志》、《海錄碎事》、《類編長安志》、《玉海》無。）

上林苑中有昆明觀，蓋漢武帝所置。（《太平寰宇記》卷二十五。又見《長安志》卷四（二則）、《類編長安志》卷三、卷八，文字稍異。中，《長安志》（前則）、《類編長安志》無。二句，《長安志》卷四（後則）作「漢武帝造」，《類編長安志》卷八作「武帝所置」。）

又《舊儀》曰：「上林有令有尉，禽獸簿記其名數。」又有上林詔獄，主治苑中禽獸、官館之事，屬水衡。又上林苑中有六池、市郭、宮殿、魚臺、犬臺、獸圈。（《四庫叢刊三編》景元本）

甘泉苑

甘泉苑中起仙人觀〔一〕。緣山谷行，至雲陽三百八十一里〔二〕，入右扶風〔三〕，凡周匝五百四十里〔四〕。（《初學記》卷二十四。又見《白氏六帖事類集》卷十一、《太平御覽》卷一百九十六、《錦繡萬花谷》後集卷二十五、《長安志》卷四（二則）、《類編長安志》卷三，文字稍異。）

〔校記〕
〔一〕中，《白氏六帖事類集》、《太平御覽》無。此句，《類編長安志》作「甘泉起仙人觀」，《長安志》卷四（後則）作「秦林光宮八觀」，《長安志》卷四（前則）無。
〔二〕三百八十一，《太平御覽》、《長安志》、《類編長安志》作「三百八十」。
〔三〕右扶風，《白氏六帖事類集》作「扶風」。
〔四〕此句，《太平御覽》、《類編長安志》作「周迴五百四十里」，《長安志》作「周圍五百四十里」。

另存文字差異較大者，錄於下：

甘泉苑，武帝置。緣山谷〔一〕，行至雲陽三百八十一里，西入扶風〔二〕，凡周回五百四十里〔三〕。苑中起宮殿臺閣百餘所，有仙人觀、石闕觀、封巒觀、鳷鵲觀〔四〕。（《事類備要》別集卷二十。又見《玉海》卷一百七十、《四庫叢刊三編》景元本，文字稍異。）

〔校記〕
〔一〕山，《玉海》作「同」，誤。
〔二〕西，《玉海》無。
〔三〕此句，《玉海》作「凡周四百五十里」。
〔四〕此句，《玉海》作「苑中有仙人、石關、封巒、鳷鵲觀」。

另存文字簡潔者，附於下：

宮二觀十四，在甘泉苑。垣內甘泉苑起仙人觀。(《太平御覽》卷一百九十六)

御宿苑

御宿苑，在長安城南御宿川中。漢武爲離宮別館，禁禦不得入。往來遊觀，止宿其中，故曰御宿〔一〕。(《玉海》卷一百七十。又見《四庫叢刊三編》景元本，文字有異。)

〔校記〕

〔一〕此句下，《四庫叢刊三編》有「《三秦記》云：『御宿園出栗，十五枚一勝。大棃如五勝，落地則破。其取棃，先以布囊承之，號曰含消，此園棃也。』」

另存文字簡潔者，附於下：

御宿苑，在長安城南。(《事類備要》別集卷二十)

如玉升，落地則破，號含消。(《紺珠集》卷九)

思賢苑

思賢苑〔一〕，孝文帝爲太子立思賢苑〔二〕，以招賓客。苑中有堂室六所，客館皆廣廡高軒〔三〕，屏風幃褥甚麗。廣陵王胥有勇力，常於別囿學格熊，〔四〕後遂能空手搏之，莫不絕脰，後爲獸所傷，陷腦而死。(《四庫叢刊三編》景元本。又見《玉海》卷一百七十，文字稍異。)

〔校記〕

〔一〕此句，《玉海》無。

〔二〕孝，《玉海》無。

〔三〕廣廡高軒，《玉海》作「館□高軒」。

〔四〕「廣陵王」二句，《玉海》作「廣陵五嘗於別囿學格熊」。五，「王」形訛。此句下，《玉海》無。

另存文字簡潔者，附於下：

孝文帝爲太子立思賢苑，以招賓客。苑中有堂皇六所。(《事類備要》別集卷二十)

漢廣陵王胥有勇力，常於別囿學格熊，後遂能空手搏之，莫不絕脰，後爲獸所傷，陷腦而死。(《事類備要》別集卷二十)

博望苑

博望苑，武帝立子據爲太子，爲太子開博望苑以通賓客。《漢書》曰：

「武帝年二十九乃得太子，甚喜。太子冠，爲立博望苑，使之通賓客從其所好。」又云：博望苑在長安城南，杜門外五里有遺址。(《四庫叢刊三編》景元本)

另存文字簡潔者，附於下：

長安城南，杜門外五里有遺址。(《玉海》卷一百七十)

西郊苑

西郊苑，漢西郊有苑囿，林麓藪澤連亘，繚以周垣四百餘里，離宮別館三百餘所。(《四庫叢刊三編》景元本)

三十六苑

三十六苑，《漢儀注》：「大僕牧師諸苑三十六所，分布北邊西邊。以郎爲苑監，宦官奴婢三萬人，養馬三十萬疋。」養鳥獸者通名爲苑，故謂之牧馬處爲苑。(《四庫叢刊三編》景元本)

蟲樂遊苑

樂遊苑，在杜陵西北，宣帝神爵三年春起。(《四庫叢刊三編》景元本)

另存文字簡潔者，附於下：

樂遊苑，在杜陵西北。(《漢書・宣帝紀》顏師古注。又見《杜工部草堂詩箋》卷七、《長安志》卷四、《玉海》卷一百七十、《冊府元龜》卷十三、《西漢會要》卷十二)

樂遊苑在社陵。(《太平御覽》卷一百九十六。按：社，「杜」之形訛。)

宜春下苑

宜春下苑，在京城東南隅。《元帝紀》注：東南隅曲池是。(《四庫叢刊三編》景元本)

御羞、宜春苑

御羞、宜春，皆苑名也。(《西漢會要》卷三十一)

梨園

梨園，《雲陽宮記》曰：「雲陽車箱坂下有梨園一頃，梨數百株，青翠繁密，望之如車蓋。」(《四庫叢刊三編》景元本)

池沼

周文王靈沼

周文王靈沼，在長安西三十里〔一〕。《詩》曰：「王在靈沼，於牣魚躍。」（《四庫叢刊三編》景元本。又見《玉海》卷一百七十、《詩地理考》卷四，文字稍異。）

〔校記〕

〔一〕此句下，《玉海》、《詩地理考》無。

昆明池

漢昆明池，武帝元狩四年穿，在長安西南，周回四十里，《西南夷傳》曰：「天子遣使求身毒國市竹，身毒國，即天竺也。《漢書》曰：張騫言使大夏時，見蜀布、邛竹杖，問所從來，曰從東來。身毒國可數千里，得蜀賈人市。而為昆明所閉。天子欲伐之，越巂昆明國有滇池，方三百里，故作昆明池以象之，以習水戰，因名曰昆明池。」《漢書》曰：元狩三年減隴西、北地、上郡戍卒之半，及吏弄法者謫之，穿此池。《食貨志》曰：「時越欲與漢用舡戰逐，水戰相逐也。乃大修昆明池也。」（《四庫叢刊三編》景元本）

另存文字簡潔者，附於下：

武帝穿昆明池，周四十里，以習水戰。（《史記‧平準書》司馬貞索隱）

《三輔舊事》曰：「昆明池地三百三十二頃，中有戈舡各數十，樓舡百艘，舡上建戈矛，四角悉垂幡旄葆麾蓋，照燭涯涘。」《圖》曰：「上林苑有昆明池，周匝四十里。」《廟記》曰：「池中後作豫章大舡，可載萬人，上起宮室，因欲遊戲，養魚以給諸陵祭祀，餘付長安廚。」（《四庫叢刊三編》景元本）

另存文字簡潔者，附於下：

上苑有昆明池，周匝四十里。（《長安志》卷四）

《三輔故事》又曰：「池中有豫章臺及石鯨，刻石為鯨魚，長三丈，每至雷雨，常鳴吼，鬐尾皆動。一說，甘泉宮南有昆明池，池中有靈波殿，皆以桂為殿柱，風來自香。」又曰：「池中有龍首舡，常令宮女泛舟池中，張鳳蓋，繡鳳為飾。建華旗，作櫂歌，櫂歌，櫂發歌也。又曰櫂歌謳，舟人歌也。雜以鼓吹，帝御豫章觀臨觀焉。」（《四庫叢刊三編》景元本）

另存文字簡潔者，附於下：

甘泉宮南有昆明池，池中有靈波殿，以桂爲柱，風來自香。（《南方草木狀》卷中。又見《增修埤雅廣要》卷二十五。）

靈波殿，以桂爲柱，風來自香，在昆明池中也。（《紺珠集》卷九）

昆明池，刻石爲鯨，長三丈，當雨則吭動。（《類說》卷四十。又見《紺珠集》卷九，文字稍異。當雨則吭動，《紺珠集》作「雷雨則吼動」，當，「雷」之形訛。）

二石人

《關輔古語》曰：「昆明池中有二石人，立牽牛、織女於池之東西，以象天河。」張衡《西京賦》曰：「昆明、靈沼，黑水玄址，牽牛立其右，織女居其左。」今有石父、石婆神祠在廢池，疑此是也。（《四庫叢刊三編》景元本）

另存文字簡潔者，附於下：

昆明池有二石人像，牽牛、織女立於池中東西。今有石父、石婆祠在。（《類說》卷四十。又見《紺珠集》卷九，文字稍異。池中東西，《紺珠集》作「池之東西」。末句，《紺珠集》作「今有石父石婆詞」，詞，「祠」之形訛。）

昆明池黑土、神池

武帝初穿池得黑土。帝問東方朔。東方朔曰：「西域胡人知。」乃問胡人，胡人曰：「刼燒之餘灰也。」《三秦記》曰：「昆明池中有靈沼，名神池，云堯時治水，嘗停舩於此池。通白鹿原，原人釣魚，綸絕而去。夢於武帝，求去其鉤。三日戲於池上，見大魚銜索，帝曰：『豈不穀昨所夢邪！』乃取鉤放之。間三日，帝復遊池，池濱得明珠一雙。帝曰：『豈昔魚之報邪？』」（《四庫叢刊三編》景元本）

另存文字簡潔者，附於下：

漢武初穿昆明池得黑土，以問東方朔，朔對曰：「臣愚不足以知，此可問西域胡人。」胡人曰：「此刼燒之餘灰也。」（《箋注評點李長吉歌詩》卷一）

漢武帝穿昆明池極深〔一〕，悉是灰墨〔二〕。有方士言，此天地劫灰之餘。（《施注蘇詩》卷七。又見《類說》卷四十、《紺珠集》卷九，文字稍異。）

〔校記〕

〔一〕極深，《紺珠集》無。此句，《類說》作「武帝穿昆明」。

〔二〕墨，《類說》、《紺珠集》無。

昆明池有人釣魚，綸絕而去。武帝夢魚求去其鈎。三日，見大魚唧索，即取鈎放之。後於水濱得明珠一雙，乃魚所報也。（《類說》卷四十）

武帝夢魚求去釣，池濱得明珠一雙。（《紺珠集》卷九）

鎬池

鎬池，在昆明池之北，即周之故都也。《廟記》曰：「長安城西有鎬池，在昆明池北，周匝二十二里，漑地三十三頃。」《史記》曰：「秦始皇帝三十六年，使者從關東夜至華陰縣平舒道。有人持璧遮使者曰：『爲吾遺鎬池君。』因言曰：『今年祖龍死。』使者問其故，忽不見，置其璧去。使者奉璧具以聞，始皇默然良久，曰：『山鬼不過知一歲事。』退言曰：『祖龍者，人之先也。』祖，始也；龍者，人主之象，謂始皇也。使御府視璧，乃二十八年渡江所沉璧也（《四庫叢刊三編》景元本）。

另存文字簡潔者，附於下：

鎬池，在昆明池之北，即周之故都也，周匝二十一里，蓋地三十三頃。（《書蔡傳旁通》卷四上。又見《玉海》卷一百七十，文字稍異。《玉海》徵引其前三句。）

漢京兆長安南數十里，上林昆明池有鎬池，其地即周之故都。（《詩傳旁通》卷一）

滄池

滄池，在長安城中。〔一〕《舊圖》云：「未央宮有滄池，言池水蒼色，故曰滄池〔二〕。」（《玉海》卷一百七十。又見《雍錄》卷九、《四庫叢刊三編》景元本，文字稍異。）

〔校記〕

〔一〕以上二句，《雍錄》無。

〔二〕此句，《玉海》無。

太液池

太液池，在長安故城西，建章宮北，未央宮西南。太液者言其津潤所及廣也〔一〕。《關輔記》云：「建章宮北有池，以象北海，刻石爲鯨魚，長三丈。」《漢書》曰：「建章宮北治大池，名曰太液池，中起三山以象瀛洲、蓬萊、方丈，刻金石爲魚龍、奇禽、異獸之屬。瀛洲，一名魂洲，亦曰濊洲。有樹名影木，月中視之如列星，萬歲一實，食之輕骨。上有枝葉如華蓋，群仙以避風雨。有金巒之

觀，飾以環玉，直上於雲中。有青瑤瓦覆之，以雲紈之素，刻碧玉爲倒龍之狀，懸火精爲日，刻黑玉爲烏，以水精爲月，青瑤爲蟾兔。於地下爲機戾，以測昏明，不虧弦望。有香風冷然而至。有草名芸苗，狀如菖蒲，食葉則醉，食根則醒。有鳥如鳳，身紺翼丹，名曰藏珠。每鳴翔而吐珠累斛，仙人以珠飾仙裳，蓋輕而耀於日月也。蓬萊山，亦名防丘，亦名雲來，高二萬里，廣七萬里。水淺。有細石如金玉，得之不加陶冶，自然光淨，仙者服之。東有鬱夷國，時有金霧，諸仙説北上常浮轉低卬，有如山上架樓室。向明以開户牖，及霧歇減，户皆向北。有浮雲之幹，葉青莖紫，子大如珠，有青鸞集其上。下有砂礫，細如粉，柔風至，葉條翻起，拂細砂如雲霧，仙者來觀而戲焉。風吹竹葉，聲如鍾磬。方丈之山，一名巒維東方龍場，方千里，瑤玉爲林，雲色皆紫。上有通霞臺，西王母常遊於其上，常有鸞鳳鼓舞，如琴瑟和鳴。三山統名崑丘，亦曰神山，上有不死之藥，食之輕舉。武帝信仙道取少君、欒大妄誕之語，多起樓觀，故池中立三山，以象蓬萊、瀛洲、方丈。(《四庫叢刊三編》景元本。又見《玉海》卷一百七十，文字有異。按：測，原作「側」，今改。)

〔校記〕

〔一〕《玉海》引至此句。

另存文字簡潔者，附於下：

金巒觀飾以眾環，火精爲日，黑玉爲烏，水晶爲月，青瑤爲兔。(《紺珠集》卷九)

蕓苗如菖蒲，食葉則醉，食根則醒。(《紺珠集》卷九)

有鳥如鳳，名藏珠，鳴翔吐珠。(《紺珠集》卷九)

《廟記》曰：「建章宮北池名太液，周回十頃，有採蓮女鳴鶴之舟。」又按《三輔舊事》云：「日出暘谷，浴於咸池，至虞淵即暮，此池象之也。」(《四庫叢刊三編》景元本)

雲舟、結裾之處

昭帝始元元年春，黃鵠下建章宮太液池。成帝常以秋日與趙飛燕戲於太液池，以沙棠木爲舟，沙棠木造舟不沉溺。以雲母飾於鵠首，一名雲舟。又刻大桐木爲虬龍，彫飾如真，夾雲舟而行。以紫桂爲柁柵，及觀雲棹水，玩擷菱藕。帝每憂輕蕩以驚飛燕，命伈飛之士以金鎖纜雲舟於波上。每輕風時至，飛鷰殆欲隨風入水，帝以翠縷結飛鷰之裾。常恐曰：「妾微賤，何復得預結縷裾之遊？」今太液池尚有避風臺，即飛燕結裾之處。(《四庫叢刊三編》景元本)

另存文字簡潔者，附於下：

以雲母飾於鷁首上。（《紺珠集》卷十三）

唐中池

唐中池，周迴十二里，在建章宮太液池南〔一〕。（《玉海》卷一百七十。又見《四庫叢刊三編》景元本，文字稍異。）

〔校記〕

〔一〕「太液池」下，《四庫叢刊三編》有「之」字。

百子池

百子池，戚夫人侍兒賈佩蘭，後出爲扶風人段儒妻。說在宮內時，見戚夫人侍高祖，嘗以趙王如意爲言，而高祖思之幾半日不言，歡息悽愴，而未知其術，使夫人擊筑，高祖歌《大風》以和之。七月七日臨百子池，作《于闐樂》，樂闋，以五色縷相羈，謂之相連愛。八月四日，出彫房北戶，竹下圍棊，勝者終年有福，負者終年疾病，取絲縷就北斗星辰求長命乃免。正月上辰，出池邊盥濯，食蓬餌以祓妖邪。三月上巳，張樂於池上。（《四庫叢刊三編》景元本）

另存文字簡潔者，附於下：

百子池，在宮內。高祖七月七日臨百子池，作《于闐樂》。正月上辰，出池邊□濯，食蓬餌以祓妖邪。三月上巳，張樂池上。（《玉海》卷一百七十）

十池

上林苑有初池、麋池、牛首池、蒯池、積草池、東陂池、西陂池、當路池、大臺池、郎池。（《四庫叢刊三編》景元本）

另存文字簡潔者，附於下：

漢少府有上林，中十池。（《小學紺珠》卷二）

上林有十池。（《紺珠集》卷九）

牛首池

牛首池，在上林苑中西頭。（《四庫叢刊三編》景元本）

蒯池

上林苑中蒯池，生蒯草以織席〔一〕。（《古今韻會舉要》卷二十。又見《韻府群玉》卷十四，文字稍異。）

〔校記〕

〔一〕以織席，《韻府群玉》無。

另存文字簡潔者，附於下：

蒯池，生蒯草以織席。(《四庫叢刊三編》景元本)

西陂池、郎池

西陂池、郎池，皆在古城南上林苑中。陂、郎二水名，因爲池。(《四庫叢刊三編》景元本)

另存文字簡潔者，附於下：

西波池、郎池，皆在石城南上林中。(《漢書・王莽傳》顏師古注。按：石，當爲「古」之形訛。)

長安有西陂池、東陂池、郎池，皆在上林中。(《長安志》卷四)

波、郎，二水名也，在甘泉苑中。(《漢書・王莽傳》晉灼注。又見《玉海》卷一百七十)

積草池

漢積翠池中有珊瑚〔一〕，高一丈二尺，一本三柯，上有四百六十三條，云是南越王趙佗所獻〔二〕，號烽火樹〔三〕，夜有光影〔四〕。(《事類備要》外集卷六十三。又見《四庫叢刊三編》景元本，文字稍異。)

〔校記〕

〔一〕此句，《四庫叢刊三編》作「積草池中有珊瑚樹」。

〔二〕云是，《四庫叢刊三編》無。

〔三〕「號」下，《四庫叢刊三編》有「爲」字。

〔四〕此句，《四庫叢刊三編》作「至夜光景常煥然」。

另存文字簡潔者，附於下：

珊瑚也，夜欲燃。(《紺珠集》卷九)

飛外池

少府侯飛外池〔一〕，《漢儀注》飲飛具矰繳以射鳬□〔二〕，給祭祀，故有池。(《玉海》卷一百七十。又見《四庫叢刊三編》景元本，文字稍異。)

〔校記〕

〔一〕少府侯，《四庫叢刊三編》作「少府伙」，是。

〔二〕此句，《四庫叢刊三編》作「伙飛具繒繳以射鳬鴈」。

秦酒池

秦酒池，在長安故城中〔一〕。《廟記》曰：「長樂宮中有魚池、酒池，池上有肉炙樹，秦始皇造。漢武行舟於池中，酒池北起臺，天子於上觀牛飲者三千人。」又曰〔二〕：「武帝作，以夸羌胡，飲以鐵盃，重不能舉，皆抵牛飲。」《西征賦》云：「酒池監於商辛，追覆車而不悟。」（《四庫叢刊三編》景元本。又見《玉海》見一百七十，文字稍異。）

〔校記〕

〔一〕此句，《玉海》作「長安城中」。

〔二〕「池上」六句，《玉海》無。

另存文字簡潔者，附於下：

秦酒池，在長安城中。飲者皆抵牛飲。（《古文苑》卷十五）

影蛾池

影蛾池〔一〕，武帝鑿以翫月〔二〕，其旁起望鴻臺以眺月〔三〕，影入池中，〔四〕亦曰眺蟾臺〔五〕。（《玉海》卷一百七十。又見《錦繡萬花谷》後集卷一、《群書通要》甲集卷一、《四庫叢刊三編》景元本，文字稍異。）

〔校記〕

〔一〕此句，《錦繡萬花谷》、《群書通要》無。

〔二〕「鑿」下，《錦繡萬花谷》、《群書通要》、《四庫叢刊三編》有「池」字。

〔三〕望鴻臺，《群書通要》作「鶴臺」，《四庫叢刊三編》作「望鵠臺」。

〔四〕「其旁」二句，《錦繡萬花谷》無。此句下，《錦繡萬花谷》、《群書通要》、《四庫叢刊三編》有「使宮人乘舟弄月影」句。

〔五〕此句，《錦繡萬花谷》作「亦曰蟾蜍臺」。

琳池

琳池〔一〕，昭帝元始元年〔二〕，穿琳池〔三〕，廣千步，池南起桂臺以望遠〔四〕，東引太液之水。池中植分枝荷，一莖四葉，狀如駢蓋，日照則葉低蔭根莖，若葵之衛足，名曰低光荷。實如玄珠，可以飾佩，花葉難萎，芬馥之氣徹十餘里，食之令人口氣常香，益脈治病。宮人貴之，〔五〕每遊燕出入，必皆含嚼〔六〕，或剪以爲衣，或折以障日，以爲戲弄。帝時命水嬉，遊燕永日。士人進一豆糟，帝曰：「桂楫松舟，其猶重朴，況乎此槽可得而乘耶。」〔七〕乃命以文梓爲船〔八〕，木蘭爲柂，刻飛燕翔鷁，飾於船首〔九〕，隨風輕漾〔十〕，

畢景忘歸，〔十一〕起商臺於池上〔十二〕。(《四庫叢刊三編》景元本。又見《古文苑》卷八、《玉海》卷一百七十，文字稍異。)

〔校記〕

〔一〕此句，《古文苑》、《玉海》無。

〔二〕元始，《古文苑》、《玉海》作「始元」，是。

〔三〕琳池，《古文苑》作「淋池」，形訛。

〔四〕此句，《古文苑》無。

〔五〕「日照」十句，《古文苑》無。

〔六〕此句，《古文苑》無。

〔七〕「遊燕」六句，《古文苑》無。「實如玄珠」十九句，《玉海》無。

〔八〕此句，《古文苑》作「以文梓爲船」，《玉海》作「以文材爲船」。材，形訛。

〔九〕於，《玉海》無。

〔十〕此句，《古文苑》無。

〔十一〕「隨風」二句，《玉海》無。

〔十二〕此句，《古文苑》無。

另存文字簡潔者，附於下：

一莖四葉，實如元珠，益脈治病，食之口香。(《紺珠集》卷九)

鶴池

鶴池，在長安城西，盤池在西北，並廢。(《玉海》卷一百七十。又見《四庫叢刊三編》景元本)

冰池

冰池，在長安西。《舊圖》云：「西有□池〔一〕，亦名聖女泉。」〔二〕(《玉海》卷一百七十。又見《四庫叢刊三編》景元本，文字稍異。)

〔校記〕

〔一〕□池，《四庫叢刊三編》作「澎池」。

〔二〕此句下，《四庫叢刊三編》有「蓋『冰』、『澎』聲相近，傳說之訛也」句。

臺榭

周文王靈臺

周文王靈臺，在長安西北四十里。《詩序》曰：「靈臺，民始附也。文王受命，而人樂其有靈德，以及鳥獸、昆蟲焉。」鄭玄注云：「天子有靈臺者，所以觀祲象、察氛祥也。文王受命而作邑於豐，立靈臺。」《詩》曰：「經始靈臺，

庶民子來。經之營之，不日成之。」劉向《新序》云：「周文王作靈臺，及爲池沼，掘得死人之骨，吏以聞於文王。文王曰：『更葬之。』吏曰：『此無主矣。』文王曰：『有天下者，天下之主；有一國者，一國之主。寡人者，死人之主，又何求主。』遂令吏以衣棺更葬之。天下聞之，皆曰：『文王賢矣，澤及枯骨，又況於人乎。』周靈臺，高二丈，周回百二十步。（《四庫叢刊三編》景元本）

另存文字簡潔者，錄於下：

靈臺〔一〕，在長安西北四十里〔二〕，高二十丈〔三〕，周四百二十步〔四〕。（《詩地理考》卷四。又見《緯略》卷十一、《書蔡傳旁通》卷四上、《詩集傳名物鈔》卷七、《詩傳旁通》卷十，文字稍異。）

〔校記〕

〔一〕此句，《緯略》作「周靈臺」，《書蔡傳旁通》、《詩傳旁通》作「周文王靈臺」。

〔二〕西北四十里，《緯略》作「西五十五里」。此句下，《詩傳旁通》有「文王受命而作邑於豐，立靈臺」二句，《緯略》無。

〔三〕二十丈，《書蔡傳旁通》、《詩傳旁通》作「二丈」。

〔四〕此句，《書蔡傳旁通》、《詩傳旁通》作「周回百二十步」，《詩集傳名物鈔》作「周百二十步」。

漢靈臺

漢靈臺，在長安西北八里。漢始曰清臺，本爲候者觀陰陽天文之變，更名曰靈臺。郭延生《述征記》曰：「長安宮南有靈臺，高十五仞，上有渾儀，張衡所制。又有相風銅烏，遇風乃動。一曰：長安靈臺，上有相風銅烏，千里風至，此烏乃動。又有銅表，高八尺，長一丈三尺，廣尺二寸，題云『太初四年造』。」（《四庫叢刊三編》景元本）

另存文字簡潔者，錄於下：

漢靈臺，在長安西北八里。漢始曰清臺，後更名曰靈臺。郭延生《述征》曰：「長安宮南有靈臺者，高十五仞，上有張衡所制渾儀，相風銅烏，又有銅表，題云太初四年造。」（《雍錄》卷八）

清臺，後更曰靈臺。《述征記》曰：「上有渾儀，張衡所制。」（《玉海》卷四）

靈臺，在長安西北八里。始曰清臺，本爲候者觀陰陽天文。災變，更名曰靈臺。（《玉海》卷一百六十二）

長安靈臺有銅表，高八尺，長一丈三尺，廣一尺二寸，題云「太初四年造」。（《玉海》卷五）

靈臺，在西北八里。（《玉海》卷九十五）

栢梁臺

栢梁臺，武帝元鼎二年春起。此臺在長安城中北闕内〔一〕。《三輔舊事》云：「以香栢爲梁也，帝嘗置酒其上，詔群臣和詩，能七言詩者乃得上。太初中臺災。」（《四庫叢刊三編》景元本。又見《古文苑》卷八，文字稍異。）

〔校記〕

〔一〕《古文苑》引至此。

另存文字簡潔者，附於下：

柏梁臺，在長安城中北。帝嘗置酒其上，詔羣臣和詩。（《玉海》卷一百六十二）

柏梁臺，以香栢爲梁。帝嘗置酒臺上，詔羣臣賦詩，能七言者乃得上。（《唐音》卷三）

漸臺

漸臺，在未央宮太液池中，高十丈。漸，浸也，言爲池水所漸。又一說：「漸臺」，星名，法星以爲臺名。未央宮有滄地，池中有漸臺，王莽死於此。（《四庫叢刊三編》景元本）

另存文字簡潔者，附於下：

漸臺，在未央宮太液池中。（《雍錄》卷九）

神明臺

神明臺，見建章宮。（《四庫叢刊三編》景元本）

通天臺

通天臺，武帝元封二年作甘泉通天臺。《漢舊儀》云：「通天者，言此臺高通於天也。」《漢武故事》：「築通天臺於甘泉，去地百餘丈，望雲雨悉在其下，望見長安城。」「武帝時祭泰乙，上通天臺，舞八歲童女三百人，祠祀招仙人。祭泰乙，云令人升通天臺，以候天神，天神既下祭所，若大流星，乃舉烽火而就竹宮望拜。上有承露盤，仙人掌擎玉杯，以承雲表之露。元鳳間，自毀，椽桷皆化爲龍鳳，從風雨飛去。」《西京賦》云：「通天眇而竦峙，徑百常而莖擢，上瓣華以交紛，下刻峭其若削。」亦曰侯神臺，又曰望仙臺，以候神明、望神仙也。（《四庫叢刊三編》景元本）

另存文字簡潔者，附於下：

臺在甘泉宮，高百餘丈，若與天通，故名通天臺。上有承露盤，仙人掌擎玉杯，以承雲表之露。（《通鑒綱目》卷五上）

甘泉宮通天臺，上有承露盤，仙人掌擎玉杯，以承雲表之露。元鳳間，自毀，椽桷皆化爲龍鳳，隨風雨飛去。（《雍錄》卷十）

通天之臺，明堂者，上通於天象。（《分類補註李太白詩》卷一）

通天臺，元鳳間，自毀，椽桷化爲龍鳳飛去。（《類說》卷四十。又見《紺珠集》卷九）

涼風臺

涼風臺，在長安故城西，建章宮北。《關輔記》曰：「建章宮北作涼風臺，積水爲樓。」（《四庫叢刊三編》景元本）

另存文字簡潔者，附於下：

漢建章宮北，積水爲樓。（《事類備要》前集卷四。又見《海錄碎事》卷四下、《類說》卷四十、《紺珠集》卷九，文字稍異。水，《海錄碎事》、《類說》、《紺珠集》作「冰」。）

長樂宮諸臺

長樂宮，有魚池臺、酒池臺。秦始皇造、又有著室臺、闘雞臺、走狗臺、壇臺、漢韓信射臺。又未央有果臺，東、西山二臺。未央宮有鉤弋臺、通靈臺。見宮門。望鵠臺、眺蟾臺、桂臺、商臺、避風臺。並見池沼門。（《四庫叢刊三編》景元本）

長楊榭

長楊榭，在長楊宮。秋冬較獵其下，命武士搏射禽獸，天子登此以觀焉。臺上有木曰榭。（《四庫叢刊三編》景元本）

辟雍

周文王辟雍

周文王辟雍，在長安西北四十里。亦曰璧雍，如璧之圓，雍之以水，象教化流行也。《詩》曰：「於論鼓鐘，於樂辟雍。」毛萇注云：「論，思也。水旋丘如辟雍，以節觀者。」鄭玄注云：「文王作靈臺，而知人之歸附；作靈沼、

靈囿，而知鳥獸之得其所。以爲音聲之道與政通，故合樂以詳之。」（《四庫叢刊三編》景元本）

　　另存文字簡潔者，附於下：

　　辟雍，員如璧，雍以水。（《初學記》卷十三）

　　文王辟雍，在長安西北四十里，亦曰璧雍。（《玉海》卷一百十一。又見《詩地理考》卷四，文字稍異。末句，《詩地理考》無。）

　　辟雍，水四周於外，象四海也。（《文選‧東都賦》李善注。又見《文選‧閑居賦》李善注、《分類補註李太白詩》卷一、《海錄碎事》卷十九，文字稍異。「辟雍」上，《文選‧閑居賦》有「明堂」二字。）

　　文王立辟雝，而知人之歸附；靈臺、靈沼，而知鳥獸之得其所。以爲音聲之道與政通，故合樂以識之。（《演繁錄》卷一）

漢辟雍

　　漢辟雝，在長安西北七里。《漢書》河間獻王來朝〔一〕，獻雅樂，武帝對之三雍宮，即此〔二〕。《禮樂志》曰：「成帝時，犍爲郡水濱得古磬十六枚，劉向說帝宜興辟雝焉。（《四庫叢刊三編》景元本。又見《西漢會要》卷二十五，文字稍異。）

　　〔校記〕

　　〔一〕《漢書》，《西漢會要》無。

　　〔二〕此句下，《西漢會要》無。

　　另存文字簡潔者，附於下：

　　辟雝，在西北七里。河間獻王對三雍宮，即此。（《玉海》卷九十五）

　　漢辟雍，在長安西北七里。河間獻王對三雍宮，即此。（《玉海》卷一百十一。又見《文獻通考》卷四十，文字稍異。「河間」二句，《文獻通考》無。）

明堂

周明堂

　　周明堂。明堂所以正四時，出教化，天子布政之宮也。黃帝曰合宮，堯曰衢室，舜曰總章，夏后曰世室，殷人曰陽館，周人曰明堂。先儒舊說，其制不同。或曰，明堂在國之陽。《大戴禮》云：「明堂九室，一室有四戶八牖，凡三十六戶，七十二牖，以茅蓋屋，上圓下方。」《援神契》曰：「明堂上圓

下方，八窗四牖。」《考工記》云：「明堂五室，稱九室者，取象陽數也。八牖者，陰數也，取象八風。三十六戶牖，取六甲之爻，六六三十六也。上圓象天，下方法地，八窗即八牖也，四闥者象四時四方也，五室者象五行也。」皆無明文，先儒以意釋之耳。《禮記・明堂位》曰：「朝諸侯於明堂之位，天子負斧扆，南鄉而立。」明堂也者，明諸侯之尊卑也。制禮作樂，頒度量而天下服，知明堂是布政之宮也。又《孝經》曰：「宗祀文王於明堂，以配上帝。」則周有明堂也明矣。（《四庫叢刊三編》景元本）

另存文字差異較大者，錄於下：

堂方百四十四尺，坤之策也，方象地屋。圓楣徑二百一十六尺，法乾之策也，圓象天。室九宮，法九州。太室方六丈，法陰之變數。十二堂，法十二月。三十六戶，法極陰之變數。七十二牖，法五行。所行日數八達，象八風，法八卦。通天臺徑九尺，法乾以九。覆六高八十一尺，法黃鍾九九之數。二十八柱，象二十八宿。堂高三尺，土階三等，法三統。堂四向五色，法四時五行。殿門，去殿七十二步，法五行所行。門堂長四丈，取太室三之二，垣高，無蔽目之照。牖六尺，其外倍之殿垣，方在水內，法地陰也。水四周於外，象四海。圓法陽也，水闊二十四丈，象二十四氣。水內徑三丈，應觀禮經。武帝元封二年立明堂，汶上無室，其外略依此制。（《玉海》卷九十五）

另存文字簡潔者，附於下：

明堂者，明天地之堂也〔一〕，所以順四時〔二〕，行月令，宗祀先王，祭五帝〔三〕，故謂之明堂。（《藝文類聚》卷三十八。又見《初學記》卷十三（二則）、《錦繡萬花谷》後集卷十七、《資治通鑒釋文》卷二十一、《通鑒綱目》卷四上，文字稍異。）

〔校記〕

〔一〕此句，《初學記》（前則）作「天道之堂也」，《初學記》（後則）、《錦繡萬花谷》作「明天道之堂」，《資治通鑒釋文》作「大道之堂也」、《通鑒綱目》作「大道之堂」。

〔二〕順，《初學記》（後則）、《錦繡萬花谷》作「從」。

〔三〕此句，《資治通鑒釋文》、《通鑒綱目》作「祭五帝也」，且引至此句。

明堂方，象地，圓象天。（《文選・東京賦》李善注）

明堂，順四時行令也。（《文選・東京賦》李善注）

明堂者，明天道之堂也。（《太平御覽》卷五百三十三）

明堂九室，一室有四戶八牖，凡三十六戶七十二牖，上圓下方。九室者，取象陽數也。八牖者，陰數也。上圓象天，下方法地，四達象四時也。（《翰苑新書集》後集上卷九。又見《分類補註李太白詩》卷一，文字稍異，引至「凡三十六戶七十二牖」句。）

明堂，所以正四時，出教化，天子布政之宮。三禮關布政之宮，周制五室，秦爲九室十二階，各有所居。（《玉海》卷九十五）

明堂有三十六戶，法極陰之變數。（《太平御覽》卷一百八十四）

明堂有七十二牖。（《太平御覽》卷一百八十八）

明堂有十二室，法十二月。（《藝文類聚》卷六十四。又見《太平御覽》卷一百七十四）

殿垣四周，方在水內，高不蔽目。殿門，準太廟南門，去廟階遠近爲制，仍立四門八觀，依太廟門，別各安三門，施玄闥四角，造三重巍闕。此後羣儒紛競，各執異議，不定且止。（《通典》卷四十四）

殿垣四周，方在水內，高不蔽目。殿門，去殿七十二步。（《舊唐書·禮儀志》。又見《唐會要》卷十一、《冊府元龜》卷五百八十八、《文獻通考》卷七十三）

漢明堂

漢明堂在長安西南七里。《漢書》曰〔一〕：「武帝初即位，嚮儒術，以文學爲本，議立明堂於城南，以朝諸侯〔二〕。」應劭注云：「漢武帝造明堂，王莽修飾令大。」《漢書》：「武帝建元元年，議立明堂，遣使者安車蒲輪，束帛加璧，徵魯申公。」又《郊祀志》：「初，天子封泰山。泰山東北阯，古時有明堂處，處險不敞。上欲治明堂奉高帝，未曉其制度。濟南人公玉帶上黃帝時《明堂圖》，明堂中有一殿，四面無壁，以茅蓋通水，水圜宮垣，爲複道；上有樓，從西南入，名曰崑崙。天子從之，入以拜祀上帝焉。於是上令奉高作明堂汶上，如帶圖。及是歲，修封，則祀太乙、五帝於明堂上坐，合高皇帝祠坐對之；祠后土於下房，以二十大牢。天子從崑崙道入，始拜明堂如郊禮。是歲元封五年也。《本紀》元封二年秋，作明堂于泰山下。五年春三月，至泰山增封。甲子，祠高祖于明堂，以配上帝。太初元年冬十月，行幸泰山；十一月甲子朔旦冬至，祀上帝于明堂。（《四庫叢刊三編》景元本。按：一殿，原作「四殿」，據《漢書·郊祀志》改。郊禮，原作「郊祀」，據《漢書·郊祀志》改。又見《類編長安志》卷三，文字有異。）

〔校記〕

〔一〕曰，《類編長安志》無。

〔二〕《類編長安志》引至此句。

另存文字簡潔者，附於下：

孝武帝議立明堂於長安城南。(《初學記》卷十三。又見《太平御覽》卷五百三十三)

漢明堂，在長安西南七里。(《玉海》卷九十五（二則）)

圓丘

漢圓丘，在昆明故渠南，有漢故圓丘，高二丈〔一〕，周回百二十步。(《玉海》卷九十二。又見《四庫叢刊三編》景元本，文字稍異。)

〔校記〕

〔一〕此句上，《四庫叢刊三編》有「今按」二字。

另存文字簡潔者，附於下：

漢圓丘，在昆明故渠南。(《玉海》卷二十一)

太學

漢太學在長安西北七里。董仲舒《策》曰：「太學，賢士之關，教化之本原也。」王莽作宰衡時，建弟子舍萬區，起市郭上林苑中。《三輔舊事》云：「漢太學中有市有獄。」(《四庫叢刊三編》景元本)

另存文字簡潔者，附於下：

漢太學，在長安西北七里。(《玉海》卷一百十一。又見《困學紀聞》卷十六)

太學，在長安西北七里，有市有獄。(《西漢會要》卷二十五。又見《文獻通考》卷四十)

宗廟

宗廟

宗，尊也；廟，貌也，所以髣髴先人尊貌也。漢立四廟，祖宗廟異處，不序昭穆。太上皇廟，在長安西北長安故城中，香室街南，鴻翔府北。《關輔記》曰：「在酒池北。」(《四庫叢刊三編》景元本)

另存文字簡潔者，附於下：

太上皇廟，在長安城〔一〕，香室南〔二〕，馮翊府北。〔三〕（《史記・高祖本紀》張守節正義。又見《太平御覽》卷五百三十一、《長安志》卷五、《西漢會要》卷十二，文字稍異。）

〔校記〕

〔一〕此句，《太平御覽》作「在長安」，《長安志》作「在長安城中」，《西漢會要》作「在長安西北長安故城中」。

〔二〕此句，《太平御覽》作「香街南」。《太平御覽》引至此。

〔三〕以上二句，《長安志》作「香室街酒池之北」。

高祖廟

高祖廟，在長安西北故城中。《關輔記》曰：「秦廟中鐘四枚，皆在漢高祖廟中。」《三輔舊事》云：「高廟鐘重十二萬斤。」《漢舊儀》云：「高祖廟鐘十枚，各受十石，撞之聲聞百里。」《漢書》：文帝時盜取高廟玉環故事。又云：「光武至長安宮闕，以宗廟燒蕩爲墟，乃徙都洛陽。取十廟合於高廟，作十二室。大常卿一人，別治長安，主知高廟事。」高廟有便殿，凡言便殿、便室、便坐者，皆非正大之處，所以就便安也。高園於陵上作之，既有正寢，以象平生正殿路寢也。又立便殿於寢側，以象休息閑宴之處也。孝惠更於渭北建高帝廟，謂之原廟。（《四庫叢刊三編》景元本）

另存文字簡潔者，附於下：

高廟，在長安城門街東，寢在桂宮北。（《漢書・酈陸朱劉叔孫傳》晉灼注）

高廟，在長安城中，安門里大道東，又在桂宮北。（《雍錄》卷八）

高廟，在長安城中西安門內，東太常街南，有鐘十枚，可受十石，撞之聲聞百里。（《長安志》卷五）

高祖廟，在長安西北故城中。（《西漢會要》卷十二）

高廟有便殿，是中央正殿也。（《漢書・韋賢傳》如淳注）

高祖鐘重十二萬斤，聲聞百里。（《紺珠集》卷十三）

惠帝廟

惠帝廟，在高廟後。（《西漢會要》卷十二。又見《四庫叢刊三編》景元本，文字稍異。高廟，《四庫叢刊三編》作「高帝廟」。）

文帝廟

文帝廟，號顧成廟。孝文四年作顧成廟，在長安城南。文帝自爲廟，制度逼狹，若顧望而成，猶文王靈臺不日成之，故曰顧成也。（《四庫叢刊三編》景元本）

另存文字簡潔者，附於下：

文帝廟，在長安城南。（《西漢會要》卷十二）

景帝廟

景帝廟，號德陽宮。景帝中四年，造德陽宮。蓋帝自作之，諱不言廟，故號爲宮。《故事》云：景帝造德陽宮。（《四庫叢刊三編》景元本）

武帝廟

武帝廟，號龍淵宮，今長安西茂陵東有其處，作銅飛龍，故以冠名。武帝元光四年，河決濮陽，發卒十萬救河決，起龍淵之宮，取此爲名。武帝廟不言宮。（《四庫叢刊三編》景元本）

另存文字簡潔者，附於下：

龍淵廟，在茂陵東。（《漢書·武帝紀》顏師古注。又見《西漢會要》卷十二）

長安有龍淵宮。（《水經注》卷十九。又見《漢書·武帝紀》如淳注、《長安志》卷四、《漢書考正》）

昭帝廟

昭帝廟，號徘徊。（《四庫叢刊三編》景元本）

宣帝廟

宣帝廟，號樂遊，在杜陵西北。神爵三年，宣帝立廟於曲池之北，號樂遊，按其處則今呼樂遊園是也，因樂遊苑得名。（《四庫叢刊三編》景元本）

元帝廟

元帝廟，號長壽。（《四庫叢刊三編》景元本）

成帝廟

成帝廟，號陽池。（《西漢會要》卷十二。又見《四庫叢刊三編》景元本）

廟園

太上皇，高祖父也。有寢廟園、原廟，昭靈后、高祖母也。武哀王、高祖兄也。昭哀后高祖嫂也。皆有園。孝惠皇帝有寢廟園，孝文大后、孝昭大后皆有寢園，衛思后、戾太子母。皇祖悼考皆有廟園。宣帝父史皇孫。廟曰奉明。(《四庫叢刊三編》景元本)

元、成宗廟

元、成之世，祖宗廟在郡國者六十八，合百六十七所。京師自高祖至宣帝，與太上皇、悼皇考，各自居陵旁立廟，并爲百七十六。又園中各有寢便殿，日祭於寢，月祭於殿，時祭於便殿。寢日四上食，朝歲二十五祠，便殿四歲祠。又月一遊衣冠。四時祭宗廟用太牢，列侯皆獻酎金以助祭。諸侯王及列侯，歲時詣京師，侍祠助祭。《漢儀》：「諸侯王歲以戶口酎黃金於漢廟，皇帝臨受獻金，金不如斤兩，色惡，王削縣，侯免國。」注云：「因八月嘗酎，會諸侯廟中，出金助祭，謂之酎金。酎，正月旦作酒，八月成，三重釀醇酒也，味厚，故以薦宗廟。金，黃金也，不如法者奪爵。」又冊封諸王，必於祖廟冊命之，示不敢專也。武帝元狩六年夏四月乙巳，立皇子閎爲齊王、旦燕王、胥廣陵王，於廟中冊命。漢制封皇子爲王者，其實古諸侯也。周末諸侯或稱王，而漢天子自以皇帝爲稱，故以王號加之，摠名爲諸侯王。(《四庫叢刊三編》景元本)

另存文字簡潔者，附於下：

高寢在高廟西，高帝衣冠藏在焉，每月一出之，遊於高廟。其道値所築複道，故云子孫柰何乘宗廟道上行。(《通鑑綱目》卷三上)

漢儀冊封諸王必於祖廟，冊命之示不敢專也。(《玉海》卷一百三十)

九廟

新莽壞徹城西苑中建章、承光、包陽、犬臺、儲元宮及平樂、當路、陽祿館，凡十餘所，取其材瓦以起九廟。莽曰：「予卜波水之北，郎池之南，惟玉食。予又卜金水之南、明堂之西，亦惟玉食。予將親築。」於是遂營長安城南，提封百頃，莽又親舉築三下。九廟：一黃帝，二虞帝，三陳胡王，四齊敬王，五濟北愍王，六濟南悼王，七元成孺王，八陽平頃王，九新都顯王。殿皆重屋。大初祖廟，東西南北各四十丈，高十七丈，餘廟半之。爲銅薄櫨，飾以金銀琱文，窮極百工之巧，帶高增下，功費數百鉅萬，卒徒死者數萬。(《四庫叢刊三編》景元本)

另存文字簡潔者，附於下：

王莽於長安城南作九廟。（《太平御覽》卷五百三十一）

南北郊

天郊，在長安城南。地郊，在長安城北。所屬掌治壇墠郊宮歲時供張，以奉郊祀。武帝定郊祀之事，祀大一於甘泉圜丘，取象天形，就陽位也；祀后土於汾陰澤中方丘，取象地形，就陰位也。至成帝徙泰畤、后土於京師，始祀上帝於長安南郊，祀后土於長安北郊。（《四庫叢刊三編》景元本）

另存文字簡潔者，附於下：

成帝徙泰畤、后土於京師，始祀上帝於長安南郊，祀后土於長安北郊。
（《事類備要》外集卷三）

社稷

漢初除秦社稷，立漢社稷。其後又立官社，配以夏禹，而不立官稷。至平帝元始三年，始立官稷於官社之後。《後漢·祭祀志》云：《黃圖》載元始儀甚悉，今本無，合入。「元始四年，宰衡莽奏曰：『帝天之義，莫大於承天；承天之序，莫重於郊祀。祭天於南就陽位，祠地於北就陰位。圜丘象天，方澤象地，圓方因躰，南北從位，燔燎升氣，瘞埋就類。牲欲繭栗，味尚清玄，器成匏勺，貴誠因質。天地神所統，故類乎上帝，則禋於六宗，望秩山川，班於群神。皇天后土，隨王所在而事佑焉。甘泉太陽，河東少陽，咸失厥位，不合禮制。聖王之制，必上當天心，下合地意，中攷人事。故曰愷悌君子，求福不回，回而求福，厥路不通。在《易》泰卦，《乾坤》合躰，天地交通，萬物聚出，其律太簇。天子親郊天地，先祖配天，先妣配地。陰陽之別，以日冬至祀天，夏至祀后土，君不省方而使有司。六宗，日、月、星、山、川、海，星則北辰，川即河，山岱宗，三光眾明，山阜百川眾流，渟汙皋澤以累相屬，各數秩望相序。』於是定郊祀，祀長安南、北郊，罷甘泉、河東祀。」（《四庫叢刊三編》景元本）

宰衡王莽奏曰：「冬至使有司祭天神於南郊，高祖配而望羣陽，夏至使有司祭地祇於北郊，高后配而望羣陰。（《太平御覽》卷五百二十九）

觀

豫章觀

豫章觀，武帝造，在昆明池中，亦曰昆明觀。又一說曰：「上林苑中有昆

明池觀，蓋武帝所置。」桓譚《新論》云：「元帝被疾，遠求方士。漢中送道士王仲都，詔問所能，對曰：『能忍寒。』乃以隆冬盛寒日，令袒載駟馬於上林昆明池上，環以冰，而御駟者厚衣狐裘寒戰，而仲都無變色，臥於池上，曛然自若。」即此也。（《四庫叢刊三編》景元本）

另存文字簡潔者，附於下：

桓譚《新論》：「元帝時，道士王仲都言能忍寒。隆冬袒於昆明池，環以冰。侍者狐裘寒戰，仲都醺然。」（《紺珠集》卷十三）

飛廉觀

飛廉觀，在上林，武帝元封二年作。飛廉，神禽，能致風氣者。身似鹿，頭如雀，有角而**蛇**尾，文如豹，武帝命以銅鑄置觀上，因以爲名。班固《漢武故事》曰：「公孫卿言神人見於東萊山，欲見天子。上於是幸緱氏，登東萊，留數日，無所見，惟見大人跡。上怒公孫卿之無應，卿懼誅，乃因衛青白上云：『仙人可見，而上往遽，以故不相值。今陛下可爲觀於緱氏，則神人可致。且仙人好樓居。不極高顯，神終不降也。』於是上於長安作飛廉觀，高四十丈，於甘泉作益延壽觀，亦如之。」後漢明帝永平五年至長安，悉取飛廉并銅馬，置之西門外，爲平樂觀。董卓悉銷以爲錢。（《四庫叢刊三編》景元本）

另存文字簡潔者，附於下：

公孫卿言，仙人好樓居。黃帝時，爲十二樓，以候神人。武帝於是作飛廉觀。（《事類備要》別集卷十六）

漢明帝永平五年，至長安取飛廉并銅馬，置之西門外，爲平樂觀。董卓悉銷以爲錢。（《雍錄》卷十）

能致風，身似鹿，頭如爵，有角而豹文，**蛇**尾，漢以名觀。（《紺珠集》卷十三）

屬玉觀

屬玉觀，在扶風。屬玉，水鳥，似鵁鶄，以名觀也。又曰：屬玉，似鴨而大，長頸赤目，紫紺色。宣帝甘露二年十二月，行幸萯陽宮屬玉觀。（《四庫叢刊三編》景元本）

另存文字簡潔者，附於下：
屬玉，水鳥，似鵁鶄。長安有屬玉觀。（《錦繡萬花谷》卷三十七）

水鳥，似鶂鶄，因以名觀。（《紺珠集》卷九）

鷺，一名屬玉，似鶂鶄。（《事文類聚》後集卷四十六。又見《群書通要》庚集卷七）

屬玉觀，在右扶風。（《玉海》卷一百六十六）

青梧觀

青梧觀，在五柞宮之西。觀亦有三梧桐樹，下有石麒麟二枚，刊其脅文字，是秦始皇驪山墓上物也。頭高一丈三尺，東邊者前左腳折處有赤如血，父老謂其有神，皆含血屬筋焉。（《四庫叢刊三編》景元本）

射熊觀

射熊觀，在長楊宮。武帝好自擊熊，司馬相如從至上林，作賦諫，楊雄亦作《長楊賦》。（《四庫叢刊三編》景元本）

石闕觀、封巒觀

石闕觀、封巒觀。《雲陽宮記》云：「宮東北有石門山，岡巒糾紛，干霄秀出，有右巖容數百人，上起甘泉觀。」《甘泉賦》云：「封巒、石闕，弭迆乎延屬。」（《四庫叢刊三編》景元本）

白楊觀

白楊觀，在昆明池東。（《四庫叢刊三編》景元本）

長平觀

長平觀，在池陽宮，臨涇水。（《四庫叢刊三編》景元本）

龍臺觀

龍臺觀，在豐水西北，近渭。（《四庫叢刊三編》景元本）

涿木觀

涿木觀，在上林。（《四庫叢刊三編》景元本）

細柳觀

細柳觀，在長安西北。《三輔舊事》曰：「漢文帝大將軍周亞夫軍於細柳，今呼古徼是也。」（《四庫叢刊三編》景元本）

成山觀

成山觀〔一〕，成王在東萊不夜縣，於其上築宮闕以爲觀〔二〕。成山觀不在三輔，例見宮室門。(《四庫叢刊三編》景元本。又見《玉海》卷一百六十六，文字稍異。)

〔校記〕

〔一〕此句，《玉海》無。

〔二〕以，《玉海》無。以下注文，《玉海》無。

諸觀

仙人觀、霸昌觀、蘭池觀、安臺觀、淪沮觀，在城外。又有禁觀、董賢觀、蒼龍觀、當市觀、旗亭樓、馬伯騫樓，在城內。(《四庫叢刊三編》景元本)

另存文字有異者，錄於下：

霸昌觀，在城外。(《長安志》卷四。又見《類編長安志》卷三)

蘭池觀，在城外。(《文選·西征賦》李善注。又見《文選·樂游應詔詩》李善注、《長安志》卷四、《類編長安志》卷三、《玉海》卷一百五十六)

諸館

麒麟、朱鳥、龍興、含章，皆館名。(《四庫叢刊三編》景元本)

閣

石渠閣

石渠閣，蕭何造，其下礱石爲渠以導水，若今御溝〔一〕，因爲閣名。〔二〕所藏入關所得秦之圖籍〔三〕，至成帝〔四〕，又於此藏秘書焉〔五〕。(《事類備要》別集卷十六。又見《西漢會要》卷二十六、《困學紀聞》卷十六、《四庫叢刊三編》景元本，文字稍異。)

〔校記〕

〔一〕《西漢會要》引至此句。

〔二〕「若今」二句，《困學紀聞》無。

〔三〕《困學紀聞》引至此句。

〔四〕「至」下，《四庫叢刊三編》有「於」字。

〔五〕此句下，《四庫叢刊三編》有「《三輔故事》曰：『石渠閣，在未央宮殿北，藏秘書之所』。

另存文字簡潔者，附於下：

石渠閣，在未央宮，藏書所。(《箋注評點李長吉歌詩》卷二)

石渠閣，在未央殿北，以藏秘書。其下礱石爲渠以導水，若今之御溝，因以名閣。(《通鑒綱目》卷六)

石渠閣，蕭何所造，以藏入關所得秦之圖籍。成帝以此藏秘書。(《韻府群玉》卷十九)

天祿閣

天祿閣，藏典籍之所。《漢宮殿疏》云：「天祿、麒麟閣，蕭何造，以藏秘書、處賢才也。」劉向於成帝之末，校書天祿閣，專精覃思。夜有老人著黃衣，植青藜杖，叩閣而進。見向暗中獨坐誦書，老父乃吹杖端，煙然，因以見向，授五行《洪範》之文。恐詞說繁廣忘之，乃裂裳及紳以記其言，至曙而去。請問姓名，云我是太乙之精，天帝聞卯金之子有博學者，下而觀焉。乃出懷中竹牒，有天文地圖之書，曰：「余略授子焉。」至子歆，從授其術，向亦不悟此人焉。(《四庫叢刊三編》景元本)

麒麟閣

麒麟閣，《廟記》云：「麒麟閣，蕭何造。」《漢書》：宣帝思股肱之美，乃圖霍光等十一人於麒麟閣。(《四庫叢刊三編》景元本)

另存文字簡潔者，附於下：

宣帝思股肱之美，乃圖霍光等於麒麟閣。(《杜工部草堂詩箋》卷三十四。又見《杜工部草堂詩箋》補遺卷八，文字稍異。圖，後者作「圖畫」。)

白虎閣、屬車閣

《三秦記》云：「未央宮有堯閣。」《廟記》云：「未央宮有白虎閣、屬車閣。」(《四庫叢刊三編》景元本)

另存文字簡潔者，附於下：

未央宮有白虎閣、屬車閣。(《玉海》卷一百六十三)

署

虎威、章溝，皆署名。漢有長水、中壘、屯騎、虎賁、越騎、步兵、射聲、胡騎八營，宿衛王宮，周廬直宿處。(《四庫叢刊三編》景元本)

另存文字簡潔者，附於下：

漢有長水、中壘、屯騎。(《補漢兵志》)

庫

武庫

武庫，在未央宮，蕭何造，以藏兵器。（《西漢會要》卷五十七。又見《四庫叢刊三編》景元本）

靈金內府

靈金內府，太上皇微時佩一刀，長三尺，上有銘字難識，傳云殷高宗伐鬼方時所作也。上皇遊豐、沛山中，寓居窮谷，有人治鑄，上皇息其旁，問曰鑄何器，工者笑曰：「爲天子鑄劍，愼勿言。」曰：「得公佩劍雜而治之，即成神器，可克定天下。昴星精爲輔佐，木衰火盛，此爲異兆。」上皇解匕首投爐中，劍成，殺三牲以釁祭之。工問何時得此，上皇曰：「秦昭襄王時，余行陌上，一野人授余，云是殷時靈物。」工即持劍授上皇，上皇以賜高祖。高祖佩之斬白蛇是也。及定天下，藏於寶庫，守藏者見白氣如雲出戶，狀若龍蛇。呂后改庫曰靈金藏。惠帝即位，以此庫貯禁兵器，名曰靈金內府。（《四庫叢刊三編》景元本）

另存文字簡潔者，附於下：

高祖斬白蛇劍，藏於寶庫。惠帝即位，以此庫貯禁兵器，名曰靈金內府。（《玉海》卷一百八十三）

太上皇微時，佩一刀，長三尺，上有銘字難識。（《玉海》卷一百五十一）

太上皇有佩刀，其銘難識，傳高宗伐鬼方時所作。上皇遊沛、山中，有人歐冶鑄，云得公佩刀，即成神器，尅定天下，星精爲輔，因問所得。上皇曰：「秦昭王時，野人陌上授予，云是殷時靈物。」劍成，上皇得之，以授高祖，後斬白虵。（《紺珠集》卷十三）

倉

太倉

太倉，蕭何造，在長安城外東南，有百二十楹〔一〕。（《玉海》卷一百八十四。又見《西漢會要》卷五十四、《四庫叢刊三編》景元本，文字稍異。）

〔校記〕

〔一〕此句，《四庫叢刊三編》作「文景節儉，太倉之粟紅腐而不可食」，《西漢會要》無。

細柳倉、嘉倉

細柳倉、嘉倉，在長安西、渭北〔一〕，石徼西有細柳倉〔二〕，東有嘉倉〔三〕，初建一百二十楹。（《玉海》卷一百八十四。又見《西漢會要》卷五十四、《四庫叢刊三編》景元本，文字稍異。）

〔校記〕

〔一〕渭北，《西漢會要》、《四庫叢刊三編》作「渭水北」。

〔二〕石，《西漢會要》、《四庫叢刊三編》作「古」，是。

〔三〕「東」上，《西漢會要》、《四庫叢刊三編》有「城」字。《西漢會要》、《四庫叢刊三編》引至此。

另存文字簡潔者，附於下：

細柳倉，在渭水北方，古徼西。（《唐音》卷四）

廄

未央大廄

未央大廄，在長安故城中。《漢官儀》曰：「未央宮六廄。長樂、承華等廄令，皆秩六百石。」（《四庫叢刊三編》景元本）

諸廄

未央大廄在長安故城中。翠華、大駱、果馬、軛梁、駿騎馬、大宛、胡河、駒騋，凡九廄，在長安城外。（《玉海》卷一百四十八）

另存文字有異者，錄於下：

翠華廄、大駱廄、果馬廄、軛梁廄、騎馬廄、大宛廄、胡河廄、駒騋廄，皆在長安城外。（《四庫叢刊三編》景元本）

另存文字簡潔者，錄於下：

金廄以下共九廄，在長安城內。（《長安志》卷五）

霸昌觀馬廄

霸昌觀馬廄，在長安城外。（《四庫叢刊三編》景元本）

霸昌廄，在城外也。（《漢書·王莽傳》顏師古注）

都廄

都廄，天子車馬所在。（《西漢會要》卷二十三。又見《文獻通考》卷一百五十九、《四庫叢刊三編》景元本）

中厩

中厩，皇后車馬所在。(《西漢會要》卷二十三。又見《西漢會要》卷三十二、《文獻通考》卷一百五十九、《四庫叢刊三編》景元本)

圈

秦獸圈

秦獸圈，《烈士傳》云：「秦王召魏公子無忌，不行，使朱亥奉璧一雙詣秦。秦王怒，使置亥於獸圈中。亥瞋目視獸，皆血濺於獸面，獸不敢動。」(《四庫叢刊三編》景元本)

漢獸圈

漢獸圈九。彘圈一在未央宮中。文帝問上林尉，及馮媛當熊，皆此處。獸圈上有樓觀。(《四庫叢刊三編》景元本)

另存文字簡潔者，附於下：

獸圈九。彘圈，一在未央宮中。(《長安志》卷三)

橋

橫橋

橫橋，《三輔舊事》云：「秦造橫橋，漢承秦制，廣六丈三百八十步，置都水令以掌之，號爲石柱橋。」漢末董卓燒之。(《四庫叢刊三編》景元本)

渭橋

渭橋，秦始皇造。渭橋重不能勝，乃刻石作力士孟賁等像祭之，乃可動，今石人在。渭橋在長安北三里，跨渭水爲橋。(《四庫叢刊三編》景元本)

霸橋

霸橋，在長安東〔一〕，跨水作橋〔二〕。漢人送客至此橋〔三〕，折柳贈別〔四〕。王莽時霸橋災，數千人以水沃救不滅，更霸橋爲長存橋。(《四庫叢刊三編》景元本。又見《演繁錄》卷七、《玉海》卷一百七十二，文字稍異。)

〔校記〕

〔一〕此句，《演繁錄》無。

〔二〕此句，《演繁錄》作「跨霸水爲橋也」。

〔三〕至，《玉海》無。

〔四〕此句，《演繁錄》作「折柳爲別故」。《演繁錄》、《玉海》引至此。

便門橋

便門橋，武帝建元三年初作此橋，在便門外，跨渭水，通茂陵。長安城西門曰便門，此橋與門對直，因號便橋。（《四庫叢刊三編》景元本。按：建元三年，原作「建元二年」，據《漢書·武帝紀》改。）

飲馬橋

飲馬橋，在宣平城門外。（《玉海》卷一百七十二。又見《四庫叢刊三編》景元本）

陵墓

太上皇陵

漢太上皇陵，高帝葬大上皇於櫟陽北原，因置萬年縣於櫟陽大城內，以爲奉陵邑。其陵在東者太上皇，西者昭靈后也。高祖初居櫟陽，故大上皇因在櫟陽。十年，太上皇崩，葬北原。（《四庫叢刊三編》景元本）

另存文字有異或簡潔者，錄於下：

高祖初居櫟陽，故太上皇因在櫟陽。十年，太上皇崩，〔一〕葬其北原，起萬年邑〔二〕，置長丞也〔三〕。（《漢書·高帝紀》顏師古注。又見《長安志》卷十一、《類編長安志》卷八、《文獻通考》卷一百二十四，文字稍異。）

〔校記〕

〔一〕「十年」二句，《長安志》、《類編長安志》作「及崩」。

〔二〕起，《長安志》、《類編長安志》作「故」。

〔三〕也，《長安志》、《類編長安志》無。

太上皇葬櫟陽北原，起萬年陵是也。（《漢書·地理志》顏師古注）

高祖初都櫟陽，太上皇崩，葬櫟陽北原陵，號萬年，仍分置萬年縣，在今櫟陽東北，故就祭祀焉。（《後漢書·肅宗孝章帝紀》李賢等注）

太上皇葬櫟陽北原，起萬年陵，因置萬年縣。（《長安志》卷十一。又見《類編長安志》卷一，文字稍異。「太上皇」上，《類編長安志》有「漢」字。）

櫟陽宮

高祖都長安，未有宮室，居櫟陽宮也。（《史記·高祖本紀》張守節正義。又見《通鑑地理通釋》卷四，文字稍異。也，《通鑑地理通釋》無。）

長陵

高祖長陵在渭水北，去長安城三十五里。按《高祖本紀》，十二年四月甲辰，崩於長樂宮，五月葬長陵。長陵山，東西廣一百二十步，高十三丈。長陵城周七里百八十步，因爲殿垣，門四出，及便殿、掖庭、諸官寺，皆在中。（《四庫叢刊三編》景元本）

另存文字簡潔者，附於下：

長陵，在渭北，高祖所葬。（《三體唐詩》卷四）

呂后陵

呂后陵，在高祖陵東。按《史記·外戚世家》，高后合葬長陵。注云：「漢帝后同塋則爲合葬，不合陵也。」（《四庫叢刊三編》景元本）

安陵

惠帝安陵，去長陵十里。按《本紀》，惠帝七年八月戊寅，崩於未央宮，葬安陵，在長安城北三十五里。安陵有果園、鹿苑云。（《四庫叢刊三編》景元本）

另存文字簡潔者，附於下：

安陵，去長陵五里。（《漢書·惠帝紀》顏師古注。又見《長安志》卷十三、《漢書考正》《類編長安志》卷八）

安陵有果園鹿苑。（《太平寰宇記》卷二十六）

安陵有果園，名鹿苑。（《長安志》卷十七。又見《類編長安志》卷七）

霸陵

文帝霸陵，在長安城東七十里，因山爲藏，不復起墳，就其水名，因以爲陵號。（《四庫叢刊三編》景元本）

另存文字簡潔者，附於下：

漢文帝霸陵不起山陵〔一〕，稠種栢樹〔二〕。（《太平御覽》卷九百五十四。又見《藝文類聚》卷八十八、《事文類聚》前集卷五十，文字稍異。）

〔校記〕
〔一〕漢文帝，《事文類聚》無。
〔二〕樹，《藝文類聚》無。

陽陵

景帝陽陵，在長安城東北四十五里。按景帝五年作陽陵，起邑。陽陵山，方百二十步，高十丈。(《四庫叢刊三編》景元本)

神道

陽陵闕門西出，神道四通茂陵。神道，廣四十三丈也。(《史記‧李將軍列傳》司馬貞索隱)

茂陵

武帝茂陵，在長安城西北八十里。建元二年初置茂陵邑，武帝自作陵也。本槐里縣之茂鄉，故曰茂陵，周回三里。《三輔舊事》云：「武帝於槐里茂鄉，徙戶一萬六千置茂陵，高一十四丈一百步。茂陵園有白鶴觀。」戶一萬六千，本作六萬一千。(《四庫叢刊三編》景元本)

另存文字簡潔者，附於下：
茂陵，本槐里之茂鄉。(《漢書‧地理志》顏師古注)

平陵

昭帝平陵，在長安西北七十里，去茂陵十里。帝初作壽陵，令流水而已。石槨廣一丈二尺，長二丈五尺，無得起墳。陵東北作廡，長三丈五步，外爲小廚，裁足祠祝，萬年之後，掃地而祭。(《四庫叢刊三編》景元本)

杜陵撞

宣帝杜陵，在長安城南五十里。帝在民間時，好遊鄠、杜間，故葬此。(《四庫叢刊三編》景元本)

另存文字有異者，錄於下：
宣帝爲杜陵，徙良家五千戶居於陵。(《文選‧齊竟陵文宣王行狀》李善注)

渭陵

元帝渭陵，在長安北五十六里。(《四庫叢刊三編》景元本)

延陵

成帝延陵，在扶風，去長安六十二里。一曰成帝於霸陵北步昌亭起壽陵，即成帝之廢陵也。王莽時，遣使壞渭陵、延陵園門罘罳，曰：「毋使民復思也」，又以墨色汚其周垣。（《四庫叢刊三編》景元本）

義陵

哀帝義陵，在扶風，渭城西北原上，去長安四十六里。（《四庫叢刊三編》景元本。按：哀帝，原作「安帝」，誤，今改之。）

康陵

平帝康陵，在長安北六十里興平原口。（《四庫叢刊三編》景元本）

南陵

文帝母薄姬南陵，在霸陵南，故曰南陵。即今所謂薄陵也。（《四庫叢刊三編》景元本）

雲陵

昭帝母趙婕妤雲陵，在雲陽甘泉宮南，今人呼爲女陵。（《四庫叢刊三編》景元本）

英陵

李夫人墓，東西五十步，南北六十步，高八丈，茂陵西北一里〔一〕，俗名英陵〔二〕。（《長安志》卷十四。又見《類編長安志》卷八、《四庫叢刊三編》景元本，文字稍異。）

〔校記〕

〔一〕「茂陵」上，《四庫叢刊三編》有「在」字。

〔二〕此句下，《四庫叢刊三編》有「亦云集僊臺」以及注文「一日高二十丈，周回三百六十步」數句。

另存文字簡潔者，附於下：

李夫人墓，在茂陵西北一里，俗名英陵。（《水經注》卷十九）

漢武帝李夫人墓，在茂陵西北習仙臺。（《類編長安志》卷七）

億年陵

王莽妻死，葬渭陵長壽園，僞諡曰孝穆皇后，僭號億年陵。《舊本》云：

億年陵，王莽妻死，謚曰孝穆皇后，葬渭城長壽園西，陵曰億年。（《四庫叢刊三編》
景元本）

諸陵

茂陵，在長安城西北八十里；平陵，在長安西北七十里；延陵，在扶風
去長安六十二里；渭陵，在長安北五十六里；義陵，在扶風渭城西北原上，
去長安四十六里；安陵，在長安城北三十五里，去長陵十里；長陵，亦去長
安城三十五里；陽陵，在長安城東北四十五里。（《水經注》卷十九）

雜錄

禁中

漢宮中謂之禁中，謂宮中門閣有禁，非侍衛通籍之臣，不得妄入。通籍，
謂記名於門，通出入禁門也。籍者，爲三尺竹牒，記其年紀、名字、物色，縣宮門，
案省相應，乃得入。行道豹尾中，亦視禁中。謂天子出行道中，則有儀衛豹尾。
至孝元皇后父名禁，避之，改曰省中。省，察也，言出入禁中，皆當省察，
不可妄也。（《四庫叢刊三編》景元本）

另存文字簡潔者，附於下：

漢宮中謂之禁中，門各有禁，非侍御通籍之臣，不敢妄入。（《群書通要》
甲集卷十、戊集卷二）

漢宮門各有禁，非侍衛通籍之臣，不敢妄入。注：謂懸名於門，乃通出
入籍者，爲二尺竹牒，紀其年及名字、物色，懸宮門。（《韻府群玉》卷十九）

鹵簿

鹵簿，天子出，車駕次第，謂之鹵簿。有大駕，有法駕，有小駕。大駕
則公卿奉引，大將軍參乘〔一〕，大僕御，屬車八十一乘〔二〕，古者諸侯二車九乘。
秦滅六國，兼其車服，漢依秦制，故大駕八十一乘。屬者，言相聯屬不絕也。〔三〕作
三行，尚書御史乘之〔四〕。備千乘萬騎出長安〔五〕，出祠天於甘泉備之〔六〕，
百官有其儀注〔七〕，名曰「甘泉鹵簿」。法駕京兆尹奉引，侍中參乘，奉車郎
御〔八〕，屬車三十六乘〔九〕。北郊、明堂，則省副車〔十〕。小駕祠宗廟用之。（《四
庫叢刊三編》景元本。又見《西漢會要》卷二十三、《文獻通考》卷一百一十六、《群
書通要》戊集卷三，文字稍異。）

〔校記〕

〔一〕此句，《群書通要》無。

〔二〕「車」上，《群書通要》有「祝」字。

〔三〕以上注文，《西漢會要》、《文獻通考》、《群書通要》無。

〔四〕此句下，《西漢會要》、《文獻通考》有「最後一乘，垂豹尾豹尾，以前皆爲省中」數
　　　句。

〔五〕出長安，《群書通要》作「自長安出」。

〔六〕此句，《群書通要》作「祠天於甘泉」。

〔七〕此句，《群書通要》無。

〔八〕奉，《群書通要》無。

〔九〕《西漢會要》、《文獻通考》引至此句。

〔十〕則，《群書通要》無。

清道

清道，謂天子將出，或有齋祠，先令道路掃灑清淨。（《四庫叢刊三編》景
元本）

靜室

靜室，天子出入警蹕，舊典：行幸所至，必遣靜室令，先按行清淨殿中，
以虞非常。蔡邕《獨斷》曰：「天子所至曰幸。幸者，宜幸也。世俗謂車駕所至，臣
民被其澤以僥倖，故曰幸也。（《四庫叢刊三編》景元本）

離宮

離宮，天子出遊之宮也。（《四庫叢刊三編》景元本）

行在所

行在所，天子以四海爲家，不以京師宮室居處爲常，則當乘車輿以行天
下。天子至尊，臣下不敢傑瀆言之，故託之於乘輿，或謂之車駕。車輿所至，奏事
皆曰行在。（《四庫叢刊三編》景元本）

陛下

陛下，陛所由陞堂也。天子必有近臣，執兵階陛，以戒不虞。臣下與天
子言，不敢指斥天子，故呼在殿陛下以告之，故稱陛下。因卑達尊之意也。
上書亦如之，如羣臣士庶相與語曰閣下、足下之屬。（《四庫叢刊三編》景元本）

繭館

繭館，《漢宮闕疏》云：「上林苑有繭館。」蓋蠶繭之所也。(《四庫叢刊三編》景元本)

另存文字簡潔者，附於下：

《宮闕疏》云：「蠶所，曰繭館。」(《海錄碎事》卷十下。又見《紺珠集》卷九)

蠶室

蠶室，行腐刑之所也〔一〕。司馬遷下蠶室。(《四庫叢刊三編》景元本。又見《書蔡傳旁通》卷一中，文字稍異。)

〔校記〕

〔一〕也，《書蔡傳旁通》無。《書蔡傳旁通》引至此。

另存文字簡潔者，附於下：

蠶室，腐刑之所。(《古今韻會舉要》卷十)

鐘室

鐘室，在長樂宮。高祖縛韓信置鐘室中。(《四庫叢刊三編》景元本)

作室

作室，上方工作之所。(《四庫叢刊三編》景元本)

長安御溝

長安御溝，謂之楊溝〔一〕。(《箋注評點李長吉歌詩》卷一。又見《四庫叢刊三編》景元本)

〔校記〕

〔一〕此句下，《四庫叢刊三編》有「謂值高楊於其上也」句。

闕

闕，觀也。周置兩觀以表宮門，其上可居，登之可以遠觀，故謂之觀。人臣將朝，至此則思其所闕。(《四庫叢刊三編》景元本)

另存文字稍異，附於下：

登之則可遠觀，故曰觀。(《通鑒綱目》卷三十九下。又見《風雅翼》卷二、《古今韻會舉要》卷二十一，文字稍異。曰，《風雅翼》、《古今韻會舉要》作「謂之」。)

塾門

塾門，外舍也。臣來朝君，至門外當就舍，更熟詳所應對之事。塾之言熟。（《四庫叢刊三編》景元本）

掖門

掖門，在兩旁，如人臂掖也。（《四庫叢刊三編》景元本）

另存文字差異較大者，錄於下：

北面西頭第一門。（《漢書·成帝紀》如淳注）

北面西頭第一門，掖門，在兩旁，如人臂掖。（《玉海》卷一百六十九）

闈闥

闈闥，宮中小門也。（《四庫叢刊三編》景元本）

永巷

永巷，永，長也。宮中之長巷〔一〕，幽閉宮女之有罪者。武帝時改爲掖庭〔二〕，置獄焉〔三〕。《列女傳》：周宣王姜后，脫簪珥，侍罪永巷。（《四庫叢刊三編》景元本。又見《詩傳旁通》卷八、《詩傳通釋》卷十二、《詩經疏義》卷十二，文字稍異。）

〔校記〕

〔一〕之，《詩傳旁通》、《詩經疏義》無。

〔二〕《詩傳通釋》引至此。

〔三〕此句下，《詩傳旁通》、《詩經疏義》有「謂之掖庭詔獄」句。《詩傳旁通》、《詩經疏義》引至此。

另存文字簡潔者，附於下：

武帝改永巷爲掖庭，置獄焉。（《西漢會要》卷六十三。又見《文獻通考》卷一百六十三）

蠻夷邸

蠻夷邸，在長（安）城內藁街。藁街，街名。蠻夷邸在此街，若今鴻臚館。〔一〕（《四庫叢刊三編》景元本。又見《長安志》卷五，文字稍異。）

〔校記〕

〔一〕以上注文，《長安志》無。

另存文字簡潔者，附於下：

夷邸，在長安城門內。（《玉海》卷一百七十二）

關中八水

關中八水，皆出入上林苑〔一〕。（《四庫叢刊三編》景元本。又見《箋注評點李長吉歌詩》卷一，文字稍異。）

〔校記〕

〔一〕出入，《箋注評點李長吉歌詩》作「通」。

霸水

霸水出藍田谷，西北入渭。（《四庫叢刊三編》景元本）

另存文字有異者，附於下：

霸水，在長安也。（《雍錄》卷七）

滻水

滻水亦出藍田谷，北至霸陵入霸。（《四庫叢刊三編》景元本）

涇水

涇水出定安涇陽開頭山，東至陽陵入渭。（《四庫叢刊三編》景元本）

渭水

渭水出隴西首陽縣鳥鼠同穴山，東北至華陰入河。（《四庫叢刊三編》景元本）

豐水

豐水出鄠南山豐谷，北入渭。（《詩地理考》卷四。又見《四庫叢刊三編》景元本）

鎬水

鎬水在昆明池北。（《四庫叢刊三編》景元本）

牢水

牢水出鄠縣西南，入潦谷，北流入渭。（《四庫叢刊三編》景元本）

潏水

潏水在杜陵，從皇子陂西北流，經昆明池入渭。（《四庫叢刊三編》景元本）

棘門

棘門，在橫門外也。（《水經注》卷十九。又見《漢書·文帝紀》如淳注、《史記·孝文本紀》裴駰集解、《雍錄》卷七、《長安志》卷十三、《冊府元龜》卷九百八十八）

平城門

長安城南面西頭門。(《後漢書·隗囂公孫述列傳》李賢等注)

都水

三輔皆有都水也。(《漢書·百官公卿表》如淳注)

另存文字有異者。錄於下：

三輔皆有都水，少府有均官。(《玉海》卷一百二十三)

籞

上林中池上籞五所。(《漢書·百官公卿表》顏師古注)

玉堂殿

未央宮有大玉堂、小玉堂殿也。(《漢書·楊雄傳》晉灼注。又見《補註杜詩》卷三十、《雍錄》卷二、《長安志》卷三、《類編長安志》卷二、卷四)

另存文字差異較大者，錄於下：

未央宮有玉堂殿。(《初學記》卷十。又見《經進東坡文集事略》卷二十八)

玉堂殿在未央宮殿西。(《玉海》卷一百五十九)

上帝壇

上帝壇八觚，神道八通，廣三十步。(《史記·封禪書》司馬貞索隱。又見《古今考》卷十四)

另存文字差異較大者，錄於下：

上帝壇，徑五丈，高九尺；后土壇，方五丈，高六尺。(《玉海》卷九十二)

船庫官

有船庫官，後改為縣。王莽之船利者也。(《水經注》卷十九)

牛首山

甘泉宮中有牛首山。(《文選·西京賦》李善注。又見《長安志》卷十五、《類編長安志》卷六，文字稍異。甘泉宮，《長安志》作「甘泉二宮」。)

另存文字差異較大者，錄於下：

甘泉宮，漢武帝建元中增廣之，周圍一十九里，中有牛首山。(《長安志》卷四)

大司徒宮奏

大司徒宮奏曰：明堂、辟雍，其實一也。(《文選‧閒居賦》李善注)

槐市

元始四年，起明堂辟雍，爲博士舍，三十區爲會市，但列槐樹數百行。諸生朔望會此市，各持其郡所出物及經書，相與買賣〔一〕，雍雍揖讓，論議樹下〔二〕，侃侃闇闇〔三〕。(《藝文類聚》卷八十八。又見《太平御覽》卷九百五十四、《事文類聚》後集卷二十三，文字稍異。)

〔校記〕

〔一〕買賣，《太平御覽》作「賣買」。

〔二〕樹，《太平御覽》作「槐」。

〔三〕此句，《太平御覽》作「侃侃闇闇如也」。

另存文字有異者或簡潔者，錄於下：

明堂辟雍爲博士舍，三十區爲會市〔一〕，但列槐樹數百行，諸生朔望會此市，各持其郡所出物及經書〔二〕，所與賈買〔三〕，雍容揖讓〔四〕，議論槐下。(《施注蘇詩》卷二十三。又見《東坡詩集註》卷十九、《事類賦》卷二十五，文字稍異。)

〔校記〕

〔一〕三十，《事類賦》作「三千」。千，「十」之形訛。

〔二〕其，《事類賦》無。

〔三〕此句，《東坡詩集註》作「所與賣買」，《事類賦》作「相與買賣」。賈，當作「賣」，形訛。

〔四〕揖，《東坡詩集註》作「楫」，形訛。

元始中起明堂，列槐樹數百行〔一〕。朔望，諸生持經書及當郡所出物〔二〕，於此賣買〔三〕，號槐市。(《文選‧石闕銘》李善注。又見《事類備要》後集卷四十三、《翰苑新書集》前集卷二十五，文字稍異。)

〔校記〕

〔一〕此句，《事類備要》作「列樹數百」。

〔二〕及，《事類賦》作「又」。

〔三〕賣買，《事類賦》、《翰苑新書集》作「買賣」。

元始四年，起明堂辟雍。長安城南北爲會市，但列槐樹數百行爲隊，無牆屋。諸生朔望會此市，各持其郡所出貨物及經書、傳記、笙磬器物，相與

賣買〔一〕，雍容揖讓〔二〕，或論議槐下。（《太平御覽》卷八百二十八。又見《事類備要》別集卷十、《事文類聚》續集卷三，文字稍異。）

〔校記〕

〔一〕賣買，《事類備要》作「買賣」。

〔二〕揖讓，《事類備要》、《事文類聚》作「揖遜」。

太學列槐百行。諸生朔望會此，各持鄉郡所出物賣之及經傳〔一〕，相議於槐下〔二〕，曰槐市〔三〕。（《海錄碎事》卷十九。又見《類說》卷四十、《群書通要》庚集卷四，文字稍異。）

〔校記〕

〔一〕及經傳，《類說》、《群書通要》無。

〔二〕此句，《類說》、《群書通要》無。

〔三〕此句，《類說》作「號曰槐市」，《群書通要》作「號槐市」。

禮小學在公宮之南。太學在東，就陽位也，去城七里，東爲常滿倉。倉之北爲槐市。列槐樹數百行爲隧，無墻屋。諸生朔望會此市，各持其郡所出貨物，及經傳書記，笙磬樂器，相與買賣，雍容揖讓，論說槐下。（《藝文類聚》卷三十八。按：郡，《藝文類聚》原作「群」，當爲形訛，今改之。）

元始四年，起明堂辟雍，長安城南北爲會市，但列槐樹數百行爲隊，無牆屋。又爲方市、闌門，周環列肆，商賈居之都，商亭在其外。（《太平御覽》卷八百二十七）

禮小學，在公宮之南。太學，在城南，就陽位也，去城七里。王莽爲宰衡，起靈臺，作長門宮，南去堤三百步。起國學於郭內之西南，爲博士之宮。寺門北出，王於其中央爲射宮門。西出殿堂，南嚮爲牆，選士肆射於此中。此之外爲博士舍，三十區周環之。此之東，爲常滿倉，之北爲會市，但列槐樹數百行爲隧，無牆屋。諸生朔望會此市，各持其郡所出貨物及經書、傳記、笙磬樂，相與買賣，邑邑揖讓，或論議槐下。其東爲太學宮，寺門南出，置令，丞吏詰姦，究理辭訟。五博士領弟子，員三百六十六經。三十博士，弟子萬八百人，主事高弟侍講各二十四人。學士司舍行無遠近，皆隨檐，雨不塗足，暑不暴首。（《太平御覽》卷五百三十四）

三雀觀

長安有三雀觀。（《編珠》卷二）

萬歲殿

長安有萬歲殿。(《編珠》卷二)

飛雨殿

長安有飛雨殿,又名飛雲殿。(《編珠》卷二)

長樂宮

長安有長樂宮。(《編珠》卷二)

柘觀

長安有柘觀。(《編珠》卷二)

園陵

陵四闌門,通四園。(《唐律疏議》卷十九。又見《刑統》卷十九)

九衢三陌

長安九衢三陌。(《杜工部草堂詩箋》卷十三)

長安諸宮

漢未央、長樂、建章、甘泉、北宮等,共有三十六宮。(《箋注評點李長吉歌詩》卷二)

有夜光宮、望遠宮、照臺宮、蒲萄宮、棠梨宮、資陽宮、長平宮、五柞宮。(《藝文類聚》卷六十二。又見《太平御覽》卷一百七十三,文字稍異。照臺宮、蒲萄宮、資陽宮,《太平御覽》分別作「昭臺宮」、「蒲桃宮」、「蕡陽宮」。)

夜光宮、棠梨宮、扶荔宮。(《初學記》卷二十四。又見《古今考》卷二十八)

京兆有步高宮。(《初學記》卷二十四,又見《錦繡萬花谷》後集卷二十三、《玉海》卷一百五十六)

長安有望遠宮。(《初學記》卷二十四。又見《錦繡萬花谷》後集卷二十三、《玉海》卷一百五十六)

長安有昭臺宮。(《初學記》卷二十四)

七里宮、增城宮。增城宮在甘泉宮垣內。長安有脩池宮。(《初學記》卷二十四)

蒲陶宮在上林苑。(《玉海》卷一百五十六)

市樓

市樓，曰旗亭。（《箋注評點李長吉歌詩》卷三）

藁街

藁街，在長安城門內〔一〕。（《漢書・傅常鄭甘陳段傳》晉灼注。又見《河東先生集》卷十、《通鑒綱目》卷六，文字稍異。）

〔校記〕
〔一〕長安城門，《通鑒綱目》作「長安府南」。

秦始皇冢

秦始皇帝葬驪山〔一〕，六年之間，爲項王所發〔二〕。牧兒墮羊冢中〔三〕，燃火求羊〔四〕，燒其槨藏〔五〕。（《藝文類聚》卷八十。又見《太平御覽》卷八百六十九、《事類賦》卷八，文字稍異。）

〔校記〕
〔一〕秦始皇帝，《太平御覽》、《事類賦》作「秦始皇」。
〔二〕項王，《太平御覽》、《事類賦》作「項籍」。
〔三〕此句，《太平御覽》作「放羊兒墮羊冢中」，《事類賦》作「牧童放羊而墮羊冢中」。
〔四〕燃，《太平御覽》、《事類賦》作「然」。
〔五〕此句，《事類賦》作「燒槨」。

秦德公

秦德公，自汧徙雍。（《初學記》卷二十四）

長安故城

在夕陰街北。（《太平寰宇記》卷二十五）

白獸殿

未央宮有白獸殿。（《太平寰宇記》卷二十五）

長安獄

長安城中有二十四獄。（《太平寰宇記》卷二十五。又見《類編長安志》卷八）

另存文字有異者，錄於下：
長安有九市、二十四獄。（《太平御覽》卷六百四十三）
長安城中有獄二十四所。（《長安志》卷五）

昌陵

成帝於霸陵北步昌亭起昌陵，即武帝之廢陵也。(《太平寰宇記》卷二十七。又見《長安志》卷十五)

甘泉宮

甘泉宮，漢武帝建元中增廣之，周十九里。(《太平寰宇記》卷三十一)

秦門

始皇表河以爲秦東門，表汧以爲秦西門。(《太平御覽》卷一百六十四。又見《長安志》卷一、《類編長安志》卷一)

另存文字差異較大者，錄於下：

始皇表河華爲秦東門，表汧隴爲秦之西門，中間八百里爲秦川。(《類編長安志》卷八)

寶貨

金寶一，銀寶二，龜寶三，貝寶四，〔一〕布寶五，泉寶六，凡寶貨六種卅八品〔二〕。煩碎難行，乃羅本貨五百枚，爲重十二斤，百姓安之。(《太平御覽》卷八百三十六。又見《太平御覽》卷八〇二，文字稍異。)

〔校記〕

〔一〕以上三句，《太平御覽》卷八〇二作「銀二，龜三，貝四」。

〔二〕卅八，《太平御覽》卷八〇二作「二十八」。且此句以下無。

長安宮觀

又有昆明、遠望、燕昇、象觀、便門、白鹿、三爵、陽祿、陰德、走馬、柘觀、上蘭、郎池、當路等觀，又有飛廉觀。建章有駘盪、馺娑、松柏、天梁、奇寶、鼓簧等宮。又蒲萄、扶荔宮在上林苑，宣曲宮在昆明池。(《玉海》卷一百六十五)

五宮

宮中有三十六殿。高祖又創長樂宮。至武帝，於南山一邊添劫甘泉、長揚、五柞，共爲五宮，統在北闕。東闕內皆宮也。(《鶴山全集》卷一〇五)

鶴禁

《宮闕疏》曰：「白鶴，太子所居，故曰鶴禁。」（《海錄碎事》卷十下。又見《紺珠集》卷九）

探金

探金興於黃帝、堯、舜之代，是以三代修之也。（《錦繡萬花谷》後集卷十七）

章臺

章臺，在漢長安故城西。（《史記‧樗里子甘茂列傳》司馬貞索隱）

另存文字有異者，錄於下：

章臺，在長安故城西上林苑。（《通鑑綱目》卷二上）

蜚廉、桂觀

蜚廉、桂觀，俱在長安城中，近北宮，通天莖臺。（《通鑑綱目》卷五上）

鴻都門

漢門。（《通鑑綱目》卷十下）

天子五門

天子五門：皋門、庫門、雉門、應門、路門。（《唐音》卷五）

陵冢

陵冢爲山。（《漢書‧地理志》如淳注）

扶老

華林園有扶老三株。（戴凱之《竹譜》）

元始儀

《黃圖》載元始儀最悉，曰：「元始四年，宰衡莽奏曰：『帝王之義，莫大承天；承天之序，莫重於郊祀。祭天於南，就陽位；祠地於北，主陰義。圓丘象天，方澤則地。圓方因體，南北從位。燔燎升氣，瘞埋就類。牲欲繭栗，味尚清玄。器成匏勺，貴誠因質。天地神所統，故類乎上帝，禋於六宗，望秩山川，班於羣神。皇天后土，隨王所在而事祐焉。甘泉太陰，河東少陽，咸失厥位，不合禮制。聖王之制，必上當天心，下合地意，中考人事。故曰：『愷悌君子，求福不回。』回而求福，厥路不通。在易泰卦，乾坤合體，天

地交通，萬物聚出，其律太蔟。天子親郊天地。先祖配天，先妣配地，陰陽之別。以日冬至祀天，夏至祀后土，君不省方而使有司。六宗：日、月、星、山、川、海。星則北辰，川即河，山岱宗，三光眾明山皋，百川眾流淳汙皋澤，以類相屬，各數秩望相序。〔一〕』於是定郊祀，祀長安南北郊，罷甘泉、河東祀〔二〕。」上帝壇圓八觚，徑五丈，高九尺。茅營去壇十步，竹宮徑三百步，土營徑五百步。神靈壇各於其方面三丈，去茅營二十步，廣三十五步。合祀神靈以璧琮。用辟神道八通，廣各三十步。竹宮內道廣三丈，有闕，各九十一步。壇方三丈，拜位壇亦如之。為周道郊營之外，廣九步。營北辰於南門之外，日、月、海東門之外，河北門之外，岱宗西門之外。為周道前望之外，廣九步。列望道乃近前望道外，徑六十二步。壇方二丈五尺，高三尺五寸。為周道列望之外，徑九步。卿望亞列望外，徑四十步。壇廣三丈，高二尺。為周道卿望之外，徑九步。大夫望亞卿望道外，徑二十步。壇廣一丈五尺，高一尺五寸。為周道大夫望之外，徑九步。士望亞大夫望道外，徑十五步。壇廣一丈，高一尺。為周道士望之外，徑九步。庶望亞士望道外，徑九步。壇廣五尺，高五寸。為周道庶望之外，徑九步。凡天宗上帝宮壇營，徑三里，周九里。營三重，通八方。后土壇方五丈六尺。茅營去壇十步外，土營方二百步限之。其五零壇去茅營，如上帝五神去營步數，神道四通，廣各十步。宮內道廣各二丈，有闕。為周道后土宮外，徑九步。營岱宗西門之外，河北門之外，海東門之外，徑各六十步。壇方二丈，高二尺。為周道前望之外，徑六步。列望亞前望道外，徑三十六步。壇廣一丈五尺，高一尺五寸。為周道列望之外，徑六步。卿望亞列望道外，徑三十五步。壇廣一丈，高一尺。為周道卿望之外，徑六步。大夫望亞卿望道外，徑十九步。壇廣八尺，高八寸。為周道大夫望之外，徑六步。士望亞大夫望道外，徑十二步。壇廣六尺，高六寸。為周道士望之外，徑六步。凡地宗后土宮壇營，方二里，周八里。營再重，道四通。常以歲之孟春正月上辛若丁，親郊祭天南郊，以地配，望秩山川，遍於羣神。天地位皆南鄉同席，地差在東，共牢而食。太祖高皇帝、高后配於壇上，西鄉，后在北，亦同席，共牢而食。日冬至，使有司奉祭天神於南郊，高皇帝配而望羣陽。夏至，使有司奉祭地祇於北郊，高皇后配而望羣陰。天地用牲二，燔燎瘞埋用牲一，先祖先妣用牲一。天以牲左，地以牲右，皆用黍稷及樂。(《後漢書·祭祀志》劉昭注。又見《玉海》見九十二，文字有異。)

〔校記〕

〔一〕「六宗」八句，《玉海》無。

〔二〕《玉海》引至此。

下邽縣

下邽縣並鄭，桓帝西巡復之。（《後漢書‧郡國志》劉昭注）

未央宮

未央，周回二十八里。（《雍錄》卷二）

霸駮之橋

霸駮之橋，跨水爲橋也。（《雍錄》卷七）

唐曲江

漢武帝時，池周回六里餘。（《雍錄》卷六）

《三州論》　三國蔣濟

《三州論》，三國魏蔣濟撰。史志未著錄。《三國志‧魏書‧蔣濟傳》載：「濟表水道難通，又上《三州論》以諷帝。」蔣濟（188-249），字子通，楚國平阿（今安徽懷遠）人，歷任丞相主簿、右中郎將等，後封昌陵亭侯。《隋志》著錄有《萬機論》八卷，今亡佚。

馬瀬

淮湖紆遠，水陸異路，山陽不通，陳敏穿溝，更鑿馬瀬，百里渡湖者也。（《水經注》卷三十）

《九江記》　三國何晏

《九江記》，三國魏何晏撰。何晏（189？-249），字平叔，南陽宛（今河南南陽）人。官歷侍中、吏部尚書。此書史志不著錄，其似在唐前亡佚。

今其輯本有宛委山堂本《説郛》,《漢學堂知足齋叢書‧子史鉤沉》本,《舊小説》本。

馬當山

馬當山,高八十丈,周回四里,在古彭澤縣北一百二十里。其山橫枕大江,山象馬形,回風急擊,波浪湧沸,舟船上下,多懷憂恐。山際立馬當山廟以祠之。(《太平御覽》卷四十八)

彭蠡湖

彭蠡湖在尋陽縣東南,與都昌縣分界,湖心有大孤山。(《太平御覽》卷六十六)

神泉

廬山錦繡峰下有神泉,宋紹興間,皇甫履隱斯山,高宗名其居曰清虛菴。光宗在東宮,問履所乏,履曰:「但水差遠。」光宗特書神泉二字。履持歸。菴傍穿小井,方施畚鍤而泉遂出,故名。(宛委山堂本《説郛》卷六十一。按:此則内容涉及宋代之事,當爲後世增補。)

滃城

青滃山有井,形如盆,因號滃水,城曰滃城,浦曰滃浦,江州故有滃江。(宛委山堂本《説郛》卷六十一)

匡廬

匡谷先生姓匡名谷,商周之際,遯世隱居,廬於廬山,故號匡廬。(宛委山堂本《説郛》卷六十一)

泉穴

東興人家曾以木甌沉井,中乃流出連樊溪甘渚得之,此泉穴相通也。(宛委山堂本《説郛》卷六十一)

五章山

五章山絕嵓嶮峭,有蜜蜂依之爲房,其形如笠,望者皆懸磴數丈,然後得至其所矣。(宛委山堂本《説郛》卷六十一)

石人

虛谷東英巨山巖內，有石人坐磐石上，體上塵穢則興風，濕潤則致雨，晴日便舉體鮮潔，朗然玉淨。（宛委山堂本《説郛》卷六十一）

陸社兒

陸社兒者，江夏民，常種稻於江際。夜歸，路逢一女子，甚有容質，謂社兒曰：「我昨自縣前來，今欲歸浦里，願投君宿。」然辭色甚有憂容。社兒不得已，同歸，閉室共寢。未幾，便聞暴風震雷明照。社兒但覺此女驚惶，制之不止。須臾雷震，只在簾前，社兒寢室，有物突開。乘電光，見一大毛手拿此女去。社兒僕地，絕而復蘇。及明，鄰里異而問之。社兒告以女子投宿之事。少頃，鄉人有渡江來者，云此去九里，有大蛟龍無首，長百餘丈，血流注地，盤泊數畝，有千萬禽鳥，臨而噪之也。（《太平廣記》卷四百二十五）

劉京

臨江郡民劉京，孝行鄉里推敬。時江水暴溢，居者皆漂溺，京負其母號泣。忽有大龜至其前，舉家七口，俱上龜背，然行十許里，及一高岸，龜遂失之。（《太平廣記》卷一百六十一）

王植

王植，新贛人也，乘舟過襄江，時晚日遠眺，謂友朱壽曰：「此中昔楚昭王獲萍實之處，仲尼言童謠之應也。」壽曰：「他人以童謠爲偶然，而聖人必知之。」言訖，見二人自岸下，青衣持蘆杖謂植曰：「卿來何自？」植曰：「自新贛而至於此爾。」二人曰：「觀君皆儒士也，習何典教？」植、壽曰各習詩禮。二人且笑曰：「尼父云：『子不語神怪』。又云：『敬鬼神而遠之』。何也？」壽曰：「夫子聖人也，不言神怪者，恐惑典教。又言『敬鬼神而遠之』者，以戒彝倫，其意在奉宗之孝。」二人曰：「善。」又曰：「卿信乎？」曰：「然。」二人曰：「我實非鬼神，又非人類。今日偶與卿談，乃天使也。」又謂植曰：「明日此岸有李環、戴政，俱商徒，以利剝萬民，所貪未已。上帝惡，欲懲其罪於三日內。卿無此泊，愼之。」言訖，沒於江。壽、植但驚異之，未明何怪也。及明，植謂壽曰：「有此之不祥，可移於遠矣。」乃牽舟於上流五百餘步，纜訖，見十餘大舟自上流而至，果泊於植本處。植曰：「可便詳問其故，要知姓字。」於是壽杖策而問之，二商姓字，果如其所言。壽心驚曰：「事定

矣。」乃謂植曰：「夫陰晦之間，惡人之不善，今夕方信之矣。」植曰：「夫言幽明者，以幽有神而神之明，奈何不信乎？」時晉恭帝元熙元年七月也。八日至十日，果有大風雷雨，而二商一時沉溺。植初聞二人之言，私告於人。及是共觀者有數百人。內有耿譚者年七十，素諳土事，謂植曰：「此中有二蛟如青蛇，長丈餘，往往見於波中，時化遊於洲渚，然亦不甚傷物。卿所見二人青衣者，恐是此蛟有靈，奉上帝之命也。」（《太平廣記》卷四百二十五。按：據「晉恭帝元熙元年」等，可推斷，以上內容或爲後人增補，或非何晏《九江記》內容，未可定論，姑置於此。）

顧保宗

顧保宗字世嗣，江夏人也，每釣魚江中，嘗夏夜於草堂臨月未臥，忽有一人鬚髮皓然，自稱爲翁，有如漁父，直至堂下，乃揖保宗，便箕踞而坐，唯哭而已。保宗曰：「翁何至？」不語，良久謂保宗曰：「陸行甚困，言不得速。」保宗曰：「翁適何至？今何往？」答曰：「來自江州，復歸江夏。」言訖又哭。保宗曰：「翁非異人乎？」答曰：「我實非人，以君閑退，故來相話。」保宗曰：「野人漁釣，用釋勞生，何閑退之有？」答曰：「世方兵亂，閑退何詞？」保宗曰：「今世清平，亂當何有？」答曰：「君不見桓玄之志也？」保宗因問：「若是有兵，可言歲月否？」翁曰：「今不是隆安五年耶？」保宗曰：「是。」又屈指復哭，謂宗曰：「後年易號。復一歲，桓玄盜國，盜國未幾，爲卯金所敗。」保宗曰：「卯金爲誰？」答曰：「君當後識耳。」言罷，復謂保宗曰：「不及二十稔，當見大命變革。」保宗曰：「翁遠至，何所食？」答曰：「請君常食。」保宗因命食飼之。翁食訖，謂保宗曰：「今夕奉使，須向前江，來日平旦，幸願觀之。」又曰：「百里之中，獨我偏異，故驗災祥，我等是也。」宗曰：「未審此言，何以驗之？」答曰：「兵甲之兆也。」言訖乃出。保宗送之於戶外，乃訣去。及曉，宗遂臨江觀之，聞水風漸急，魚皆出浪，極目不知其數。觀者相傳，首尾百餘里，其中有大白魚，長百餘丈，驤首四望，移時乃沒。是歲隆安五年六月十六日也。保宗大異之。後二歲，改隆安七年爲元興，元興二年，十一月壬午，桓玄果簒位。三年二月，建武將軍劉裕起義兵滅桓玄，復晉安帝位。後十七年，劉裕受晉禪。一如魚之所言。（《太平廣記》卷四百六十八。按：此條內容，涉及東晉年號、人物、歷史等，與「王植」條相類，或爲後人所增補，或非《九江記》內容。姑置於此。）

王奐

　　齊王奐自建業將之渚宮，至江州，泊舟於岸。夜深，風生月瑩。忽聞前洲上有十餘人喧噪，皆女子之音。奐異之，謂諸人曰：「江渚中豈有是人也。」乃獨棹小舟，取葭蘆之陰，循洲北岸，而於叢葦中見十餘女子，或衣綠，或衣青碧，半坐半立。坐者一女子泣而言曰：「我始與姊妹同居陰宅，長在江漢，不意諸娘，虛爲上峽小兒所娶，乃至分離。」立者一女子歎曰：「潮水有回，而我此去，應無返日。」言未竟，北風微起。立者曰：「潮至矣，可以還家。」奐急從蘆葦中出捕，悉化爲龜，入水而去。(《太平廣記》卷四百六十九。按：此則內容涉及南朝之事，應爲後世增補。)

弱柳江

　　西江別支，爲弱柳江。(《廣博物志》卷六)

存疑

　　以下三條，皆出自《九江錄》，是否爲《九江記》之別稱，亦未可知，暫錄於下。

劉軻

　　劉軻書堂在淩雲峰下，早年居此。廉使裴公美其才，薦之上第爲史官。(陳舜俞《廬山記》卷二)

洪志道士

　　昔有道士洪志，乘青牛得道於此，壇場猶存。(陳舜俞《廬山記》卷二)

庾亮

　　庾公庾亮，在武昌。諸佐吏殷浩等，乘秋夜佳景共登高樓。俄而，不覺亮至。眾將避之，公曰：「老子於此，興復不淺。」便坐談詠。至今名庾公樓。(《天中記》卷十四)

《巴蜀異物志》　　三國譙周

　　《巴蜀異物志》，又作《異物志》，三國蜀譙周撰。譙周(201-270)，

字允南，巴西西充國（今四川閬中）人，以經史之學著稱。事跡見《三國志·蜀志·譙周傳》。此書史志未著錄，似亡佚於唐代之前。今有劉緯毅《漢唐方志輯佚》本。

冒絮

頭上巾，為冒絮。(《史記·絳侯周勃世家》裴駰集解。又見《漢書·張陳王周傳》顏師古注、《資治通鑒》卷十四)

大龜

涪陵多大龜〔一〕，其甲可以卜，其緣中又似瑇瑁，俗名曰靈。(《文選·蜀都賦》李善注。又見《輿地紀勝》卷一百七十四，文字稍異。)

〔校記〕

〔一〕此句以下，《輿地紀勝》無。

滇池

滇池在建寧界，有大澤水，周二百餘里。水乍深廣，乍淺狹，似如倒池，故俗云滇池。(《文選·蜀都賦》李善注)

鵩鳥

有鳥小如雞，體有文色，土俗因形名之曰鵩。不能遠飛，行不出域。(《文選·鵩鳥賦》李善注。又見《天中記》卷五十九)

《益州志》 三國譙周

《益州志》，三國蜀譙周撰。事蹟見上。史志無著錄，應在隋前亡佚。今僅存佚文一則，出自《文選》注。今輯本有劉緯毅《漢唐方志輯佚》本。

江水

成都織錦既成，濯於江水，其文分明，勝於初成；他水濯之，不如江水也。(《文選·蜀都賦》李善注)

《蜀本紀》 三國譙周

《蜀本紀》，三國蜀譙周撰。事蹟見上。史志無著錄，其佚文較早爲《三國志》裴松注徵引。

禹

禹，本汶山廣柔縣人也，生於石紐，其地名刳兒坪。（《三國志·蜀書·秦宓傳》裴松之注）

另存文字簡潔者，錄於下：

禹生石紐廣柔縣。（《輿地紀勝》卷一百五十二）

《巴記》 三國譙周

《巴記》，三國蜀譙周撰。事蹟見上。史志無著錄，其佚文較早爲《後漢書》注文徵引。

永寧郡

後漢初平元年〔一〕，臨江縣屬永寧郡，今郡東二里臨江南〔二〕，古城是也〔三〕。建安六年改永寧郡爲巴東郡〔四〕，臨江縣屬焉〔五〕。（《太平寰宇記》卷一百四十九。又見《太平御覽》卷一百六十七、《類要》卷八，文字稍異。）

〔校記〕
〔一〕此句，《太平御覽》作「後漢獻帝初平六年」，《類要》作「後漢初平年六」，「年」與「六」倒置。
〔二〕「今郡」句，《太平御覽》無。
〔三〕此句，《類要》作「故江是也」，《太平御覽》無。《類要》引至此句。
〔四〕建安六年：《太平御覽》作「建安中」。「永寧」下，《太平御覽》無「郡」字。
〔五〕此句，《太平御覽》作「臨江仍屬焉」。

另存記述簡潔者，附於下：

獻帝初平元年，劉璋分巴郡爲永寧郡。（《太平寰宇記》卷七十二）

又有文字差異較大者，錄於下：

初平六年，趙韙分巴爲二郡，欲得巴舊名，以墊江爲治，安漢以下爲永寧郡。建安六年，劉璋分巴，以永寧爲巴東郡，墊江爲巴郡，閬中爲巴西郡。（《資治通鑒》卷六十四。又見《資治通鑒》卷六十七、七十八，文略有異。）

永寧縣

靈帝分涪陵置永寧縣。（《後漢書・郡國志》李賢等注）

平都

和帝分枳置。（《後漢書・郡國志》李賢等注）

南充國縣

初平四年，復分爲南充國縣。（《後漢書・郡國志》李賢等注）

漢昌縣

分宕渠之北而置之。（《後漢書・郡國志》李賢等注）

和帝永元中，分宕渠之地置漢昌縣，屬巴郡。夷人歲入賨錢，口四十，謂之賨民。（《資治通鑒》卷六十三）

巴西郡

劉璋分巴郡墊江已上爲巴西郡〔一〕。（《資治通鑒》卷六十六。又見《資治通鑒》卷六十七，文字稍異。）

〔校記〕
〔一〕此句上，卷六十七有「建安六年」四字。「巴西」下，卷六十七無「郡」字。

《三巴記》 三國譙周

《三巴記》，三國蜀譙周撰。事蹟見上。《隋書・經籍志》、《新唐書・藝文志》、《玉海・地理》、《玉海・藝文》、《通志・藝文略》皆著錄一卷。元代諸書無著錄，則其時已亡佚。

巴子國

其地東至魚復，西至僰道，北接漢中，南極牂牁。（《杜詩鏡銓》卷十二）

三巴

閬、白二水東南流〔一〕，曲折三回如「巴」字，〔二〕故謂三巴〔三〕。(《太平寰宇記》卷一百三十六。又見《太平御覽》卷一百六十八、《方輿勝覽》卷五十七、六十、《輿地紀勝》卷一百五十九，文字稍異。)

〔校記〕

〔一〕南，《太平御覽》作「西」。

〔二〕「曲折」句，《方輿勝覽》卷五十七作「三曲如『巴』字」。以上二句，《輿地紀勝》作「閬、白二水，合流曲折三回如『巴』字」。

〔三〕此句，《太平御覽》作「故謂之三巴」，《方輿勝覽》、《輿地紀勝》作「故曰三巴」。

另存文字差異較大者，錄於下：

閬、白二水合流，自漢中至始寧城下入武陵，曲折三曲有如巴字，亦曰巴江，經峻峽中謂之巴峽，即此水也。(《太平御覽》卷六十五)

巴渝舞

閬中有渝水〔一〕，賨民銳氣喜舞，高祖樂其猛銳〔二〕，數觀其舞，使樂人習之，故名巴渝舞〔三〕。(《藝文類聚》卷四十三。又見《太平寰宇記》卷八十六、《太平御覽》卷一百六十七、五百七十四、《類要》卷八，文字稍異。)

〔校記〕

〔一〕閬中：《太平御覽》卷五百七十四作「關中」，「關」應爲「閬」之形訛。渝水，《類要》作「余水」，當誤。

〔二〕「高祖」上，《太平寰宇記》、《太平御覽》卷一百六十七、《類要》有「故」字。

〔三〕此句，《太平寰宇記》、《太平御覽》卷一百六十七、《類要》作「故樂府中有巴渝舞」。此句下，《太平寰宇記》又有「即名因斯地始」。

畢曼子

巴國有亂，巴國將畢曼子請師於楚。楚人與師。曼子已平巴國，既而楚遣使請城。曼子曰：「吾誠許子之君矣。持頭往謝楚王，城不可得。」乃自刎，以頭與楚子。楚子歎曰：「吾得臣若巴曼子，何以城爲？」乃以上卿禮葬曼子頭。巴國葬其身亦然。(《太平御覽》卷五百五十六)

另存文字差異較大者，附於下：

巴有將軍曼子請於楚，以平巴亂，楚使請城，曼子曰：「城不可得。」乃自刎其頭與楚，楚義之，以上卿禮葬其頭，巴以上卿禮葬其身。(《太平御覽》卷三百六十四)

《本蜀論》　　三國來敏

　　《本蜀論》，三國蜀來敏撰。來敏（165-261），字敬達，義陽新野（今河南新野）人，漢司空來豔子，入蜀爲劉璋賓客。先主定蜀，署典學校尉，尋爲太子家令，後主即位，遷虎賁中郎將。丞相亮請爲軍祭酒、輔軍將軍。坐事去職，後爲大長秋，遷光祿大夫。復黜，起爲執愼將軍。景耀中卒。此書，史志未著錄。佚文較早見於《水經注》。

石牛道

　　秦惠王欲伐蜀而不知道，作五石牛，以金置尾丁，言能屎金。蜀王負力，令五丁引之成道。秦使張儀、司馬錯尋路滅蜀，因曰石牛道。（《水經注》卷二十七）

望帝

　　荊人鱉令死，其屍隨水上，荊人求之不得，令至汶山下復生，起，見望帝，望帝者，杜宇也。從天下。女子朱利，自江源出爲宇妻，遂王於蜀，號曰望帝，望帝立以爲相。時巫山峽而蜀水不流。帝使令鑿巫峽通水，蜀得陸處。望帝自以德不若，遂以國禪，號曰開明。（《水經注》卷三十三）

《永昌郡傳》　　三國佚名

　　《永昌郡傳》，一作《永昌郡記》，佚名。根據佚文，《永昌郡傳》中涉及了永昌郡、雲南郡、朱提郡、犍爲郡、建寧郡、越嶲郡、牂牁郡以及興古郡等建制。據《晉書·地理志》，除了犍爲郡、越嶲郡、牂牁郡、永昌郡爲漢時所置，其他四郡均爲蜀時設立。又據譚其驤先生《西晉時期全圖》，西晉太康二年，永昌郡屬寧州，同屬寧州的還有雲南郡、興古郡、建寧郡，而犍爲郡、朱提郡、牂牁郡以及越嶲郡屬益州。「興古郡」條有「郡領九縣」之語，而晉時之興古郡領縣十一。且晉時之越嶲郡治在會無縣，與佚文中「治邛都縣」不符，故《永昌郡傳》當是三國蜀時作品。史志無著錄。

越嶲郡

越嶲郡，在建寧西北千七百里，治江都縣。自建寧高山相連，至川中平地，東西南北八千餘里。郡特好桑蠶，宜黍、稷、麻、稻、粱。（《太平御覽》卷七百九十一）

朱提郡

朱提郡有堂狼山〔一〕。山多毒草，盛夏之月，飛鳥過之不能得去。（《太平御覽》卷二十二。又見《事類賦》卷四，文字稍異。）

〔校記〕

〔一〕有，《事類賦》無。

另存文字記述詳細者，錄於下：

朱提郡，在犍爲南千八百里，治朱提縣。川中縱廣五六十里，有大泉池，水濱，名千滇池。又有龍池，以灌溉種稻，與僰道接。時多援，郡取鳴嘯於行人徑，次聲聒人耳。夷分佈山谷間，食肉衣皮，雖有人形，禽獸其心，言語、服飾不與華同。有堂狼山，山多毒草，盛夏之月，飛鳥過之不能得去。（《太平御覽》卷七百九十一）

建寧郡

建寧郡，葬夷置之積薪之上，以火燔之。煙氣正上，則大殺牛羊，共相勞賀作樂；若遇風，煙氣旁邪尔，乃悲哭也。（《太平御覽》卷五百五十六）

另存文字差異較大者，錄於下：

建寧郡，朱提之東南六百里。土氣和適，盛夏之月，熱不鬱述。猛冬時，寒慘慄。（《太平御覽》卷七百九十一）

牂牁郡

牂柯郡，在建寧東北千二百里，處所險峻，率皆高山，而少平地。（《太平御覽》卷七百九十一）

雲南郡

雲南郡，在建寧南四十五里，治雲南縣，亦多夷濮，分佈山野，千五百人。女大小蹲踞道側，皆持數種器，杖時寇鈔，爲郡邑之害。（《太平御覽》卷七百九十一）

尾濮

郡西南千五百里，徼外有尾濮。尾若龜形，長三四寸，欲坐，輒先穿地，空以安其尾。若邂逅誤折尾，便死。男女長各隨宜，野會無有嫁娶，猶知識母，不復別父。俗云：貸老相食，則此濮也。古人所說，非目見也。（《太平御覽》卷七百九十一）

永昌郡

永昌郡，在雲南西七百里。郡東北八十里瀘倉津，此津有鄣氣。往以三月渡之，行者六十人，皆悉悶亂。毒氣中物則有聲。中樹木，枝則折；中人，則令奄然青爛也。（《太平御覽》卷七百九十一。按：永，原作「末」形訛也。）

興古郡

興古郡，在建寧南八百里，郡領九縣，縱經千里，皆有瘴氣。蒜、穀、雞、豚、魚、酒，不可食，皆食啖病害人。郡北三百有盤江，廣數百步，深十餘丈。此江有毒瘴。九縣之人，皆號曰鳩民，言語嗜慾，不與人同。鳩民，咸以三尺布角割作兩襜，不復加鍼縷之功也。廣頭著前，狹頭覆後，不蓋其形，與裸身無異。（《太平御覽》卷七百九十一）

獠民

獠民，喜食人，以爲至珍美，不自食其種類也。怨仇，乃相害食耳。能水中潛行，行數十里，能水底持刀刺捕取魚。其人，以口嚼食，並以鼻飲水。死人有棺，其葬豎棺埋之。（《太平御覽》卷七百九十六）

另存文字簡潔者，附於下：

獠民，口嚼食，並以鼻飲水。（《太平御覽》卷八百四十九）

《川瀆記》　三國虞翻

《川瀆記》，三國吳虞翻撰。虞翻（164-233），字仲翔，會稽餘姚（今屬浙江）人。性格直率，敢於諫上。精通易學，兼知醫術。官歷功曹、侍御史、騎都尉等，後因酒後失言徙交州。此記，不見史志著錄，較早見於《太平寰宇記》徵引。

五湖

太湖東通長州松江水，南通烏程霅溪水，西通義興荊溪水，北通晉陵滆湖水，東連嘉興韭溪水，凡五道，謂之五湖。(《太平寰宇記》卷九十四)

另存文字簡潔者，附於下：

太湖東通嘉興韭溪水。(《輿地紀勝》卷三。又見《嘉禾百詠》)

《三吳郡國志》　　三國韋昭

《三吳郡國志》，三國吳韋昭撰。韋昭（201-273），後名曜，字弘嗣，吳郡雲陽（今江蘇丹陽）人。官歷侍中、領國史。少好學，能屬文，與華覈、薛瑩等合著《吳書》。事跡見《三國志·韋曜傳》。此書隋志不著錄。姚振宗《三國藝文志》載：「韋昭《三吳郡國志》」。

五湖

太湖邊有遊湖、莫湖、胥湖、貢湖，就太湖爲五湖。(《太平寰宇記》卷九十四)

另存文字差異較大者，錄於下：

胥湖、蠡湖、洮湖、滆湖，就太湖爲五湖也。(《太平寰宇記》卷九十四。又見《輿地紀勝》卷四)

天下如此者五。(《太平寰宇記》卷九十四。又見《輿地紀勝》卷四)

八子墩

昔有孔氏之婦，少寡。有子八人，皆訓以義方，夜則讀書，晝則力田。漢哀、平年間，俱爲郡守，因名之。亦有八子墩〔一〕。(《太平寰宇記》卷九十四。又見《輿地紀勝》卷四，文字稍異。)

〔校記〕

〔一〕此句，《輿地紀勝》作「曰八子堆」。

《吳興錄》　　三國韋昭

《吳興錄》，三國吳韋昭撰。史志未著錄。《輿地碑記目》、《輿地紀勝》皆作「《吳興錄》，韋昭作」。

箬下酒

烏程箬下酒有名。（《（嘉泰）吳興志》卷十八）

《會稽土地志》　　三國朱育

《會稽土地志》，又作《會稽土地記》、《會稽記》，三國吳朱育撰。朱育，生卒年不詳，字嗣卿，山陰（今浙江紹興）人，官侍中東觀令。事跡見《三國志》裴注引《會稽典錄》。《隋書‧經籍志》著錄：「《會稽土地記》一卷，朱育撰」，《舊唐書‧經籍志》、《新唐書‧藝文志》、《通志‧藝文略》均著錄四卷。元代諸書無著錄，則應在其時亡佚。

長山

山靡迤而長，縣因山得名。（《世說新語‧言語》劉孝標注）

山陰縣

邑在山陰〔一〕，故以名焉〔二〕。（《世說新語‧言語》劉孝標注。又見《嘉泰會稽志》卷十二、《輿地紀勝》卷十，文字稍異。按：此條，《世說新語》劉孝標注及《嘉泰會稽志》言引作「《會稽土地志》」，《輿地紀勝》引作「《會稽地志》」，當爲《會稽土地志》之誤也。）

〔校記〕

〔一〕「在」下，《輿地紀勝》有「之」字。

〔二〕此句，《輿地紀勝》作「故以爲名」。

存疑

鄮縣

　　鄮縣濱多石華。(《太平御覽》卷九百四十三。按：此則出自《會稽地理記》，或爲《會稽土地志》之別稱，存疑。)

《南州異物志》　三國萬震

　　《南州異物志》，三國吳萬震撰。震，生卒年、里籍不詳，曾官丹陽太守。《隋書‧經籍志》著錄：「《南州異物志》一卷，吳丹陽太守萬震撰」，《舊唐書‧經籍志》、《新唐書‧藝文志》、《玉海》、《通志‧藝文略》均著錄一卷。元代諸書無著錄，則應在其時亡佚。

鸚鵡螺

　　鸚鵡螺〔一〕，狀如覆杯〔二〕，頭如鳥頭〔三〕，向其腹視〔四〕，似鸚鵡，故以爲名〔五〕。肉離殼出食〔六〕，飽則還殼中〔七〕，若爲魚所食，殼乃浮出，人所得〔八〕。質白而紫〔九〕，文如鳥形，與觸無異，故因其象鳥，爲作兩目兩翼也。(《藝文類聚》卷九十七。又見《藝文類聚》卷七十三、《文選‧江賦》李善注、《太平御覽》卷七百五十九、九百四十一，文字稍異。)

　　〔校記〕
　　〔一〕鸚鵡螺：《太平御覽》卷九百四十一作「鸚螺」。
　　〔二〕如，《太平御覽》卷七百五十九作「以」，當是「似」之訛。此句，《藝文類聚》卷七十三作「狀似霞」。
　　〔三〕此句，《藝文類聚》卷七十三作「杯形如鳥」，《太平御覽》卷七百五十九作「形如鳥頭」。
　　〔四〕「向」上，《藝文類聚》卷七十三有「頭」字。
　　〔五〕「故以」句，《文選》作「故以爲名也」，《太平御覽》卷九百四十一作「故以名」。此句下，《文選》、《藝文類聚》卷七十三、《太平御覽》卷七百五十九無。
　　〔六〕《太平御覽》卷九百四十一無「出」字。此句下，《太平御覽》卷九百四十一有「唯以筋自繫於殼」句。
　　〔七〕還：《太平御覽》卷九百四十一作「入」。

〔八〕人所得：《太平御覽》卷九百四十一作「爲人所得」。

〔九〕此句，《太平御覽》卷九百四十一作「質白而文紫」，此句下，《太平御覽》卷九百四十一無。

弧竹

烏滸國有弧竹〔一〕，皮厚寸餘，破以作弓，長四尺，名曰弧弓。(《北堂書鈔》卷一百二十五。又見《太平御覽》卷三百四十七，文字稍異。)

〔校記〕

〔一〕此句，《太平御覽》作「烏滸人土有竹」。

烏滸人

烏滸人，髑髏破之〔一〕，以飲酒。(《藝文類聚》卷十七。又見《太平御覽》卷三百七十四，文字稍異。)

〔校記〕

〔一〕「髑髏」上，《太平御覽》有「得」字。

烏滸國

烏滸，地名也。在廣州之南，交州之北。恒出道間伺候行旅，輒出擊之。利得人食之，不貪其財貨，並以其肉爲肴菹，又取其髑髏破之以飲酒。以人掌趾爲珍異，以食長老。(《後漢書·南蠻西南夷列傳》李賢等注)

另存記述詳盡者，錄於下：

交、廣之界，民曰烏滸，東界在廣州之南、交州之北。恒出道間，伺候二州行旅，有單迥輩者，輒出擊之，利得人食之，不貪其財貨也。地有棘竹，厚十餘寸，破以作弓，長四尺餘，名狐弩。削竹爲矢，以銅爲鏃，長八寸，以射急疾，不凡用也。地有毒藥，以傅矢金，入則撻皮，視未見瘡，顧盼之間，肌肉便皆壞爛，須臾而死。尋問此藥，云取蟲諸有毒螫者，合著管中曝之，既爛，因取其汁，日煎之。如射肉，在其內地則裂，外則不復裂也。烏滸人便以肉爲肴俎，又取其髑髏，破之以飲酒也。其伺候行人小有失輩，出射之，若人無救者，便止以火燔燎食之；若人有伴相救，不容得食，力不能盡相擔去者，便斷取手足以去。尤以人手足掌蹠爲珍異，以飴長老。出得人歸家，合聚鄰里，懸死人中當，四面向坐，擊銅鼓歌舞飲酒，稍就割食之。奉月方田，尤好出索人，貪得之，以祭田神也。(《太平御覽》卷七百八十六)

外域人

外域人名船曰夏〔一〕，大者長二十餘丈，高去水三四丈〔二〕，望之如閣〔三〕，載六七百人，物萬斛〔四〕。（《北堂書鈔》卷一百三十七。又見《太平御覽》卷七百六十九，文字稍異。）

〔校記〕
〔一〕夏：《太平御覽》作「船」。
〔二〕三四丈：《太平御覽》作「三二丈」。
〔三〕「閣」下，《太平御覽》有「道」字。
〔四〕物萬斛：《太平御覽》作「物出萬斛」。

恆源

天竺有水，其名恒源，〔一〕一號新陶水，特甘香〔二〕，下有鹽水〔三〕。（《北堂書鈔》卷一百四十六。又見《太平御覽》卷五十九，文字稍異。）

〔校記〕
〔一〕以上二句，《太平御覽》作「天竺有恆水」。
〔二〕特甘香：《太平御覽》作「水特甘香」。
〔三〕此句，《太平御覽》作「下有眞鹽也」。

天竺國

地方三萬里〔一〕，佛道所出〔二〕。其國王居城郭，殿皆雕文刻鏤。〔三〕街曲市里，各有行列。左右諸大國凡十六，皆共奉之，以天地之中也。（《史記·大宛列傳》張守節正義。又見《藝文類聚》卷七十六，文字稍異。）

〔校記〕
〔一〕此句，《藝文類聚》作「天竺國地方三萬里」。
〔二〕出：《藝文類聚》作「上」。
〔三〕以上二句，《藝文類聚》作「其國王城郭宮室，皆雕文刻鏤。」

大月氏

在天竺北可七千里，地高燥而遠。國王稱「天子」，國中騎乘常數十萬匹，城郭宮殿與大秦國同。人民赤白色，便習弓馬。土地所出，及奇瑋珍物，被服鮮好，天竺不及也。（《史記·大宛列傳》張守節正義。按：此則內容，冠以「萬震《南州志》」，當爲省稱。）

合浦民

合浦民善游〔一〕，采珠兒年十餘歲〔二〕，便教入水〔三〕。官禁民采珠，巧盜者，蹲水底，刮蚌得好珠〔四〕，吞而出〔五〕。（《藝文類聚》卷八十四。又見《太平御覽》卷八〇三，文字稍異。）

〔校記〕

〔一〕此句，《太平御覽》作「合浦有民善游」。

〔二〕采：《格致鏡原》作「採」，下同。《太平御覽》無「歲」字。

〔三〕此句，《太平御覽》作「便教入水求珠」。

〔四〕刮：《太平御覽》作「剖」。

〔五〕此句，《太平御覽》作「吞之而出」。

另存文字差異較大者，錄於下：

合浦之人習水善游，俯視增潭，如猿仰株。入如沉黿，出如輕鳧。蹲泥剖蚌，潛竊明珠。（《太平御覽》卷三百九十五）

象

象之爲獸，形體特詭，身倍數牛，目不踰豨〔一〕。鼻爲口役，望頭若尾；馴良承教，聽言則跪。素牙玉潔，載籍所美。〔二〕服重致遠，行如邱徙〔三〕。

（《初學記》卷二十九。又見《太平御覽》卷八百九十、《事類賦》卷二十，文字稍異。）

〔校記〕

〔一〕目不踰豨：《太平御覽》、《事類賦》作「目不逾豨」。

〔二〕自「馴良」至此句，《事類賦》無。

〔三〕此句，《太平御覽》作「行如丘徙」，《事類賦》作「行如山徙」。

以上爲韻文形式的記述，以下爲散體形式：

象身倍數牛，而目不如豕。鼻長六七尺，大如臂；其所食物，皆以取之。

（《初學記》卷二十九）

象牙

俗傳：象牙歲脫，猶愛惜之，掘地而藏之。人欲取，當作假牙潛往易之，覺則不藏故處。鼻爲口役，望頭若尾。（《初學記》卷二十九）

神龍

交州丹淵有神龍，每旱，州人以芮草置淵，上流魚則多死，龍怒即時大雨。（《事類賦》卷二十八）

鱷

鱷齒網羅〔一〕，則斷如刀鋸。居水中，以食魚爲本。（《初學記》卷三十。又見《錦繡萬花谷》後集卷四十，文字稍異。）

〔校記〕

〔一〕網羅：《錦繡萬花谷》作「所囓」。

甘蕉

甘蕉，草類，望之如樹株，大者一圍餘，葉長一丈，或七八尺餘，二尺許。〔一〕華大如酒杯〔二〕，形色如芙蓉，著莖末，百餘子大，名爲房。根似芋塊，大者如車轂。實隨華長〔三〕，每華一闔〔四〕，各有六子，先後相次，子不俱生，華不俱落〔五〕。此蕉有三種〔六〕：一種子大如手拇指〔七〕，長而銳，有似羊角，名羊角蕉，味最甘好；一種子大如雞卵，有似羊乳〔八〕，名牛乳蕉〔九〕，微減羊角〔十〕；一種大如藕〔十一〕，長六七寸，形正方，少甘，最不好也〔十二〕。取其闔，以灰練之，績以爲綵。〔十三〕（《藝文類聚》卷八十七。又見《太平御覽》卷九百七十五、《記纂淵海》卷九十四，文字稍異。）

〔校記〕

〔一〕「或七八尺」二句，《太平御覽》作「或七八尺，廣尺餘、二尺許」。

〔二〕華：《太平御覽》作「花」。

〔三〕《太平御覽》無「長」字。自「甘蕉」至此句，《記纂淵海》無。

〔四〕華：《記纂淵海》作「花」。

〔五〕華：《太平御覽》、《記纂淵海》作「花」。

〔六〕蕉：《太平御覽》作「焦」。《記纂淵海》無「此蕉」二字。

〔七〕此句，《太平御覽》作「一種子大拇指」，《記纂淵海》作「一種子大如拇指」。

〔八〕此句，《太平御覽》、《記纂淵海》皆作「有似牛乳」。《藝文類聚》當誤。

〔九〕此句，《太平御覽》、《記纂淵海》皆無。

〔十〕此句，《太平御覽》、《記纂淵海》皆作「味微減羊角蕉」。

〔十一〕此句，《太平御覽》作「一種大如藕子」，《記纂淵海》作「一種大如藕子」。「藕」應是「藕」之訛。

〔十二〕最不好也：《太平御覽》、《記纂淵海》皆作「味最弱」。

〔十三〕「取其」三句，《太平御覽》作「其莖如芋，取以灰練之，可以紡績。」《記纂淵海》作「取鑊煮之爲絲，可以紡績，女工以爲絺綌，今交趾葛也。」

犀

犀有特神者，角有光曜，白日視之如角，夜暗之中理皆燦然，光由中出，望如火炬。〔一〕欲知此角神異〔二〕，置之草野，飛鳥走獸過皆驚〔三〕。昔行野

中見一死人，鳶鳥欲往啄之，每至其頭輒驚走飛去。怪而視之，其頭中有犀簪，近此角也。（《太平御覽》卷八百九十。又見《記纂淵海》卷九十八，文字稍異。）

〔校記〕

〔一〕自「夜暗」至此句，《記纂淵海》作「夜暗之中望如火炬」。

〔二〕《記纂淵海》無此句。

〔三〕《記纂淵海》無「過」字。此句以下，《記纂淵海》無。

玄犀處自林麓，食惟棘刺，體兼五肉，或有神異，表靈以角，含精吐烈，望若華燭，置之荒野，禽獸莫觸。（《藝文類聚》卷九十五。又見《太平御覽》卷八百九十。首句，其作「獸曰玄犀，處自林麓」。若其作「如」。）

犀如象大，色黑，頭似豪婦豬，食草木也。（《太平御覽》卷八百九十）

鸚鵡

鸚鵡有三種，青大如烏臼〔一〕，一種白大如鴟鴉〔二〕，一種五色，大於青者。交州巴南盡有之。及五色出杜薄州。凡鳥四指，三向前，一向後。此鳥兩指向後。（《初學記》卷三十。又見同卷，文字簡略。）

〔校記〕

〔一〕此句，《初學記》同卷無。

〔二〕此句，《初學記》同卷作「一種大白如鴟鴉」。此句下，《初學記》同卷無。

另存文字差異較大者，錄於下：

有三種，一種白，一種青，一種五色。交州以南諸國盡有之。白及五色者，其性尤慧解。（《漢書·武帝紀》顏師古注）

藿香

藿香出海邊國〔一〕，形如都梁〔二〕，可著衣服中〔三〕。（《藝文類聚》卷八十一。又見《太平御覽》卷九百八十二，文字稍異。）

〔校記〕

〔一〕出：《太平御覽》作「生」。海邊國：《太平御覽》作「曲遜國」。又此句下，《太平御覽》有「屬扶風」一句。

〔二〕「形」上，《太平御覽》有「香」字。

〔三〕「可」下，《太平御覽》有「以」字。

流黃香

流黃香，出都昆國，在扶南南三千餘里。（《太平御覽》卷九百八十二）

大貝

乃有大貝，奇姿難儔。注：大貝，文貝也，交阯以南海中皆有之。素質紫飾，文若羅珠〔一〕，不磨不瑩，彩耀光流〔二〕，思雕莫加，欲琢靡踰，在昔姬伯〔三〕，用免其拘。（《藝文類聚》卷八十四。又見《太平御覽》卷八〇七，文字稍異。）

〔校記〕

〔一〕珠：《太平御覽》作「朱」。

〔二〕此句，《太平御覽》作「彩輝光浮」。

〔三〕靡踰：《太平御覽》作「欲琢靡逾」。

以下爲散體：

交阯北，南海中，有大文貝，〔一〕質白而文紫〔二〕，天姿自然，不假雕琢，磨瑩而光色煥爛〔三〕。（《藝文類聚》卷八十四。又見《太平御覽》卷八〇七、九百四十一，文字稍異。）

〔校記〕

〔一〕以上三句，《太平御覽》卷九百四十作「交趾以南，海中有大文貝」。

〔二〕《太平御覽》卷九百四十一無「而」字。「紫」下，《太平御覽》卷八〇七有「色」字。

〔三〕《太平御覽》卷八〇七無「磨」字，《太平御覽》卷九百四十一無「色」字。

琉璃

琉璃本質是石，欲作器，以自然灰治之，自然灰狀如黃灰，生南海濱。亦可浣衣，用之不須淋，但投之中〔一〕，滑如苔石，不得此灰，則不可釋。（《藝文類聚》卷八十四。又見《太平御覽》卷八〇八，文字稍異。）

〔校記〕

〔一〕此句，《太平御覽》作「但投之水中」。

另存文字差異較大者，錄於下：

瑠璃本是石，以自然灰理之可爲器。硨磲、瑪瑙並玉石類，是西國重寶。

（中華道藏本《圖經衍義本草》卷六。又見《證類本草》卷五）

瑇瑁

瑇瑁如龜，生南方海中〔一〕。大者如蘧蒢〔二〕，背上有鱗，大如扇，發取其鱗〔三〕，因見其文。欲以作器，則煮之，因以刀截〔四〕，任意所作〔五〕，冷乃以梟魚皮錯治之〔六〕，後以枯條木葉瑩之〔七〕，乃有光耀〔八〕。（《藝文類聚》卷八十四。又見《太平御覽》卷八〇七，文字稍異。）

〔校記〕

〔一〕此句，《太平御覽》作「生南海」。

〔二〕蘧蒢：《太平御覽》作「蘧篨」。

〔三〕「鱗」上，《太平御覽》無「其」字。

〔四〕《太平御覽》無「因以」二字。

〔五〕作：《太平御覽》作「爲」。

〔六〕錯：《太平御覽》作「籍」。

〔七〕此句，《太平御覽》作「後以枯木條葉瑩之」。

〔八〕光耀：《太平御覽》作「光輝」。

果然獸

交州以南，有果然獸，其鳴自呼〔一〕，身如猨，犬面〔二〕，通有白色，其體不過三尺，而尾長四尺餘，反尾度身，過其頭，視其鼻，仍見兩孔作向天〔三〕。其毛長，柔細滑澤，色以白爲質，黑爲文〔四〕，視如蒼頭鴨，脅邊班文，集十餘皮，可得一蓐，繁文麗好，細厚溫暖。（《藝文類聚》卷九十五。又見《太平御覽》卷九百一十，文字稍異。）

〔校記〕

〔一〕其：《太平御覽》作「以」。鳴，《太平御覽》作「名」。

〔二〕犬：《太平御覽》作「大」。

〔三〕此句，《太平御覽》作「仍見兩孔仰向」。

〔四〕此句，《太平御覽》作「黑文」。

另存文字簡潔者，附於下：

交州有果然獸，其名自呼，如猿，白質黑文，尾長過其頭，鼻孔向天，雨以尾塞鼻孔，毛溫而細。（中華道藏本《圖經衍義本草》卷二十九）

大螺

扶南海有大螺，如甌，從邊直旁截破，因成杯形，或合而用之。螺體蜿蛇委曲，酒在內自注，傾覆終不盡，以伺誤相罰爲樂。（《藝文類聚》卷九十七）

寄居之蟲

寄居之蟲，如螺而有腳，形如蜘蛛，本無殼，入空螺殼中，戴以行，觸之縮足如螺閉戶也，火炙之乃出走，始知其寄居也。（《藝文類聚》卷九十七）

氍毹

氍毹，以羊毛雜群獸之氉爲之，鳥獸人物草木雲氣作鴝鵒，遠望軒若飛也。(《太平御覽》卷七○八)

榕木

榕木，初生少時，緣榑他樹，如外方扶芳藤，形不能自立根本，緣繞他木，傍作連結，如羅網相絡，然後皮理連合，鬱茂扶疏，高六七丈。(《齊民要術》卷十)

摩廚

木有摩廚，生於斯調國。其汁肥潤，其澤如脂膏，馨香馥鬱，可以煎熬食物，香美如中國用油。(《齊民要術》卷十)

棘竹

棘竹，節有棘刺。(《太平御覽》卷九百六十三)

椰樹

椰樹，大三四圍，長十丈〔一〕，通身無枝。至百餘年。有葉，狀如蕨荣〔二〕，長丈四五尺〔三〕，皆直竦指天〔四〕。其實生葉間〔五〕，大如升〔六〕，外皮苞之如蓮狀〔七〕。皮中核堅。過於核，〔八〕裏肉正白如雞子〔九〕，著皮，而腹內空：含汁，大者含升餘。實形團團然，或如瓜蔞〔十〕。橫破之，可作爵形〔十一〕，並應器用〔十二〕，故人珍貴之〔十三〕。(《齊民要術》卷十。又見《太平御覽》卷九百七十二，文字稍異。)

〔校記〕
〔一〕十丈：《太平御覽》作「六丈」。
〔二〕此句，《太平御覽》作「葉狀如蒲」。
〔三〕「長」下，《太平御覽》無「丈」字。
〔四〕「直竦」上，《太平御覽》無「皆」字。
〔五〕《太平御覽》無「其」字。
〔六〕太平御覽》無此句。
〔七〕此句，《太平御覽》作「皮包之，如蓮狀」。
〔八〕以上二句，《太平御覽》作「皮肉硬過於核中」。
〔九〕此句，《太平御覽》作「肉白如雞子」。
〔十〕瓜蔞：《太平御覽》作「瓜樓」。
〔十一〕「爵」下，《太平御覽》無「形」字。

〔十二〕應：《太平御覽》作「堪」。

〔十三〕此句，《太平御覽》作「南人珍之」。

杜芳

杜芳，藤形，不能自立根本，緣繞他木作房，藤連結如羅網相冐，然後皮理連合，鬱茂成樹。所託樹既死，然後扶疏六七丈也。(《齊民要術》卷十)

大秦國

大秦國，以琉璃爲牆，則其事也。(《初學記》卷二十四)

火浣布

大家屋舍，以珊瑚爲柱，琉璃爲牆壁，水精爲礎舄。海中斯調州上有木，冬月往剝取其皮，績以爲布，極細，手巾齊數匹，與麻焦布無異，色小青黑。若垢汙欲浣之，則入火中，便更精潔，世謂之火浣布。秦云定重參問門樹皮也。(《史記‧大宛列傳》張守節正義)

獠民

獠民亦謂文身國，刻其胸前，作華文以爲飾。(《太平御覽》卷三百七十一)

外檄人

外徼人隨舟大小，或作四帆，前後沓載之。有盧頭木葉，如牖形，長丈餘，織以爲帆。其四帆不正，前向皆使邪移相聚，以取風吹。風後者激而相射，亦並得風力，若急則隨宜增減之。邪張相取風氣，而無高危之慮，故行不避迅風激波，所以能疾。(《太平御覽》卷七百七十一)

俚賊

廣州南有賊曰俚。此賊在廣州之南，蒼梧、鬱林、合浦、寧浦、高涼五郡中央，地方數千里。往往別村各有長帥，無君主，恃在山險，不用王。自古及今，彌歷年紀。民俗蠢愚，唯知貪利，無有仁義道理。土俗不愛骨肉，而貪寶貨及牛犢。若見賈人有財物、水牛者，便以其子易之，夫或鬻婦，兄亦賣弟。若鄰里有負其家債不時還者，其子弟中愚者謂其兄曰：「我爲汝取錢，汝但當善殯葬我耳！」其處多野葛，爲鉤挽數寸，徑到債家門下，謂曰：「汝負我錢，不肯還我，今當自殺。」因食野葛而死債家門下。其家便稱怨，宗族人眾往債家曰：「汝不還我錢，而殺我子弟，今當擊汝！」債家慚懼，因以牛犢、財物謝之數十倍，死家乃自收死者罷去，不以爲恨。(《太平御覽》卷七百八十五)

另存文字簡潔者，附於下：

廣州俚賊，若鄉里負其家債不時還者，子弟便取冶葛，一名鈎肕，數寸許，到債家門食鈎肕而死，其家稱怨，誣債家殺之。債家慚懼，以財物辭謝，多數十倍。死家便收屍去，不以爲恨。(《太平御覽》卷九百九十)

扶南國

扶南國在林邑西三千餘里，自立爲王，諸屬皆有官長，及王之左右大臣，皆號爲昆侖。(《太平御覽》卷七百八十六)

斯調國

斯調，海中洲名也，在歌營東南可三千里。上有王國，城市街巷，土地沃美。(《太平御覽》七百八十七)

另存文字差異較大者，錄於下：

斯調國，又有中洲焉。春夏生火，秋冬死。有木生於火中，秋冬枯死，以皮爲布。(《太平御覽》七百八十七)

林陽國

林陽在扶南西七千餘里，地皆平博，民十餘萬家。男女行仁善，皆侍佛。(《太平御覽》七百八十七)

典遜國

典遜在扶南三千餘里，本爲別國，扶南先王范蔓有勇略，討服之。今屬扶南。(《太平御覽》七百八十八)

五色班衣

五色班布以絲布，古貝木所作。此木熟時狀如鵝毳，中有核如珠珣，細過絲綿。人將用之則治出其核，但紡不績，任意小抽相牽引，無有斷絕。欲爲班布，則染之五色，織以爲布，弱軟厚致，上毳毛。外徼人以班布文最煩縟多巧者名曰城，其次小粗者名曰文辱，又次粗者名曰烏驎。(《太平御覽》卷八百二十)

火齊

火齊出天竺，狀如雲母，色如紫金。離別之節如蟬翼，積之如紗縠重沓。(《太平御覽》卷八〇九)

金鋼

　　金鋼，石也。其狀如珠，堅利無匹。外國人好以飾玦環，服之能辟惡毒。（《太平御覽》卷八百一十三）

風母獸

　　風母獸，一名平猴，狀如猴，無毛，赤目。若行，逢人便叩頭，如懼罪自乞。人若摣打之，惬然死地，無復氣息。小得風吹，須臾能起。（《太平御覽》卷九〇八）

狼盲之雞

　　狼盲之雞，特稟異聲。注：狼盲，地名。（《太平御覽》卷九百一十八）

翡翠

　　翠唯六翮，毛長寸餘，青茸；翡大於燕，小於烏臼。（《太平御覽》卷九百二十四。又見《御定淵鑒類函》卷四百二十七。）

水馬

　　交趾海中有蟲，狀如馬形，因名曰水馬。婦人難產者，手握此蟲，或燒作屑服之，則更易如羊之產也。注：凡物擲曷，羊產最易。（《太平御覽》卷九百五十）

　　另存文字簡潔者，附於下：

　　婦人難產割裂而出者，手握此蟲，如羊之產也。生物中羊產最易。（中華道藏本《圖經衍義本草》卷二十九）

鬱金

　　鬱金者，出罽賓國。國人種之，先取上佛，積日萎熇，乃載去之。然後取鬱金，色正黃細，與芙蓉華裏披蓮者相似。可以香酒。（《太平御覽》卷九百八十一）

雞舌

　　雞舌出在蘇州，云是草花，可含，香口。（《太平御覽》卷九百八十一）

沉水香

　　沉水香，出日南。欲取，當先斫壞樹，著地積久，外皮朽爛，其心至堅者，置水則沉，名沉香。其次在心白之間，不甚堅精，置之水中，不沉不浮，與水面平者，名曰棧香。其最小粗白者，名曰繫香。（《太平御覽》卷九百八十二）

甲香

甲香，螺屬也〔一〕。大者如甌面，前一邊直擾長數寸，圍殼岨峿有刺〔二〕。其掩可合眾香燒之〔三〕，皆使益芳〔四〕；獨燒則臭。甲香〔五〕，一名流螺，謂擲匉流最厚味〔六〕。（《太平御覽》卷九百八十二。又見中華道藏本《圖經衍義本草》卷三十四，文字稍異。）

〔校記〕

〔一〕此句，《圖經衍義本草》無。

〔二〕岨峿，《圖經衍義本草》作「疽（虫吾）」。

〔三〕可合，《圖經衍義本草》作「雜」。

〔四〕皆，《圖經衍義本草》無。

〔五〕此句，《圖經衍義本草》無。

〔六〕此句，《圖經衍義本草》作「諸螺之中，流最厚味是也」。

青木香

青木香，出天竺，是草根，狀如甘草。（《太平御覽》卷九百八十二）

磁石

漲海崎頭，水淺而多磁石。外徼人乘大舶，皆以鐵鍱鍱之。〔一〕至此關，以磁石不得過。〔二〕（《太平御覽》卷九百八十八。又見中華道藏本《圖經衍義本草》卷四，文字稍異。）

〔校記〕

〔一〕「外徼」二句，《圖經衍義本草》作「徼外大舟以鐵葉銅固之者」。

〔二〕「至此」二句，《圖經衍義本草》作「至此多不得過」。

鹽

鹽如石英。（《太平御覽》卷八百六十五）

存疑

以下數則，皆不見明前著述徵引，暫存疑。

海紅豆

海紅豆生南海，人家園圃中大樹而生，葉圓有莢，近時蜀中種之亦成。（《御定佩文齋廣群芳譜》卷一○○）

木棉

木棉，吉貝所生，熟時如鵝毳，細過絲綿，中有核如珠珣，用之則治出其核，昔用輾軸，今用攪車，尤便其爲。布曰斑布，繁縟多巧曰城，次麤者曰文縟，又次麤者曰烏驎。（《御定佩文齋廣群芳譜》卷十二）

白鹽

漲海州有灣，中常出自白鹽，嶀嶀如灣細石子。天竺國有新陶水，水甘美，下有石鹽，白如水精。（《天中記》卷四十六）

無論國

無論國有大道，左右種枇杷諸花果。白日行其下，陰涼蔽熱。十餘里一亭，皆有井水。食麥飯，飲蒲桃酒，如膠，若飲以水和之，其味甘美。（《御定淵鑒類函》卷二百三十二）

《吳時外國傳》　三國康泰

《吳時外國傳》，或省稱作《外國傳》，三國吳康泰撰。康泰，生卒年、里籍不詳。嘗官吳中郎，奉命與宣化從事朱應尋國。事跡略見《梁書·諸夷傳》。《吳時外國傳》當成書於尋國期間。《隋志》未著錄，侯康《補三國藝文志》、姚振宗《三國藝文志》並載：「康泰《吳時外國傳》」。其佚文較早爲《北堂書鈔》所徵引。

大秦國宮殿

大秦國〔一〕，以水精爲瓦〔二〕。（《太平御覽》卷七百六十七。又見《白孔六帖》卷十，文字稍異。）

〔校記〕

〔一〕「國」下，《白孔六帖》有「王」字。

〔二〕此句，《白孔六帖》作「宮殿水精爲瓦」。

大秦國人

大秦國人，皆著袴褶絡帶。（《北堂書鈔》卷一百二十九。又見《太平御覽》卷六百九十六）

大舶

從加郍調州乘大舶，張七帆，時風一月餘日乃入大秦國。(《北堂書鈔》卷一百三十八。又見《編珠》卷四)

集餅

大秦國以麵爲集餅，五內香芳。(《北堂書鈔》卷一百四十四)

大秦雜果

大秦國有棗、榛、胡桃〔一〕，蓮藕雜果。〔二〕(《藝文類聚》卷八十七。又見《太平御覽》卷九百七十一、九百七十五，文字稍異。)

〔校記〕

〔一〕國，《太平御覽》卷九百七十一無。榛：《太平御覽》見九百七十一作「榇」。此句下，《太平御覽》卷九百七十一無。

〔二〕此二句，《太平御覽》卷九百七十五作「大秦國有蓮藕雜果。」

混慎

扶南之先，女人爲主，名柳葉。有模跌國人，字混慎，好事神，一心不懈，神感至意，夜夢人賜神弓一張，教載賈人船入海。混慎晨入廟，於神樹下得弓。(《北堂書鈔》卷一百二十五)

扶南之先

扶南之先，女人爲主，名柳葉。有模跌國人〔一〕，字混慎〔二〕，好事神，一心不懈〔三〕，神感至意。夜夢人賜神弓一張〔四〕，教載賈人舶入海。混慎晨入廟，於神樹下得弓，便載大船入海〔五〕。神回風令至扶南〔六〕，柳葉欲劫取之〔七〕，混慎舉神弓而射焉。貫船通度〔八〕，柳葉懼伏〔九〕。混慎因至扶南。(《太平御覽》卷三百四十七。又見《事類賦》卷十三，文字稍異。)

〔校記〕

〔一〕模跌國：《事類賦》作「模扶國」，蓋「扶」爲「跌」之形訛。

〔二〕混慎：《事類賦》作「混塡」，下同。

〔三〕此句，《事類賦》無。

〔四〕人：《事類賦》作「之」。

〔五〕「海」下，《事類賦》有「神」字。

〔六〕《事類賦》無「神回」二字。

〔七〕劫：《事類賦》作「刦」。「刦」同「劫」。

〔八〕度：《事類賦》作「渡」。

〔九〕懼伏：《事類賦》作「懼仗」，「仗」應是「伏」之形訛。

扶南船

扶南國伐木爲船，長者十二尋，廣肘六尺，頭尾似魚，皆以鐵鑷露裝。大者載百人，人有長短橈及篙各一。從頭至尾，面有五十人作，或四十二人，隨船大小。立則用長橈，坐則用短橈，水淺乃用篙。皆當上應聲如一。（《太平御覽》卷七百六十九）

范尋

扶南王范尋〔一〕，以鐵爲鬥雞假距，與諸將賭戲〔二〕。（《藝文類聚》卷九十一。又見《初學記》卷三十、《事文類聚》後集卷四十六，文字稍異。）

〔校記〕

〔一〕扶南王：《初學記》、《事文類聚》作「扶南山」。范尋：《事文類聚》作「范尋公」。

〔二〕賭戲：《初學記》作「博錢」，《事文類聚》作「賭錢」。

三眾

外國稱天下有三眾：中國人眾，大秦寶眾，月氏馬眾。（《史記‧大宛列傳》司馬貞索隱）

盤況

扶南王盤況〔一〕，少而雄桀〔二〕，聞山林有大象，輒生捕取之，〔三〕教習乘騎，諸國聞而伏之。（《藝文類聚》卷九十五。又見《白氏六帖事類集》卷二十九、《太平御覽》卷八百九十，文字稍異。按：此則內容，《太平御覽》引作《外國傳》，當是省稱。）

〔校記〕

〔一〕盤況，《白氏六帖事類集》無。

〔二〕雄桀：《白氏六帖事類集》、《太平御覽》作「雄傑」，「傑」同「桀」。

〔三〕以上二句，《白氏六帖事類集》作「生捕大象而取之」。

鉤絡帶

扶南人，悉著鉤絡帶。（《太平御覽》六百九十六。又見《御定淵鑒類函》卷三百七十一）

蟬

扶南諸王殺其國人，以刀斫刺，往往有不入者。以汗露塗刀刃斫之，乃入。國人名之曰蟬也。（《太平御覽》卷三百四十五）

扶南訟者

扶南有訟者，燒鐵令赤，以鉗舉鐵，著手行七步，無罪者手不燒，有罪者手即燋。（《太平御覽》卷七百六十四）

加營國

加營國王好馬，月支賈人常以舶載馬到加營國，國王悉爲售之，若於路失羈絆，但將頭皮示王，王亦售其半價。（《北堂書鈔》卷一百二十六。又見《太平御覽》卷三百五十九）

黎軒

其國城郭皆青水精爲礎，及五色水晶爲壁。人民多巧，能化銀爲金。國土市買皆金銀錢。（按：此則內容，《史記·大宛列傳》冠作「康氏《外國傳》」。康氏，當爲康泰。）

細靡氎毦

天竺國，出細靡氎毦。（《北堂書鈔》卷一百三十四。又見《太平御覽》卷七〇八）

石鹽

天竺國有石鹽，白如水精。（《編珠》卷三）

黑白眊

黑白眊出天竺國。（《太平御覽》卷三百四十一）

白鹽

張海州有灣〔一〕，灣內常出自然白鹽〔二〕，崢嶸如細石子〔三〕。每歲以一車輸王國用。（《北堂書鈔》卷一百四十六。又見《太平御覽》卷八百六十五，文字稍異。）

〔校記〕

〔一〕此句，《太平御覽》作「漲海州有灣」。

〔二〕灣內：《太平御覽》作「灣中」。

〔三〕此句下，《太平御覽》無。

新陶水

天竺國有新陶水，水甘美，下有石鹽，白如水精。（《北堂書鈔》卷一百四十六。又見《太平御覽》卷八百六十五）

都昆

都昆在扶南南三千餘里〔一〕，出藿香〔二〕。(《藝文類聚》卷八十一。又見《太平御覽》卷九百八十二，文字稍異。)

〔校記〕

〔一〕《太平御覽》無「南三千餘里」五字。

〔二〕出，《太平御覽》作「有」。

白珠交結帳、金床

斯調王，作白珠交結帳、金床上天竺佛精舍。天竺王見珠圓好，意欲留焉，臣下諫，乃止。(《太平御覽》六百九十九)

另存文字簡潔者，附於下：

斯條國王，作白珠交結帳。(《太平御覽》六百九十九)

斯調國，作金床。(《太平御覽》卷八百一十一)

五色鸚鵡

扶南東有漲海，海中有洲，〔一〕出五色鸚鵡〔二〕，其白者如母雞〔三〕。(《藝文類聚》卷九十一。又見《初學記》卷三十、《太平御覽》卷九百二十四，文字稍異。)

〔校記〕

〔一〕《初學記》無「海中有洲」句。「扶南」二句，《太平御覽》作「扶南東漲海中有洲」。

〔二〕「出」上，《初學記》有「時」字。

〔三〕此句，《初學記》作「曾見其白者，大如母雞」，《太平御覽》作「曾見其白者，如母雞。」

大舶

從加那調州乘大伯舶，張七帆，時風一月餘日，乃入秦，大秦國也。(《太平御覽》卷七百七十一)

鰐魚

鰐魚大者長二三丈，有四足，似守宮，常吞食人。扶南王范尋敕捕取置溝塹中，尋有所忿者，縛以食鰐。若罪當死，鰐便食之；如其不食，便解放，以為無罪。(《太平御覽》卷九百三十八)

雞舌香

五馬洲，出雞舌香。（《太平御覽》卷九百八十一）

流黃香

流黃香，出都昆國，在扶南南三千餘里。（《太平御覽》卷九百八十二）

金縷

大秦國、天竺國，皆出金縷織成。（《太平御覽》卷八百一十六）

白疊花布

諸薄國，女子織作白疊花布〔一〕。（《後漢書·南蠻西南夷列傳》李賢等注。又見《太平御覽》卷八百二十，文字稍異。）

〔校記〕

〔一〕女子，《太平御覽》作「安子」，形訛。

賀齊

賀齊爲新都太守，孫權出，祖道，作樂舞象。（《太平御覽》卷八百九十）

存疑

佛牙

所苦處，乃竹刺沙門爲拔去之裂裳與裹。俄頃，一象持金函授病象，病象轉授沙門，發視之，乃佛牙也。（《御定淵鑒類函》卷四百三十）

烏練帳

東齊，夏施烏練帳。（《御定淵鑒類函》卷三百七十六）

《扶南土俗》　三國康泰

《扶南土俗》，又作《扶南土俗傳》，三國吳康泰撰。《太平御覽》四夷部記載：「吳時，康泰爲中郎，表上《扶南土俗》。」史志無著錄，應成書於康泰出使南海諸國期間。其佚文較早爲《通典》所引。

蒲羅中國

　　拘利正東行〔一〕，極崎頭海邊有居人，人皆有尾五、六寸，名蒲羅中國。其俗食人。（《太平御覽》卷七百八十七。又見宛委山堂本《説郛》卷六十，文字稍異。）

　　〔校記〕

　　〔一〕《説郛》無「拘利正」三字。

優鈸國

　　優鈸國者〔一〕，在天竺之東南可五千里，國土熾盛，城郭、珍玩、謠俗與天竺〔二〕同。（《太平御覽》卷七百八十七。又見宛委山堂本《説郛》卷六十，文字稍異。）

　　〔校記〕

　　〔一〕《説郛》無「者」字。

　　〔二〕天竺：《説郛》作「國」。

橫趺國

　　橫趺國在優鈸之東南，城郭饒樂不及優鈸也。（《太平御覽》卷七百八十七。又見宛委山堂本《説郛》卷六十）

比攄洲

　　諸薄之東南有比攄洲，出錫，轉賣與外徼。（《太平御覽》卷七百八十七。又見宛委山堂本《説郛》卷六十）

馬五洲

　　諸薄之東有五洲，出雞舌香，樹木多華少實。（《太平御覽》卷七百八十七。又見宛委山堂本《説郛》卷六十）

薄歎洲

　　諸薄之西北有薄歎洲，土地出金，常以採金爲業〔一〕，轉賣與諸賈人，易糧米雜物。（《太平御覽》卷七百八十七。又見宛委山堂本《説郛》卷六十，文字稍異。）

　　〔校記〕

　　〔一〕采：《説郛》作「探」，「探」同「采」。

躭蘭洲

諸薄之西北有躭蘭之洲，出鐵。(《太平御覽》卷七百八十七。又見宛委山堂本《說郛》卷六十)

巨延洲

諸轉薄之東北有巨迹洲〔一〕，人民無田種芋，浮船海中，截大蚶螺杯往扶南。(《太平御覽》卷七百八十七。又見宛委山堂本《說郛》卷六十，文字稍異。)

〔校記〕
〔一〕此句，《說郛》作「諸薄之東北有巨延洲」。

濱郍專國

濱郍專國出驥馬及金，俗民皆有衣被結髮也。(《太平御覽》卷七百八十七。又見宛委山堂本《說郛》卷六十)

烏文國

烏文國，昔混滇初，載賈人大舶所成此國〔一〕。(《太平御覽》卷七百八十七。又見宛委山堂本《說郛》卷六十，文字稍異。)

〔校記〕
〔一〕此句，《說郛》作「載賈人大泊入海所成此國」。

斯調國

斯調洲灣中有自然監〔一〕，累如細石子。國人取之，一車輸王，餘自入。(《太平御覽》卷七百八十七。又見宛委山堂本《說郛》卷六十，文字稍異。)

〔校記〕
〔一〕自然監：《說郛》作「自然鹽」，「監」當是「鹽」之形訛。

林陽國

扶南之西南有林陽國，去扶南七千里。土地奉佛，有數千沙門，持戒六齊〔一〕，曰魚肉不得入國〔二〕。一日再市，朝市諸雜米、甘果、石密〔三〕，暮中但貨香花〔四〕。(《太平御覽》卷七百八十七。又見宛委山堂本《說郛》卷六十，文字稍異。)

〔校記〕
〔一〕此句，《說郛》作「六齋日」。

〔二〕《說郛》無「日」字。據語義,「持戒」二句,文字訛誤,應是《說郛》之「持戒六
　　齋日,魚肉不得入國」。
〔三〕甘果、石密:《說郛》作「甘菓、石蜜」。
〔四〕《說郛》無「貨」字。

《扶南傳》　三國康泰

　　《扶南傳》,或稱《扶南記》三國吳康泰撰,應成書於康泰使於南海諸
國期間。史志未著錄。佚文較早爲《水經注》徵引,後又爲《梁書》徵引,
大概亡佚於唐宋之際。

五大源

　　恒水之源,乃極西北,出昆侖山中,有五大源,諸水分流,皆由此五大
源。(《水經注》卷一)

盧容浦口

　　從林邑至日南盧容浦口,可二百餘里,從口南發往扶南諸國,常從此口
出也。(《水經注》卷三十六)

天竺

　　昔范旃時,有嘾楊國人家翔梨,嘗從其本國到天竺,展轉流賈至扶南,
爲旃說天竺土俗,道法流通,金寶委積,山川饒沃,恣所欲,左右大國,世
尊重之。旃問云:「今去何時可到,幾年可回?」梨言:「天竺去此,可三萬
餘里,往還可三年逾。」及行,四年方返,以爲天地之中也。(《水經注》卷
一)

大秦

　　從迦那調洲西南入大灣,可七八百里,乃到枝扈黎大江口,度江逕西行,
極大秦也。(《水經注》卷一)

擔袟國

　　發拘利口,入大灣中,正西北入,可一年餘,得天竺江口,名恒水。江
口有國,號擔袟,屬天竺。遣黃門字興爲擔袟王。(《水經注》卷一)

金陣國

金陣國，入四月便雨，六月乃止，少有晴日。(《藝文類聚》卷二。又見《御定淵鑒類函》卷十一)

頓遜國香

頓遜國，人恒以香花事天神。香有多種：區撥葉逆花、途致各逐花、摩夷花，〔一〕冬夏不衰，日載數十車於市賣之，燥乃益香。亦可爲粉，以傅身體。(《太平御覽》卷九百八十一。又見《北戶錄》卷三，文字有異)

〔校記〕
〔一〕自「頓遜國」至此句，《北戶錄》作「頓遜國有區撥花、葉逆花、致祭花、摩夷花。」

頓遜國葬

頓遜國人死，鳥葬或火葬。鳥葬者，病困便歌舞，送郭外，有鳥如鵝，綠色，飛來萬許，啄食都盡，斂骨焚之，沉於海水，此必生天上。鳥若不食，自悲傷，乃就火葬，取骨埋之。(《太平御覽》卷三百七十五)

毗塞國王

毗塞國王，身長一丈二尺，頸長三尺，自古不死，莫知其年，知未然事，號爲「長頸王」。(《太平御覽》卷三百六十九)

毗騫國

毗騫國，食器皆以金爲之。金如此間之石，露出山邊，無有限。(《太平御覽》卷八百一十一)

五色罽

妥息國出五色罽。(《太平御覽》卷八百一十六)

甘蔗

安息國出甘蔗。(《太平御覽》卷九百七十四)

酢皂莢

安息國出酢皂莢，可食，味最美。(《太平御覽》卷九百六十)

安石榴

頓遜國有安石榴,取汁停盆中〔一〕,數日成美酒。(《海錄碎事》卷六。又見《古今合璧事類備要》別集卷四十二,文字稍異。)

〔校記〕

〔一〕盆:《古今合璧事類備要》作「盃」。

鰐魚

扶南王范尋,常養虎五六頭,養鰐魚十頭,若有犯罪者,與虎不噬,與鰐魚不噬,乃赦之。無罪者,皆不噬。(《太平寰宇記》一百六十四)

扶南理訟

扶南俗理訟,無牢獄鞭杖,惟以探湯、捧鑽、沒水爲信。先使沐浴齋戒,乃令以手內湯,或捧熱鑽,或沒水中,無罪者不爛、不燋、不沒,罪者即驗也。(《太平御覽》卷六百四十三)

另存文字差異較大者,錄於下:

扶南有訟者,煮水令沸,以金指環投湯中,然後以手探湯。其直者,手不爛;有罪者,入湯即燋。(《北堂書鈔》卷一百三十六、《太平御覽》卷七百一十八)

純金多羅

扶南國王以純金多羅遺毗騫王。(《太平御覽》卷七百一十七)

金陳國

金陳國入四月便雨,六月乃止,少有晴日。六月不雨常晴。歲歲如此。(《太平御覽》卷十一)

漲海

漲海中倒珊瑚洲,洲底有盤石,珊瑚生其上也。(《太平御覽》卷六十九)

頓遜國葬

頓遜國人死,或鳥葬,或火葬。鳥葬者,病困便歌舞,送郭外。有鳥如鵝,綠色,飛來萬計,啄食都盡,斂骨焚之,沉之於海。此上行,必生天。鳥若不食,自悲傷,乃就火葬,取骨埋之。是次行也。(《太平御覽》卷五百五十六)

磨夷花

頓遜國有磨夷花,末之爲粉,大香。(《太平御覽》卷七百一十九)

安石榴

頓孫國有安石榴，取汁停盆中，數日成美酒。（《白孔六帖》卷九十九）

南海郡

南海郡多荔枝樹，荔枝爲名，以其結實時枝弱而蒂牢，不可摘取，以刀斧剟

取其枝，故以爲名。（涵芬樓本《説郛》卷七）

存疑

鹽

安息、月氏、天竺至伽那調御，皆仰此鹽。（《水經注》卷一。按：此則冠以「康泰曰：」，不知屬《吳時外國傳》、《扶南傳》、《扶南記》、《扶南土俗》何種，姑置於此。）

鯨

扶南之西海裏，有山週迴千里，有大石名爲海彭，濶可百里。海神欲爲風暴動，但先聞此石震，響如雷，則鯨便起而風也。（《天中記》卷二）

扶南訟者

扶南有訟者，煮水令沸，以金指環投湯中，然後以手探湯。其直者，手不爛；有罪者，入湯即焦。（《御定淵鑒類函》卷三百八十一）

《縣道記》　　三國闞澤

《縣道記》，三國吳闞澤撰。闞澤（？-243），字德潤，會稽山陰（今浙江紹興）人，官歷西曹掾、中書令、太子太傅。博學多聞，究覽群籍，兼通曆數。撰有《乾象曆注》、《九章算術》，皆佚。此書，史志未著錄。《太平寰宇記》引作「闞澤《縣道記》」。

喻麋縣

喻麋縣因原以爲名。今縣東古城是漢理之所。（《太平寰宇記》卷三十二。按：

其後，原文又有「晉省。后周天和五年，於今縣西四十里馬牢故城置汧陽縣及汧陽郡，以在汧山之陽爲名，尋廢郡，以縣屬隴州。建德四年移於今理」數句，皆言三國以後之事，當是後人誤入，今省。）

存疑

以下數則皆不錄撰者姓名，唐賈耽著有《郡國縣道記》，各書徵引中亦有《四夷縣道記》者。故以下數則佚名者，或爲以上二者之省稱，或爲闕澤之《縣道記》，難以辨別，姑且存疑。

舊理

舊理在淮之北，泗之南，亦謂之泗城。(《太平寰宇記》卷十七)

下博

下博今理，即後漢祭遵壘，北枕衡漳水。(《太平寰宇記》卷六十三)

五梁城

西梁故城二三里，一名五梁城，後漢入扶柳。(《路史》卷二十六)

文王城

隴州吳山縣東四十五，即岐山縣，西南界有一故城，彼人謂之文王城。(《路史》卷二十六)

梁縣

梁縣，西南十五古梁國城。(《路史》卷二十八)

臨朐城

（臨朐）城在海水祠北約五六里，去海二十里。(《(至元)齊乘》卷四)

《臨海水土異物志》　三國沈瑩

《臨海水土異物志》，又作《臨海水土志》、《臨海水土記》、《臨海異物志》，三國吳沈瑩撰。沈瑩（？-280），里籍未詳，曾官丹陽太守。天紀四年吳亡之戰中爲晉軍所殺。事跡略見《三國志·孫浩傳》及裴注。據張崇

根先生推測，沈書應成於西元二六四至二八〇年間。《隋書‧經籍志》、《舊唐書‧經籍志》並錄：「《臨海水土異物志》一卷，沈瑩撰。」元代諸書無著錄，則應在宋元之際亡佚。

海狶

海狶，豕頭，身長九尺。(《文選‧江賦》李善注)

鹿魚

鹿魚，長二尺餘，有角〔一〕，腹下有腳，如人足〔二〕。(《文選‧江賦》李善注。又見《太平御覽》卷九百三十九、涵芬樓本《說郛》卷六、宛委山堂本《說郛》卷六十二，文字稍異。)

〔校記〕
〔一〕「有角」上，《太平御覽》、宛委山堂本《說郛》卷六十二有「頭上」二字。
〔二〕此句，宛委山堂本《說郛》卷六十二作「如人」。

蝐

蝐，似蝦，中食，益人顏色，有愛媚。(《文選‧江賦》李善注)

鱝魚

鱝魚，如圓盤，口在腹下，尾端有毒。(《文選‧江賦》李善注)

黿

初寧縣多黿，龜形薄頭，喙似鵝指爪。(《文選‧江賦》李善注)

黿鼄

黿鼄與蚍蜉相似，形大如蕨，生乳海邊曰沙中，肉極好，中啖。(《文選‧江賦》李善注)

海月

海月，大如鏡，白色，正圓，常死海邊，其柱如搔頭大，中食。(《文選‧江賦》李善注。又見《事文類聚》後集卷三十五、涵芬樓本《說郛》卷六)

石華

石華，附石生，肉中啖。(《文選‧江賦》李善注)

土肉

土肉〔一〕，大如小兒臂〔二〕，表五寸〔三〕，中有腹，無口〔四〕，堪作炙食〔五〕。（《北堂書鈔》卷一百四十五。又見《文選·江賦》李善注、涵芬樓本《說郛》卷六，文字稍異。）

〔校記〕

〔一〕《說郛》無「土」字。此句下，《文選》、《說郛》有「正黑」二字。

〔二〕此句，《文選》、《說郛》作「如小兒臂大」。

〔三〕表：《文選》、《說郛》皆作「長」。

〔四〕「口」下，《文選》、《說郛》有「目」字。句下，《文選》有「有三十足」。

〔五〕此句，《文選》作「炙食」，《說郛》作「可炙食」。

三蝬

三蝬，似蛤。（《文選·江賦》李善注）

蚶

蚶則徑四尺〔一〕，背似瓦礨，有文〔二〕。（《文選·江賦》李善注。又見《海錄碎事》卷二十二上、宛委山堂本《說郛》卷六十二，文字稍異。）

〔校記〕

〔一〕則：《說郛》作「側」。此句，《海錄碎事》作「蚶徑四尺有餘」。此句下，《說郛》無。

〔二〕《海錄碎事》無此句。

蠣

蠣，長七尺。（《文選·江賦》李善注。又見宛委山堂本《說郛》卷六十二）

姑勞

姑勞如車，螯而殼薄。（宛委山堂本《說郛》卷六十二。又見《廣博物志》卷五十）

鵜鴂

鵜鴂〔一〕，一名田鴂，春三月鳴〔二〕，晝夜不止，音聲自呼〔三〕，俗言取梅子〔四〕，塗其口兩邊皆赤，上天自言乞思〔五〕，至當麥子熟〔六〕，鳴乃止耳。〔七〕（《藝文類聚》卷三。又見《初學記》卷三、《太平御覽》卷十九、九百二十三，文字稍異。）

〔校記〕

〔一〕鶌鳩：《初學記》作「鵴鳩」，《太平御覽》卷十九作「鶌鳩」，《太平御覽》卷九百一十三作「鵴鵴」。

〔二〕春：《初學記》無。

〔三〕「自呼」下，《太平御覽》卷十九有「止」字。

〔四〕梅子：《太平御覽》卷十九作「母子」。《太平御覽》卷九百一十三作「母血」。

〔五〕乞思：《太平御覽》作「乞恩」。自「音聲」句至此，《初學記》無。

〔六〕此句，《太平御覽》作「至當陸子熟」。

〔七〕「乃」下，《太平御覽》有「得」字。此句，《初學記》作「鳴乃得止」。

鑷魚

鑷魚長七寸，頭如鑷。(《北堂書鈔》卷一百三十六。又見《太平御覽》卷七百一十四)

屬魚

屬魚長一尺，狀如屬形。(《北堂書鈔》卷一百三十六。又見《太平御覽》卷六百九十八)

大魚

海內有大魚，長十餘丈，背負鋸，船觸之皆斷。(《北堂書鈔》卷一百三十七。又見《格致鏡原》卷九十三)

鸂鶒

鸂鶒，水鳥，毛有五色，〔一〕食短狐〔二〕，其在溪中，無毒氣。(《藝文類聚》卷九十二。又見《太平御覽》卷九百二十五，文字稍異。)

〔校記〕

〔一〕五色：《太平御覽》作「毛有五彩色」。

〔二〕短狐：《太平御覽》作「短菰」。

另存文字差異較大者，錄於下：

鸂鶒，水鳥，食短狐，在山澤中無復毒氣也。(中華道藏本《圖經衍義本草》卷三十)

桄榔木

桄榔木〔一〕，外皮有毛，似栟櫚而散生〔二〕。其木剛，作鋘鋤利如鐵〔三〕，中石更利，唯中焦根乃致敗耳〔四〕。皮中有似搗稻米片，又似麥麵，中作餅餌

〔五〕。(《後漢書‧南蠻西南夷列傳》李賢等注。又見《太平御覽》卷九百六十,文字稍異。)

〔校記〕

〔一〕桄根木:《太平御覽》作「桄榔木」。

〔二〕此句下,《太平御覽》有「作絳綖,漬之不腐」二句。

〔三〕此句,《太平御覽》作「作鍛、釫、鋤,利如鐵」。

〔四〕此句,《太平御覽》作「唯中焦榔致敗耳」。

〔五〕此句,《太平御覽》作「中作麵餌」。

杉雞

杉雞,黃冠青綏〔一〕,常在杉樹下。頭上有長黃毛〔二〕,頭及頰〔三〕,正青如垂綏。(《太平御覽》卷九百一十八。又見《事類賦》卷十八,文字稍異。)

〔校記〕

〔一〕綏:《事類賦》作「緌」。

〔二〕「黃毛」下,《事類賦》有「如冠」。

〔三〕頰:《事類賦》作「頸」。

鳶魚

鳶魚,狀如鳶,唯無尾足。陰雨日亦飛,高數丈。(《太平御覽》卷九百四十。又見宛委山堂本《說郛》卷六十二)

鳶魚、鷥魚

鳶魚似鳶,鷥魚似鷥,陰雨皆能飛,高丈餘。(《事類賦》卷二十九。又見《格致鏡原》卷九十三)

鯌魚

鯌魚,鹿文青目。〔一〕鯌腹下正白,長五尺。(《初學記》卷三十。又見《錦繡萬花谷》後集卷四十,文字稍異。)

〔校記〕

〔一〕以上二句,《錦繡萬花谷》無。

石首

石首,小者名踏水〔一〕,其次名春來〔二〕,石首異種也。〔三〕又有石頭,長七八寸,與石首同。(《初學記》卷三十。又見《太平御覽》卷九百三十八、宛委山堂《說郛》第二種卷六十二,文字稍異。)

〔校記〕

〔一〕踏，《說郛》作「**鰭**」。

〔二〕春來：《說郛》作「秦」。

〔三〕《太平御覽》、《說郛》無「也」字。

楊梅

楊梅，其子大如彈子〔一〕，正赤，五月熟〔二〕，似梅〔三〕，味甜酸〔四〕。(《齊民要術》卷十。又見《藝文類聚》卷八十七、《太平御覽》卷九百七十二，文字略異。)

〔校記〕

〔一〕此句，《藝文類聚》作「其子大如彈丸」，《太平御覽》作「其子如彈丸」。

〔二〕「五月」下，《藝文類聚》、《太平御覽》皆有「中」字。

〔三〕「似梅」上，《藝文類聚》、《太平御覽》有「熟時」二字。

〔四〕「味」上，《藝文類聚》有「其」字。此句，《太平御覽》作「味甘甜酸」。

楊桃

楊桃，似南方橄欖子，其味甜。常五月、十月熟。諺言：「楊桃無蹙，一歲三熟。」其色青黃，核如棗核。(《太平御覽》卷九百七十四)

另存文字差異較大者，錄於下：

楊桃子，生晉安侯官縣，一小樹得數十石，實大三寸，可蜜藏之。(《太平御覽》卷九百七十四。又見《記纂淵海》卷九十二，文字稍略。)

江鷗

江鷗，一名海鷗，在漲海中，隨潮上下，頗知風雲，若雙飛至岸，必風，漁人及渡海者皆以此爲候。(《記纂淵海》卷九十七)

鍾藤

鍾藤，附樹作根，軟弱，須緣樹而作上下條〔一〕。此藤纏裏樹〔二〕，樹死；〔三〕且有惡汁，尤令速朽也〔四〕。藤咸成樹〔五〕，若木自然，大者或至十、五圍〔六〕。(《齊民要術》卷十。又見《藝文類聚》卷八十二、《太平御覽》卷九百九十五，文字稍異。)

〔校記〕

〔一〕上下條：《藝文類聚》無。

〔二〕此句：《藝文類聚》作「藤既纏裏」，《太平御覽》作「此藤既纏裏樹」。

〔三〕「樹」下，《藝文類聚》有「便」字。

〔四〕此句，《太平御覽》無。

〔五〕咸：《藝文類聚》、《太平御覽》作「盛」。

〔六〕此句，《藝文類聚》作「大者或至十圍」，《太平御覽》作「大者或至五十圍」。

菉藤

菉藤，圍數寸，重於竹，可以爲杖蔑，以縛船，及以爲席，勝於竹也。（《藝文類聚》卷八十二）

啄木鳥

啄木大如雀，啄足皆青〔一〕，毛色正青，翠鳥類也。凡與啄木異種〔二〕，舌長五寸〔三〕，杪有刺針。（《藝文類聚》卷九十二。又見《太平御覽》卷九百二十三，文字稍異。）

〔校記〕

〔一〕啄：《太平御覽》作「喙」。

〔二〕《太平御覽》無「與」字。

〔三〕五寸：《太平御覽》作「二寸」。

蛤蜊

蛤蜊，殼薄且小。（《藝文類聚》卷九十七）

烏賊

烏賊之骨，其大如楯居者，一枚作鮓滿器，受五升。（《藝文類聚》卷九十七。又見《御定淵鑒類函》卷四百四十三）

春風

春風甘露，生育萬物。（《太平御覽》卷十九）

黃雀

黃雀魚〔一〕，常以八月化爲黃雀〔二〕，到十月入海爲魚〔三〕。（《太平御覽》卷九百二十二、九百四十）

另有文字差異較大者，錄於下：

黃雀，常以八月入海，化爲魚。（《太平御覽》卷二十五）

獨舂鳥

獨舂鳥，聲有似舂〔一〕，鳴聲多者〔二〕，五穀傷；鳴聲少者〔三〕，五穀熟。（《太平御覽》卷三十五。又見《太平御覽》卷九百二十八，文字稍異。）

〔校記〕

〔一〕此句，《太平御覽》卷九百二十八作「聲似春聲」。

〔二〕《太平御覽》卷九百二十八無「鳴」字。

〔三〕《太平御覽》卷九百二十八無「鳴」字。少，《太平御覽》卷九百二十八作「小」。

石雞

石雞清響以應潮，慧軀輕逝以遠蟄。注：石雞形似家雞，在海中山上。每朝水將至，輒羣鳴相應，若家雞之向晨也。（《太平御覽》卷六十八。又見《御定淵鑒類函》卷三十七）

石蕈

附石生也。（中華道藏本《圖經衍義本草》卷十一）

鱶

鱶似烏賊而肥，炙食甘美。（宛委山堂本《說郛》卷六十二）

鮆魚

鮆魚肥〔一〕，炙食甚美〔二〕，諺曰〔三〕：「寧去累世田宅〔四〕，不去鮆魚額〔五〕。」（《太平御覽》卷四百九十六。又見《太平御覽》卷九百三十八、《類要》卷二十八、宛委山堂本《說郛》卷六十二，文字稍異。）

〔校記〕

〔一〕「肥」上，《太平御覽》卷九百三十八、《說郛》有「至」字。《類要》無「肥」字。

〔二〕甚，《太平御覽》卷九百三十八作「甘」。

〔三〕曰，《類要》作「云」。

〔四〕《說郛》無「田」字。

〔五〕《太平御覽》卷九百三十八無「鮆」字。去，《類要》作「賣」。

〔六〕去，《類要》脫。

人魚

人魚，似人，長三尺〔一〕，不可噉〔二〕。（《初學記》卷三十。又見《太平御覽》卷九百三十八、宛委山堂本《說郛》卷六十二，文字稍異。）

〔校記〕

〔一〕「尺」下，《太平御覽》、《說郛》有「餘」字。

〔二〕噉：《太平御覽》、《說郛》作「食」。

印魚

印魚，無鱗〔一〕，形似鮹形〔二〕，額上四方如印，有文章。〔三〕諸大魚應死者，印魚先封之。（《太平御覽》卷九百四十。又見宛委山堂本《說郛》卷六十二，文字略異。）

〔校記〕

〔一〕此句，《說郛》作「春鱗」。

〔二〕似，《說郛》、作「如」。

〔三〕「額上」二句，《說郛》作「額上有文，如印章」。句下，《說郛》無。

琵琶魚

琵琶魚，無鱗，形如琵琶。（《太平御覽》卷九百四十。又見宛委山堂本《說郛》卷六十二）

井魚

井魚〔一〕，頭有兩角。（《太平御覽》卷九百四十。又見宛委山堂本《說郛》卷六十二）

鯦魚

鯦魚如指，長七八寸，但有脊骨，好作羹，大者如竹竿，曝作燭，極有光明。（《太平御覽》卷九百四十。又見宛委山堂本《說郛》卷六十二）

沙狗

沙狗，似彭蝟〔一〕，壤沙爲穴。見人則走，曲折易道，不可得也。（《太平御覽》卷九百四十三。又見宛委山堂本《說郛》卷六十二，文字稍異。）

〔校記〕

〔一〕彭蝟：《說郛》作「彭蜞」。

蜈蚣

晉安東南吳嶼山，吳公千萬積聚〔一〕。或云：長丈餘者以作脯，味似大蝦。（《太平御覽》卷九百四十六。又見宛委山堂本《說郛》卷六十二，文字稍異。）

〔校記〕

〔一〕此句，《說郛》作「蜈蚣千萬，積成堆」。

鯪魚

鯪魚，腹背有刺〔一〕，如三角菱。（《北戸錄》卷上。又見宛委山堂本《説郛》卷六十二，文字稍異。）

〔校記〕

〔一〕此句，《説郛》作「背腹皆有刺」。

海鰌

海鰌長丈餘，槌頰似鯺魚，長四尺。（宛委山堂本《説郛》卷六十二）

黄靈魚

黄靈魚小文，正黄，似石首。（宛委山堂本《説郛》卷六十二）

板魚

兩名特立，合體俱行。（宛委山堂本《説郛》卷六十二）

寄度魚

寄度魚，長三寸，似白魚。（宛委山堂本《説郛》卷六十二）

窯魚

窯魚，三月生溪中，裁長一寸。至十月中〔一〕，東還死於海〔二〕，香氣聞於水上。到時月輒復更生。（《太平御覽》卷九百四十。又見宛委山堂本《説郛》卷六十二，文字稍異。）

〔校記〕

〔一〕中：《説郛》作「終」。

〔二〕死於：《説郛》作「歸於」。

伏念魚

伏念魚，似吹沙魚。（宛委山堂本《説郛》卷六十二）

鮔鮔

鮔鮔，形似鮔魚，戲於重川，靡有定所。（宛委山堂本《説郛》卷六十二）

土奴魚

土奴魚，頭上如虎，有刺螫人。（宛委山堂本《説郛》卷六十二）

蘆雉

蘆雉似蛤蜊，殼小薄耳。（宛委山堂本《説郛》卷六十二）

烏頭

烏頭，似蚶。（宛委山堂本《説郛》卷六十二）

蘆虎

蘆虎似彭蜞，兩螯正赤，不中食。（宛委山堂本《説郛》卷六十二）

石蚑

石蚑生附石，身如小竹，大有甲，正黑中食。（宛委山堂本《説郛》卷六十二）

石蚼

石蚼，附石似鋸錯。（宛委山堂本《説郛》卷六十二）

夷州

夷洲在臨海東，去郡二千里。土地無霜雪，草木不死，四面是山溪，地有銅鐵，唯用鹿骼爲矛以戰鬥，摩厲青石以作弓矢，取生魚肉雜貯大瓦器中，以鹽鹵之，歷月餘日，仍噉食之，以爲上肴也。今人相傳，倭人即徐福止王之地，其國中至今廟祀徐福。（《資治通鑒》卷七十一）

揚櫧

楊櫧有七脊，子生樹皮中。其體雖異，味則無奇。長四五寸，色青黃，味甘也。（《太平御覽》卷九百七十四）

冬熟

冬熟，如指大，正赤，其味甘，勝梅。（《太平御覽》卷九百七十四）

猴闥子

猴闥子，如指頭大，其味小苦，可食。（《太平御覽》卷九百七十四。又見《御定佩文齋廣群芳譜》卷六十七）

餘甘

餘甘子，如梭且全反形〔一〕。初入口，舌澀〔二〕；後飲水，更甘。〔三〕大

於梅實核〔四〕，兩頭銳。東嶽呼「餘甘」、「柯欖」，同一果耳。〔五〕（《齊民要術》卷十。又見《太平御覽》卷九百七十二，文字稍異。）

〔校記〕

〔一〕此句，《太平御覽》作「梭形」。

〔二〕「澀」下，《太平御覽》有「酸」字。

〔三〕「後飲水」二句，《太平御覽》作「飲水乃甘」。

〔四〕此句，《太平御覽》作「又如梅實核」。

〔五〕「東嶽」二句，《太平御覽》作「呼爲餘甘、橄欖，同一物異名耳。」

狗竹

狗竹，毛在節間。（《齊民要術》卷十。又見《廣博物志》卷四十三）

比目魚

比目魚，似左右分魚，南越謂之板魚。（《初學記》卷三十）

鯉魚

鯉魚長百步，俗傳有七里鱣魚。（《初學記》卷三十。又見《御定淵鑒類函》卷四百四十二）

虎鰭

虎鰭，長五丈，黃黑斑，耳目齒牙有似虎形，唯無毛。或變乃成虎。（《初學記》卷三十。又見同卷，文字有異。）

〔校記〕

〔一〕「斑」下，同卷有「文」字。此句下，同卷無。

毛人

毛人洲在張嶼，毛長短如熊。周綽得毛人，送詣秣陵。（《太平御覽》卷三百七十三）

安家民

民皆好啖猴頭羹〔一〕，雖五肉臛不能及之〔二〕。其俗言〔三〕：「寧負千石之粟，不願負猴頭羹臛。」〔四〕（《太平御覽》卷八百六十一。又見《太平御覽》卷四百九十六，文字稍異。）

〔校記〕

〔一〕民：《太平御覽》卷四百九十六作「安家夷」。

〔二〕此句，《太平御覽》卷四百九十六無。

〔三〕其俗言：《太平御覽》卷四百九十六作「諺言」。

〔四〕「寧負」二句，《太平御覽》卷四百九十六作「人寧負人千石之粟，不願負人猴頭羹
臛」。

山雞

山雞狀如人家雞，安陽諸山中多此雞，恃距好鬥。當時以家雞置其處，取即可得。(《太平御覽》卷九百一十八)

世樂鳥

世樂鳥，五色，頭上有冠，丹喙，赤足。有道則見。(《太平御覽》卷九百二十七)

獨足

東垂有一足鳥，俗名曰獨足，疑是商羊。文身赤口，唯食蟲豸，不害稻梁，鳴如人嘯聲，將雨轉鳴。或曰山噪鳥，晝伏夜翔，或時晝出，則群鳥噪之。(《太平御覽》卷九百二十八)

海鳥

江潮海鳥，大於鸛，喙長八寸，潮上即鳴。(《太平御覽》卷九百二十八)

鶦鴛鳥

鶦鴛鳥，海鳥也。喙長八寸。天欲風雨，內喙於土中，向風，海師以爲候。鳴如嘯。(《太平御覽》卷九百二十八)

蜜母

蜜母，小鳥也，色黑。正月旦，爲蜜蜂周行諸山求安處，蜂隨之，蜜母暮還入蜂中。(《太平御覽》卷九百二十八)

契鳥、蘭草

契鳥、蘭草，占米之貴賤。背回，契其莖。契一度，即斛米百錢；再度二百；未契仍五十。隨契多少，以占知之。(《太平御覽》卷九百二十八)

鶹煄

鶹煄鳴聲哀。俗云：繼母欲嫁，因爨，使人守之，母遂不還，兒因呼母，言鶹煄也。(《太平御覽》卷九百二十八)

遊鳥

遊鳥，如鵝大，其色黑，以青絲頭繫竹竿呼之，即來入手。俗言是東海神所養，不可食也。(《太平御覽》卷九百二十八)

獨姓鳥

獨姓鳥，如隼，其色黑，其鳴如人呼雞聲。(《太平御覽》卷九百二十八)

苦姑

有鳥耀儀，名曰苦姑。(《太平御覽》卷九百二十八)

除溪鳥

除溪鳥，小如鴝鵒，甚黑。天欲陰雨即鳴，音言「溪瀆」。(《太平御覽》卷九百二十八)

祖端端

祖端端，小鳥。天欲雨即鳴。(《太平御覽》卷九百二十八)

賓師

賓師，形大如鴝鵒，毛正黑色。(《太平御覽》卷九百二十八)

鱐魚

鱐佶魚似烏賊而肥，炙食甘美。(《太平御覽》卷九百三十八)

牛魚

牛魚，形如犢子，毛色青黃。好眠臥，人臨上，及覺，聲如大牛，聞一里。(《太平御覽》卷九百三十九)

蘸魚

蘸魚，長五寸，陰雨起飛，高丈餘。(《太平御覽》卷九百四十)

鏡魚

鏡魚，如鏡，形體薄，少肉。(《太平御覽》卷九百四十)

含光魚

含光魚，一名膮魚。黃而美，故謂之膮，有光照燭。(《太平御覽》卷九百四十)

吹沙

吹沙，長三寸，背上有刺，犯之螫人。(《太平御覽》卷九百四十)

婢屣魚

婢屣魚，口近腹下，形似婦人屣。(《太平御覽》卷九百四十)

銅㘆魚

銅㘆魚，長五寸，似鱠魚。(《太平御覽》卷九百四十)

鼠魚

鼠魚，長七寸，頭如鼠。(《太平御覽》卷九百四十)

竭朴

竭朴，大於彭蜽，殼黑斑，有文章，螯正赤。常以大螯彰目，屈小螯以取食。(《太平御覽》卷九百四十三)

招潮

招潮，小如彭蜽，殼白。依潮長，背坎外向，舉螯不失常期，俗言招潮水也。(《太平御覽》卷九百四十三)

杬

杬，味如楮。(《太平御覽》卷九百六十。又見《御定淵鑒類函》卷四百一十六)

關桃子

關桃子，其味酸。(《太平御覽》卷九百七十四)

土翁子

土翁子，如漆子大，熟時甜酸，其色青黑。(《太平御覽》卷九百七十四)

枸槽子

狗槽子，如指頭大，正赤，其味甘。(《太平御覽》卷九百七十四)

雞橘子

雞橘子，如指頭大，味甘。永寧南界中有之。(《太平御覽》卷九百七十四)

猴惣子

猴惣子，如指頭大，與柿相似，其味不減於柿。(《太平御覽》卷九百七十四)

多南子

多南子，如指大，其色紫，味甘，與梅子相似。晉安侯官界中有。(《太平御覽》卷九百七十四)

王壇子

王壇子，如棗大，其味甘。晉安侯官越王祭壇邊有此果，無知其名，因見生處，遂名王壇。其形小於龍眼，有似木瓜。七月熟，甘美也。(《太平御覽》卷九百七十四)

存疑

以下諸條，明代以前著述無徵引，暫存疑。

狼臕民

狼臕民與漢人交關，常夜爲市，以鼻嗅金，知其好與惡。(涵芬樓本《説郛》卷六。按：此條應爲楊孚《異物志》內容，恐後人徵引時誤作。)

鱵

鱵似烏賊，而肥炙，食甘美。(《御定淵鑒類函》卷四百四十一)

鰁魚

鰁魚，如指，長七八寸，但有脊骨，宜作羹〔一〕，滑美，似餅。〔二〕大者如竹，曝作燭，有光〔三〕。(《格致鏡原》卷九十三。又見《御定淵鑒類函》卷四百四十一，文字稍異。)

〔校記〕
〔一〕此句，《御定淵鑒類函》作「好作筓」。
〔二〕「滑美」二句，《御定淵鑒類函》無。
〔三〕此句，《御定淵鑒類函》作「極有光明」。

三薕

三薕大實，不但三，雖名三薕，或有四、五、六枝。食之，多汁，味酸且甘。藏之，尤好，與眾果相參。(《格致鏡原》卷七十六)

薜藤

薜藤圍數寸，重於竹，可以爲杖，篾以縛船及以爲席，勝於竹也。(《御定佩文齋廣群芳譜》卷八十一)

以下諸條皆冠以「楊孚《臨海水土記》」，誤，應為沈瑩之《臨海水土異物志》，列於下。

板魚

板魚片立，合體俱行，比目魚也。(《初學記》卷三十。又見《御定淵鑒類函》卷四百四十二。)

魚牛

魚牛象獺，大如犢子。毛青黃色，其毛似氈。知潮水上下。(《初學記》卷三十)

夷洲俗

夷州人俗，女曰已嫁，皆缺去前上一齒。(《太平御覽》卷三百六十八)

夷州

夷州在臨海東南，去郡二千里。土地無雪霜，草木不死。四面是山，眾山夷所居。山頂有越王射的，正白，乃是石也。此夷各號爲王，分畫土地，人民各自別異。人皆髡頭穿耳，女人不穿耳。作室居，種荊爲蕃鄣。土地饒沃，既生五穀，又多魚肉。舅姑子婦男女，臥息共一大床。交會之時，各不相避。能作細布，亦作班文布，刻畫其內，有文章，以爲飾好也。其地亦出銅、鐵，唯用鹿觡矛以戰鬥耳。磨礪青石，以作矢鏃、刃斧，環貫珠璫。飲食不潔。取生魚肉，雜貯大器中，以鹵之，歷日月乃啖食之，以爲上肴。呼民人爲「彌麟」，如有所召，取大空材，材十餘丈，以著中庭。又以大杵，旁舂之，聞四五里，如鼓，民人聞之，皆往馳赴會。飲食皆踞相對。鑿床作器，如稀槽狀，以魚肉腥臊安中，十十五五共食之。以粟爲酒，木槽貯之，用大竹筒長七寸許飲之。歌似犬嗥，以相娛樂。得人頭，斫去腦，駮其面肉，留置骨，取犬毛染之，以作鬚眉髮編，具齒以作口，自臨戰鬥時用之，如假面狀。此是夷王所服。戰得頭，著首。還，於中庭建一大材，高十餘丈，以所得頭差次掛之。歷年不下，彰示其功。又甲家有女，乙家有男，仍委父母往就之居，與作夫妻，同牢而食。女以嫁，皆缺去前上一齒。(《太平御覽》卷七百八十)

安家之民

安家之民，悉依深山，架立屋舍於棧格上，似樓狀。居處飲食，衣服被飾，與夷州民相似。父母死亡，殺犬祭之，作四方函以盛屍。飲酒歌舞畢，仍懸著高山岩石之間，不埋土中作冢槨也。男女悉無履。今安陽羅江縣民，是其子孫也。皆好猴頭羹，以菜和中，以醒酒；雜五肉，臞不及之。其俗言：「寧自負人千石之粟，不願負人猴頭羹臞」。（《太平御覽》卷七百八十）

鯪魚

鯪魚，背腹皆有刺，如三角菱。（《太平御覽》卷九百三十八）

槌額

槌額，似鱛魚，長四尺。（《太平御覽》卷九百三十八。又見《御定淵鑒類函》卷四百四十一）

海鰍魚

海鰍，長丈餘。（《太平御覽》卷九百三十八）

石蚜魚

石蚜，附石以鋸錯。（《太平御覽》卷九百三十八）

黃靈魚

黃靈魚，小文，正黃，似石首。（《太平御覽》卷九百三十八。又見《御定淵鑒類函》卷四百四十一）

比目魚

兩片特立，合體俱行，比目魚也。（《太平御覽》卷九百三十八）

滕魚

滕魚似鱋，長二尺。（《太平御覽》卷九百三十九）

寄度魚

寄度魚，長三寸，似白魚。（《太平御覽》卷九百四十。又見《御定淵鑒類函》卷四百四十一）

邵魚

邵魚，狀如鳶魚。（《太平御覽》卷九百四十）

鱬鯏魚

鱬鯏魚，狀如鳶魚形。(《太平御覽》卷九百四十)

伏念魚

伏念魚，似吹沙魚。(《太平御覽》卷九百四十)

奴屬魚

奴屬魚，長一尺，如屬形。(《太平御覽》卷九百四十)

蓫魚

蓫魚，似蒲魚，長三尺。(《太平御覽》卷九百四十)

陶魚

陶魚，長三尺，似鯉魚。(《太平御覽》卷九百四十)

石班魚

石班魚、嫷蟲、六蟲爲一。(《太平御覽》卷九百四十)

另存文字記述詳細者，錄於下：

石班魚、嫷蟲，蝘蜒也。鱉魚，長尺餘。其鱉如虎文，俗言蝘蜒。於水邊呼之，因走上岸，合牝，其子不可食也。(《太平御覽》卷九百四十)

戴星魚

戴星魚，狀如鳶魚，背上有兩白璫如指大，因名之云。(《太平御覽》卷九百四十)

鱗魚

鱗魚，似（魚公）魚。(《太平御覽》卷九百四十)

織杼魚

織杼魚，狀似竄魚，味美於諸魚。(《太平御覽》卷九百四十)

鮭鰭

鮭鰭，形似鮭魚，戲於重川，靡有定所。(《太平御覽》卷九百四十)

土奴魚

土奴魚，頭如虎，有刺螫人。(《太平御覽》卷九百四十)

新婦魚

新婦魚，似鯷魚，長一丈。(《太平御覽》卷九百四十)

海㺥魚

海㺥魚，豕頭，身長九尺。(《太平御覽》卷九百四十)

鯤鮑魚

鯤鮑魚，似海印魚。(《太平御覽》卷九百四十)

鉛刀魚

鉛刀魚，似鯊魚。(《太平御覽》卷九百四十)

蝦蟆魚

蝦蟆魚，色如鳶魚，頭似蝦蟆，尾又似鳶。(《太平御覽》卷九百四十)

䵍魚

䵍魚，長五寸。(《太平御覽》卷九百四十)

弓魚

弓魚，長三寸，似鮈魚。(《太平御覽》卷九百四十)

鱮鱧魚

鱮鱧魚，長一尺。(《太平御覽》卷九百四十)

黍魚

黍魚，長三尺，似鱔鮠。(《太平御覽》卷九百四十)

鯧魚

鯧魚，兩肋下有大肉，如炙臠大。(《太平御覽》卷九百四十)

土拌魚

土拌魚，長七寸，白黑班文。(《太平御覽》卷九百四十)

鱵魚

鱵魚，俗謂之猶魚。(《太平御覽》卷九百四十)

鱉魚

鱉魚，似鯉魚，長二尺。（《太平御覽》卷九百四十）

蚺蛇

蚺蛇，牙長六七寸，土人尤重之，云辟不祥，利遠行。賣一枚，直牛數頭。（《北戶錄》卷一）

存疑

以下數則，皆不見於明代以前著述徵引，暫存疑。

移角、姑勞、羊蹄

似車螯而角不正者，曰移角。殼薄者，曰姑勞。小者，曰羊蹄，出羅江。（《格致鏡原》卷九十五）

蘆雉

蘆雉，似蛤蜊，殼小薄耳。（《御定淵鑒類函》卷四百四十三）

石蚑

石蚑，生附石，身如小竹大，有甲，正黑，中食。（《御定淵鑒類函》卷四百四十三）

石橪

石橪，一名龜腳，以其形似也，生海中石上，一名石鮭。（《御定淵鑒類函》卷四百四十三）

鑷魚

鑷魚，長七寸，頭如鑷。（《天中記》卷四十九。又見《格致鏡原》卷九十三）

下來蝛

下來蝛，雖似烏，頭各自有種上。（《天中記》卷五十七）

鯢魚

鯢魚，三月生溪中，裁長一寸。至十月終，東還歸於海，香氣聞於水上。到時月，輒復更生伏。（《御定淵鑒類函》卷四百四十一）

以下佚名《臨海水土物志》，也當為沈瑩《臨海風土異物志》，亦列此存疑。

蛱蠻

蛱蠻，似蛤，如鯢大。（《太平御覽》卷九百四十二）

三蝬

三蝬，似蛤。（《太平御覽》卷九百四十二）

移角

移角，似車螯。角移不正，名曰移角。（《太平御覽》卷九百四十二）

姑勞

姑勞，如車螯而殼薄。（《太平御覽》卷九百四十二）

羊蹄

羊蹄，似蚌，味似車螯，羅江小盧有之。（《太平御覽》卷九百四十二）

蘆雉

蘆雉，似蛤蜊，殼小薄耳。（《太平御覽》卷九百四十二）

蚶

蚶側徑四尺也。（《太平御覽》卷九百四十二）

烏頭

烏頭似蚶〔一〕。（《太平御覽》卷九百四十二。又見《天中記》卷五十七）

下來蝛

下來蝛，雖似烏頭，各自有種。（《太平御覽》卷九百四十二）

下來蝛蛤

下來蝛蛤，有似烏頭。（《太平御覽》卷九百四十二）

越王

越王，形似蝛，殼赤，尾如人爪形。（《太平御覽》卷九百四十二。又見《天中記》卷五十七）

蠣

蠣長七尺。(《太平御覽》卷九百四十二)

倚望

倚望，常起顧睨西東，其形如彭螖大。行途土四五，進輒舉兩螯八足起望。行常如此，唯入穴中乃止。(《太平御覽》卷九百四十三)

石蜠

石蜠，大於蟹，八足，殼通赤，狀鴨卵。(《太平御覽》卷九百四十三)

蜂江

蜂江，如蟹大，有足，兩螯，殼牢如石蜠同，不中食也。(《太平御覽》卷九百四十三)

蘆虎

蘆虎，似彭蜞，兩螯正赤，不中食。(《太平御覽》卷九百四十三)

石華

石華附石，肉淡。(《太平御覽》卷九百四十三)

龜蟺

龜蟺，其狀龜形，如笠，味如龜，可食。卵大如鴨卵，正圓，中生啖，味美於諸鳥卵。其甲黃點注之，廣七八寸、長二三尺，有光色。(《太平御覽》卷九百四十三)

瑟鱔

瑟鱔，與黿相似。(《太平御覽》卷九百四十三)

海鱉

海鱉，如黿，狹後廣前，其肉中食，亦又多膏。(《太平御覽》卷九百四十三)

黿類

黿類，似龜蟺，腸如羊胃，中啖。(《太平御覽》卷九百四十三)

越王算

越王算，如笄大，正白，長尺餘。生海邊沙中，見乃取之，即可心中存

來取，即入土中。(《太平御覽》卷九百四十三)

石蚚

石蚚生附石，長三寸，如小竹大，有甲，正黑，中食。(《太平御覽》卷九百四十三)

陽遂足

陽遂足，此物形狀：背青黑，腹下正白，有五足，長短大小皆等，不知頭尾所在。生時體軟，死即乾脆。(《太平御覽》卷九百四十三)

鼁鼊

鼁鼊，黿蟞相似，形大如蕨，生渤海邊沙中，肉極好啖，一枚有三斛膏。(《太平御覽》卷九百四十三)

土肉

土肉，正黑，如小兒臂大，長五寸，中有腹，無口目，有三十足，如釵，股大，中食。(《太平御覽》卷九百四十三)

海月

海月，大如鏡，白色，正圓，常死海邊，其指如搔，頭大，中食。(《太平御覽》卷九百四十三)

玉蜫

玉蜫，似蚌，長二寸，廣五寸，上大下小。其殼中柱，炙之，味似酒。(《太平御覽》卷九百四十三)

陵龍

陵龍之體黃，身四足，形短尾長，有鱗無角。南越嘉羞，見之竟逐。(《太平御覽》卷九百四十三)

存疑

猴頭羹

民皆好啖猴頭羹，雖五肉臛不能及之。其俗言：「寧自負人千石之票，不願負人猴頭羹臛。」(《天中記》卷四十六)

蛤蜊

蛤蜊，殼薄且小。（《御定淵鑒類函》卷四百四十三）

念魚

念魚，似沙魚、鮴鮸，形似鮨魚。戲於重川，靡有定所。（《御定淵鑒類函》卷四百四十一）

土奴魚

土奴魚，頭上如虎，有刺，螫人。（《御定淵鑒類函》卷四百四十一）

《婁地記》　　三國顧啓期

《婁地記》，三國吳顧啓期撰。顧啓期，生卒年、里籍不詳。《隋書·經籍志》著錄：「《婁地記》一卷，吳顧啓期撰」，《冊府元龜》載：「吳顧啓期撰《婁地記》一卷」，元代諸書無載，則應在其時亡佚。

觀嶺

浪山海中南極之觀嶺，窮髮之人，舉帆揚越，以爲標的。（《文選·遊赤石進帆海》李善注）

薛山

薛山者，昔爲薛伯道居此山，不知何時人，好稼植，緣海散蕪菁子。今海邊尚有此菜，云伯道所種。（《北戶錄》卷二）

洞庭山穴

洞庭山有三穴，並有清泉流出，惟西北一穴，傴僂纔得入。吳大帝使人持行三十餘里而反，云土聞有浪聲，有大蝙蝠，如鳥拂火穴中，高處火照不見，穴有鵝管鍾乳，冰寒可得入，春夏不可入。（《北堂書鈔》卷一百五十八）

另存文字詳細者，錄於下：

太湖東邊別小山名洞庭〔一〕。其山有三穴〔二〕，東頭北面一穴，不容人。

西頭南面一穴，亦然，有清泉流出〔三〕。西北一穴，人傴僂得入耳〔四〕。穴裏如一間堂屋，上高丈餘，恆津液流潤〔五〕。四壁石色青白，皆有柱，似人功。〔六〕南壁開處，側肩得入。有潛門二道〔七〕，北通瑯琊東武縣〔八〕，南通長沙巴陵湖〔九〕。時吳大帝使人入二十餘里而反〔十〕，云：上聞波浪聲，有大蝙蝠，如鳥拂煞，人持火穴中，〔十一〕高處欲照不見巔〔十二〕，有鵝管石鍾乳著巔〔十三〕，仰如縣。洞中穴有風氣，如在外也。惟冬天極冰寒，可得入；春秋則不得也。不齋戒請禱，不可輕入也。（《北堂書鈔》卷一百五十八。又見《太平御覽》卷五十四，文字稍異。）

〔校記〕

〔一〕此句，《太平御覽》作「太湖東小山名洞庭」。此句下，《太平御覽》有「純石巉巖，木唯松栢」二句。

〔二〕其，《太平御覽》無。

〔三〕「有」上，《太平御覽》有「並」字。

〔四〕此句，《太平御覽》作「傴僂纔得入」。此句下，《太平御覽》有「穴外石盤磚，形勢驚人」二句。

〔五〕此句，《太平御覽》作「恒津潤」。

〔六〕「皆有」二句，《太平御覽》無。

〔七〕此句，《太平御覽》作「潛行二道」。

〔八〕「東」下，《太平御覽》有「通」字。

〔九〕南，《太平御覽》作「西」。

〔十〕此句，《太平御覽》作「吳大帝使人行三十餘里而反」。

〔十一〕「如鳥」二句，《太平御覽》作「如鳥拂殺人，火穴中」。

〔十二〕此句，《太平御覽》作「高處火照不見」。

〔十三〕此句，《太平御覽》作「穴有鵝管鍾乳」。此句下，《太平御覽》作「冰寒可得入，春夏不可入」。

千葉蓮花

婁門東南有華墩〔一〕，陂中生千葉蓮花，其荷與眾蓮荷無異〔二〕，菡萏色白，豈佛經所載者也〔三〕。（《藝文類聚》卷八十二。又見《太平御覽》卷九百九十九，文字稍異。）

〔校記〕

〔一〕墩：《太平御覽》作「壔」。

〔二〕此句，《太平御覽》作「其荷無異」。

〔三〕也：《太平御覽》作「乎」。

馬鞍山洞穴

婁江有馬鞍山，南面有石穴，高丈餘，容十數人。恒津液流，天將雨，輒有雲羣行從南來映山，山亦出雲應之，與同北就虞山，即大雨矣。（《北堂書鈔》卷一百五十八）

《異物志》 三國薛珝

《異物志》，三國吳薛珝撰。沛郡竹邑（今安徽宿縣）人，生卒年不詳，歷任五官中郎將、威南將軍。此記，史志未著錄，其文較早見於《一切經音義》。

鑘鮋

鑘鮋有橫骨在鼻前，狀如斧斤，江東呼斧斤為錯，故謂之鑘鮋也。此類有二十種，各異名，如鋸鮋等，齒利如鋸，即名鋸鮋也。（《一切經音義》卷二）

弓竹

弓竹似筋藤，斑駁如玳瑁〔一〕。其笋脫殼，而微有斑文也。（釋贊寧《笋譜》。又見李衎《竹譜》卷七，文字稍異。）

〔校記〕
〔一〕《竹譜》引至此。

《荆揚已南異物志》 三國薛瑩

《荆陽已南異物志》，一作《荆陽異物志》，三國吳薛瑩撰。薛瑩（？-282），字道言，沛郡竹邑（今安徽宿縣）人。學問廣博，文章尤妙，著書八篇，名為《新議》，另與韋昭、華覈並述《吳書》。官歷左執法選曹尚書、散騎常侍。仕途坎坷，曾兩次因事入獄，被遷徙廣州和桂陽。事跡見《三國志·薛綜傳》、《三國志·韋曜傳》、《三國志·虞翻傳》裴注。《荆楊已南異物志》大約成書於其被徙期間。《隋志》未著錄。《文選》李善注曾引錄。

餘甘

餘甘，如梅李，核有刺，初食之，味苦，後口中更甘，高涼、建安皆有之。
（《文選‧吳都賦》李善注）

荔枝

荔枝樹生山中，葉綠色，實赤，肉正白，味大甘美。（《文選‧吳都賦》李善注）

檳榔樹

檳榔樹，高六七丈，正直無枝，葉從心生，大如楯，其實作房，從心中出，一房數百實，實如鷄子皆有殼，肉滿殼中，正白，味苦澀，得扶留藤與古賁灰合食之，則柔滑而美，交趾、日南、九眞皆有之。（《文選‧吳都賦》李善注）

椰樹

椰樹似檳榔無枝條，高十餘尋，葉在其末，如束蒲，實大如瓠，繫在樹頭，如掛物也。實外有皮如胡桃，核裏有膚，膚白如雪，厚半寸，如豬膏，味美如胡桃，膚裏有汁升餘，清如水，美如蜜，飲之可以愈渴，核作飲器也。
（《文選‧吳都賦》李善注）

龍眼

龍眼，如荔枝而小，圓如彈丸，味甘勝荔枝，蒼梧、交趾、南海、合浦皆獻之，山中人家亦種之。（《文選‧吳都賦》李善注）

橄欖

橄欖，生山中，實如鷄子，正青，甘美，味成時食之益善。始興以南皆有之，南海常獻之。（《文選‧吳都賦》李善注）

㮌

㮌，㮌子樹也。〔一〕生山中〔二〕，實似梨，冬熟，味酸，丹陽諸郡皆有之〔三〕。（《文選‧吳都賦》李善注。又見《太平御覽》卷九百七十四，文字稍異。）

〔校記〕
〔一〕「㮌」二句，《太平御覽》作「㮌子樹」。
〔二〕生：《太平御覽》作「產」。
〔三〕「諸郡」下，《太平御覽》無「皆」字。

榴

榴，榴子樹也。出山中，實亦如梨，核堅，味酸美，交趾獻之。(《文選·吳都賦》李善注)

楊梅

其實外肉著核，熟時正赤，味甘酸也。(《史記·司馬相如列傳》司馬貞索隱)

存疑

以下二則，皆不見明代以前著述徵引，暫存疑。

留子樹

留子樹，七八月熟，核堅，味與梂子同。(《格致鏡原》卷六十六)

劉子樹

劉子樹，生交廣武平、興古諸郡山中，三月著花，結實如棃，七八月熟，色黃，味甘酢而核甚堅。(《御定佩文齋廣群芳譜》卷六十七)